Kohlhammer

Der Autor

Ali Sadrzadeh ist Journalist und Autor. Er wurde in Iran geboren und kam Ende der 1960er Jahre nach Deutschland, um Germanistik und Politologie zu studieren. Er arbeitete für die *Frankfurter Rundschau*, die *Deutsche Presseagentur* und den *Hessischen Rundfunk* und war mehrere Jahre lang ARD-Hörfunkkorrespondent in Nordafrika.

Ali Sadrzadeh

Ali Khamenei

Aufstieg und Herrschaft

Verlag W. Kohlhammer

Titelbild: © picture alliance / ZUMAPRESS.com / Iranian Supreme Leader's Office

1. Auflage 2025
Alle Rechte vorbehalten
© W. Kohlhammer GmbH, Stuttgart
Gesamtherstellung: W. Kohlhammer GmbH, Heßbrühlstr. 69, 70565 Stuttgart
produktsicherheit@kohlhammer.de

Print: ISBN 978-3-17-046309-7

E-Book-Formate:
pdf: ISBN 978-3-17-046310-3
epub: ISBN 978-3-17-046311-0

Inhalt

Vorbemerkung

„Das Land, das mich zum Führer wählt, muss man beweinen."

Ali Khamenei (4. Juni 1989)

Einst falsche Demut, erweisen sich diese Worte 36 Jahre später, im Sommer 2025, als bittere Realität. 1989 wollte er sich als ein ganz normaler, ungefährlicher Geistlicher präsentieren, um ganz nach oben zu kommen. Doch oben angekommen, verfolgte er seinen unverbrüchlichen, pathologischen Israelhass so konsequent, dass man Iran tatsächlich beweinen muss. Seine religiös verbrämte Ideologie erwies sich für sein Volk und für die Region als wahre Katastrophe. Ali Khamenei steht in diesem Sommer buchstäblich vor einem selbstverschuldeten Scherbenhaufen. Nach fast vier Dekaden offen zur Schau gestellter Feindschaft und kaum verdeckt geführten Stellvertreterkriegen gegen das „zionistische Gebilde" befindet er sich beim Verfassen dieser Zeilen in einer entscheidenden Schlacht, deren Ende unabsehbar ist. Selbst das Überleben seiner „Republik" scheint nicht mehr sicher zu sein.

„Al-Aqsa-Sturm" ist der Name, den die palästinensische Hamas für ihre Terroraktion vom 7. Oktober 2023 wählte. Von dieser Moschee auf dem Tempelberg in Jerusalem hatte Mohammed seine *Miradsch*, die Himmelfahrt, angetreten. Diesen heiligen Ort gelte es, von den „Besatzern" zu befreien. Nur zwei Tage nach Beginn des Überfalls trat Ali Khamenei auf. Siegessicher und wie immer rhetorisch gewandt verkündete er, dieser Sturm werde nicht nur „das zionistische Geschwür" ein für alle Mal beseitigen, sondern auch die USA aus der Region vertreiben.[1]

In Israel sprach man derweil von einem mehrköpfigen Drachen, dessen Gehirn in Teheran sitze. Die zwanzig Monate, die vom 7. Oktober 2023 bis zum offenen Krieg zwischen Israel und Iran vergingen, waren nicht nur Monate verstärkter gegenseitiger Propaganda. Israel nutzte diese Zeit, um in Gaza, Libanon und Syrien Krieg gegen die einzelnen „Köpfe" zu führen. Zugleich entwickelte es minuziös einen ausgeklügelten, raffinierten Plan für seinen Waffengang gegen das „Gehirn des Drachen". Ohne Zweifel werden künftig Militärexperten und -akademien weltweit diese einmalige Kombination aus Geheimdienstaktivität und technisch versierter Militäroperation genau studieren.

Durch weitgehend präzise Angriffe der israelischen Armee wurden in der Nacht zum 13. Juni 2025 nahezu zeitgleich hochrangige Generäle, Sicherheitskräfte und sechs Atomwissenschaftler getötet. Viele starben in ihren Schlafzimmern. Auch Kommandozentren, Atomanlagen und Militärstützpunkte wurden zerstört. In mancher Hinsicht waren die Verluste schwerwiegender als jene des achtjährigen Kriegs mit dem Irak.

Als der Tag anbrach, wurde offensichtlich, dass dem großangelegten Schlag lange Vorbereitungen vorausgegangen sein mussten. Dem israelischen Auslandsgeheimdienst Mossad war es gelungen, tief ins Innere des iranischen Staatsapparats einzudringen, bis ganz nach oben in Khameneis System. Durch Überwachungsmaßnahmen und verdeckte Informanten konnte der Aufenthaltsort der Zielpersonen minutiös lokalisiert werden. Andere hatte man dazu verleitet, sich zu einer Lagebesprechung zu versammeln. Von langer Hand vorbereitet, hatte Israel Drohnen und Raketen in den Iran geschmuggelt und versteckt, die in dieser Nacht aktiviert wurden. Sie zerstörten auch Abschusseinrichtungen für Marschflugkörper, um einen Gegenschlag abzuschwächen, und schalteten weite Teile der Luftabwehr aus. So hatten die israelischen Kampfjets anschließend weitgehende Bewegungsfreiheit im iranischen

Luftraum. Kurzum, es war eine genau durchdachte und präzise Operation für die Geschichtsbücher, so viele Militärexperten.

Der Name dieser beispiellosen Offensive, „Rising Lion", spielt auf einen Vers in der Bibel an, der die Stärke und die Macht Israels vorhersagt. Premierminister Benjamin Netanjahu hatte tags zuvor einen handschriftlichen Zettel mit den Worten „Das Volk wird sich erheben wie ein Löwe" in einen Spalt der Klagemauer gesteckt. Noch immer, auch im 21. Jahrhundert, ist Religion die Triebfeder der Vernichtungsstrategen dieses Krieges.

Von Khamenei, dem Oberbefehlshaber der Streitkräfte, war zunächst nichts zu hören. Erst zehn Stunden nach dem Angriff wurde eine vierminütige Videoaufzeichnung verbreitet, in der sich der *Valie Faqih*, der oberste, absolute Rechtsgelehrte der Schiiten zu Wort meldet: „Das morbide System von Zion beging einen unverzeihlich Fehler, den es teuer bezahlen muss. Sein Ende naht", sagt Khamenei mit relativ fester Stimme.[2] Wo die Aufnahme entstand, ist ungewiss. Er ist praktisch von der Außenwelt abgeschnitten. Aus Sicherheitsgründen habe er in seinem Versteck nicht einmal elektronische Geräte bei sich, melden persisch-sprachige Auslandssender. Bis zum Niederschreiben dieser Zeilen (1. Juli 2025) hat sich Khamenei nur noch ein zweites Mal per Videobotschaft gemeldet. Mehrmals hatten Donald Trump und Benjamin Netanjahu in den Kriegstagen betont, sie wüssten, wo er sich befinde. Insidern zufolge habe Trump einen israelischen Plan zur Tötung von Khamenei zurückgewiesen, berichteten die Nachrichtenagenturen *Reuters* und *Associated Press*.[3]

Im Anschluss an Khameneis Videobotschaft gingen die Revolutionsgarden mit mehrere Raketenwellen Richtung Israel zum Gegenschlag über. Nach ersten zivilen Opfern in Tel Aviv drohte wiederum Israels Verteidigungsminister Katz, Teheran werde brennen. Am dritten Tag erreicht der Krieg die iranische Infrastruktur, vor allem die Raffinerien in verschiedenen Städten des Landes und die Gasfelder. Beide Seiten überzogen sich mit weiteren Angriffen. Am zehnten Tag schließlich war Trump bereit, Israel zur Seite zu springen: Mit bunkerbrechenden Bomben und Marschflugkörpern griffen die USA die teils tief unter der Erde liegenden Atomanlagen Irans an. Am zwölften Tag verkündete Trump eine Waffenruhe. Vorerst scheint Ruhe eingekehrt zu sein. Ob sie anhält, ist beim Niederschreiben dieser Zeilen noch ungewiss.

Das Bild eines Kriegsherrn, der Iran unbeugsam vor seinem Erzfeind schützt, das Khamenei heute von sich zeichnen will, steht jedenfalls diametral jener falschen Demut entgegen, die er vor 36 Jahren bei seiner Wahl zum mächtigsten Mann der „Republik" zu Schau stellte. Für diese Maskerade zog er 1989 alle Register, stellte seine ganze Person als etwas Unbrauchbares, Unnützes, ja geradezu Schädliches vor. Er wusste – und mit ihm auch sein Publikum –, dass er nie jenes Vakuum würde füllen können, das sein Vorgänger Khomeini hinterlassen hatte. Niemand kann den verstorbenen Führer ersetzen. Einen zweiten Khomeini wird es nie geben.

Khamenei war kein Ayatollah, wie die Verfassung es vorschreibt, nur ein einfacher Prediger. Ihm fehlt das Charisma seines Vorgängers. Die Fußstapfen, die er vor sich sah, waren riesig. Und er hatte mächtige Rivalen. Deshalb musste er sich verstellen, sich kleinmachen. Nur so konnte er das erreichen, was er wollte: Man unterschätzte ihn. Gut 36 Jahre lang lehrte er seither fast täglich, dass er zu Unrecht unterschätzt wurde.

Der Preis des Unterschätzens war hoch, für seine Rivalen ebenso wie für das Land, die Region, ja für die ganze Welt. Und bezahlt ist er noch immer nicht ganz. Jetzt, mit Donald Trump im Weißen Haus und Netanjahu in Jerusalem könnte sich die offene Summe noch als sehr, sehr hoch herausstellen.

1   Einleitung

Dieses Buch ist keine herkömmliche Biografie. Ali Khameneis Lebensgeschichte kann man nicht authentisch und fundiert der Reihe nach nachzeichnen. Er hält zwar Ansprachen, aber über seine Kindheit, seine Eltern und seine Familie spricht er nicht. Einen Journalisten hat er nie empfangen. Auch seine vier Söhne schweigen grundsätzlich über den Vater und die eigene Familie. Khameneis Frau sah man nie in der Öffentlichkeit. Nur wenigen gewährte er Zugang zu seinem Privatleben. Man weiß nicht, wem er wirklich vertraut – über die Jahre seiner Herrschaft hat er viele fallengelassen, die man zu seinen engen Vertrauten zählte. Offiziell wird um ihn eine Aura der Unnahbarkeit und Heiligkeit verbreitet. Und vieles, was seine engen Gefolgsleute oder seine Gegner über sein Privatleben erzählen, ist nicht glaubwürdig. Oft ist es entweder pure Lobhudelei oder Gerede, bloße Gerüchte aus der Sphäre des Hörensagens.

Am 13. April 2011 erzählte beispielsweise Ayatollah Saidi, der Freitagsprediger der Stadt Qom, sehr blumig die folgende Geschichte von der Kanzel: Er habe von Khameneis Halbschwester gehört, die es wiederum von der Hebamme erfahren habe, schon bei seiner Geburt hätte Khamenei „Oh Ali!" gerufen.[4] Ali war der erste Imam der Schiiten, Qom ist das Zentrum der schiitischen Gelehrsamkeit. Der Ayatollah will uns also sagen, der Führer der Islamischen Republik hätte schon in dem Augenblick, in dem er das Licht der Welt erblickte, nach dem ersten Imam der Schiiten gerufen. Ali ist seit über 1.400 Jahren tot, steht aber immer noch im Zentrum des sunnitisch-schiitischen Streits um die Nachfolge des Propheten. Khamenei sieht seine Herrschaft als Alis Vermächtnis.

Gegner dagegen erzählen über Khamenei und sein Privates ganz irdische Geschichten, holen ihn aus seinem heiligen Himmel auf die harte Erde seiner Heimatstadt Maschhad zurück. Er sei in jungen Jahren von vielen Männern seines Viertels regelmäßig missbraucht worden, behaupten sie etwa, und nennen sowohl Orte der Misshandlung als auch Khameneis abtrünnigen Schwager Scheich Ali Tehrani als Kronzeugen. Wahr oder falsch – diejenigen, die solche und ähnliche Geschichten über Khamenei verbreiten, wissen genau, welches Bild sie damit in der Volksmeinung hervorrufen: nicht etwa das eines missbrauchten Jungen, der unser Mitleid verdient, sondern das Bild einer ehr-, charakter- und willenlosen Kreatur. Aber natürlich gibt es durchaus auch solide und seriöse Informationen, die man zur Darstellung von Khameneis Werdegang nutzen kann, nutzen sollte.

Auch im hohen Alter – Ali Khamenei ist Jahrgang 1938 – ist er immer noch der mächtigste Mann Irans. Trotzdem gestaltet sich ein Buch über ihn wie eine Erzählung über einen Abwesenden, wie ein Nachruf. Die beste Methode für eine Annäherung an seine Person schien mir daher, ihn entlang der turbulenten Ereignisse der letzten 45 Jahre zu begleiten. Neben meinen eigenen Beobachtungen werde ich dabei natürlich auch alles heranziehen, was mir über sein Leben, seine Familie, seine Bildung und seine Weggefährten glaubwürdig erscheint. In vielem ist das vorliegende Buch aber mehr eine Geschichte der „Islamischen Republik".

Diesen Weg habe ich deshalb gewählt, weil ich selbst ein Zeitzeuge dieser Jahre bin. Ich kam 1970 zum Studium nach Deutschland. Willy Brandt war seit wenigen Monaten Bundeskanzler, das Land hatte ein turbulentes Jahrzehnt hinter und ein ebenso ereignisreiches vor sich. Dass in Deutschland gerade eine Kulturrevolution im vollen Gange war, blieb auch mir, dem gerade angekommenen Ausländer, nicht verborgen. Diese Veränderungen und Turbulenzen waren nirgendwo besser zu beobachten als an den Universitäten. Auch ich war ein „bewegter" Student. Neben dem Vietnamkrieg war der Iran eine wichtige Triebfeder dieser Bewegung. Die Erinnerung an Benno Ohnesorg, jenen Studenten, der 1967 bei der Anti-Schah-Demonstration in Berlin von der Polizei erschossen worden war, war noch sehr lebendig und bewegte die Studenten weiterhin. Den „2. Juni", den Tag seines Todes, wählte später eine terroristische Gruppe als ihren Namen. 1979, als im Iran die Revolution ausbrach, kehrte ich zurück und erlebte die iranische Zeitenwende aus nächster Nähe. Der Frühling der Freiheit war jedoch viel kürzer, als wir damals gedacht hatten. Diese Revolution und alles, was sie in der Welt auslöste – vor allem die Geiselnahme in der US-Botschaft in Teheran –, beherrschte lange Zeit die Schlagzeilen der Weltmedien. Eine *Tagesschau* ohne Bilder aus Teheran schien in diesen Jahren kaum denkbar. Zurück in Deutschland, war ich daher für manche Medien hierzulande ein interessanter Augenzeuge. Und für mich, der unter anderem Germanistik und Politologie studiert hatte, war damit der Weg zum Journalismus vorgezeichnet. Ich schrieb für die *Frankfurter Rundschau* und die DPA, landete beim *Hessischen Rundfunk*. Es folgten Jahrzehnte voller Journalistenreisen in fast alle Länder des Nahen Ostens einschließlich Iran, fünf Jahre davon als ARD-Hörfunk-Korrespondent in Nordafrika.

Dieses Buch beginne ich mit Khameneis „Wahl" zum Führer der Islamischen Republik. Denn schon im Augenblick seiner Inthronisierung ist sichtbar, mit welchem Menschenschlag wir es zu tun haben. „Sehen" kann man hier durchaus wörtlich nehmen, denn die Zeremonie ist als Video im Internet verewigt. Wir sind Zeuge einer vollendeten Scheinheiligkeit, einer perfekten Verstellungskunst und einer Bereitschaft, sich nötigenfalls selbst so weit wie möglich zu entwürdigen, zu verleugnen, zu demütigen. Schaut man sich diese schlechte Inszenierung genau an, kommt man nicht umhin, die ewige Frage nach Zufall und Notwendigkeit zu stellen, auch wenn fraglich bleibt, ob sie sich je wird beantworten lassen: War es Zufall oder eine Notwendigkeit der Geschichte, dass an diesem Tag ein einfacher Prediger die Geschicke eines Landes übertragen bekam, das die militärische Macht Nummer eins im Nahen Osten war und die fünftstärkste Armee der Welt besaß? Ein Prediger, der in völliger Armut gelebt hatte und der unter einem autoritär-engstirnigen Vater aufgewachsen war, der ihn dazu gezwungen hatte, bereits als Kind Mullah-Kleidung zu tragen? Die Familie war in seiner Heimatstadt völlig fremd. Der Vater stammte aus der Provinz Aserbaidschan, sprach kaum Persisch und verdiente sein Geld als Vorbeter in einer kleinen Moschee, die nur von Gläubigen aus Aserbaidschan besucht wurde. War es Zufall oder nur schlüssig, dass Khamenei sich später intensiv mit der persischen Poesie und Literatur beschäftigte? Wir werden auf den folgenden Seiten sehen, dass sich dieser Despot als Literaturkritiker und Poesiekenner herausstellt und diese Fähigkeit konsequent für seinen Aufstieg zu nutzen versteht. Die wichtige, ja entscheidende Rolle der Poeten in der Politik kommt in diesem Buch ebenso ausführlich zur Sprache wie die legendären zehn Nächte der Dichterlesungen im Teheraner Goethe-Institut – Nächte, die nach Meinung aller Experten die Revolution einläuteten, ja entflammten. Als Khamenei zur Welt kam, war das Land dabei, in die Moderne einzutreten. Doch der Vater, der Großvater und die Mutter kapselten ihre Familie mit aller Macht von all der „Verderblichkeit" ab, die „draußen" vor sich ging. Auch seine drei Brüder wurden Mullahs, aber keine versierten Prediger wie er. Zwei von ihnen bekamen später dank ihres mächtigen Bruders lukrative Posten, der dritte entpuppte sich als zahmer Kritiker.

War es Zufall oder unumgänglich, dass Ali Khamenei, dieser zweitrangige Geistliche, der auch in der Machthierarchie unter Khomeini zweit-, ja drittrangig war, zum stärksten Mann des Landes aufstieg? Ist es die Gesetzmäßigkeit jeder Revolution, dass erst die eigentlich Mächtigen in ihren Turbulenzen verschwinden bzw. gewaltsam umkommen müssen, bevor der Unterschätzte emporsteigen kann? Innerhalb von zwei Monaten wurden zwei Staatspräsidenten abgesetzt bzw. ermordet, dutzende, viel mächtigere Personen mussten bei Bombenattentaten ums Leben kommen, bevor er Staatspräsident werden konnte. Damals genau wie heute übrigens eine bloß formale, repräsentative Position.

Ist es logisch, schlüssig oder gar natürlich, dass unterschätzte Despoten besondere Brutalität und Erbarmungslosigkeit an den Tag legen, legen müssen? Ist es folgerichtig, dass ein solcher Herrscher sich für die Festigung seiner Macht planmäßig seinen Förderer und Ziehvater vornimmt, um ihn zu entmachten? Wir werden sehen, dass Khamenei ohne den damals sehr mächtigen Rafsandschani nie in diese Position gekommen wäre und wie erbarmungslos er am Ende mit seinem Mentor und dessen Familie umging.

„In der Kindheit erworbenes Wissen ist wie eine Inschrift, gemeißelt in Stein": In diesem, dem islamischen Propheten Mohammed zugeschriebenen arabischen Sprichwort steckt viel Wahrheit. Khamenei war gerade 13 Jahre alt, als er das Idol seines Lebens trifft: Navvab Safavi. In ihm sieht Khamenei lange Zeit den großen, klugen Bruder. Er verinnerlicht alles, was der damals 28-Jährige sagte und schrieb, so tief, dass es zu seiner Berufung, seiner Lebensmission wurde. Safavi, dieser Ersatzbruder, der später als Terrorist hingerichtet wird, war ein geübter und gewandter Israelhasser, ein versierter Propagandist, der eine terroristische Gruppe anführte. Khameneis notorischer, abnorm krankhafter Hass gegen Israel ist zwar komplex und mehrdimensional, doch wir werden sehen, welch entscheidende Rolle sein Idol für diese Gravur hatte, die für immer sein Bewusstsein prägte. Einige Leser werden erstaunt sein, wenn sie erfahren, wen, was und welche Mittel Khamenei benutzt, um seinen Israelhass auszuleben. Die Katastrophe, die die

Hamas am 7. Oktober 2023 auslöste und damit das Gesicht des Nahen Ostens gründlich und für immer veränderte, wäre ohne Khameneis massive Hilfe in dieser Form nicht denkbar gewesen. Doch sein Israelhass, den er wie eine Lebensmission über vier Dekaden mit aller Gewalt pflegte und auf den er fast alle Ressourcen seines relativ reichen Landes verwendete, droht ihm schließlich zum Verhängnis, zur ernsthaften Gefahr für seine Macht zu werden.

Khamenei spricht von „strategischer Tiefe", wenn er seine Strategie gegen Israel erläutert. Gemeint ist die Platzierung jener zahlreichen paramilitärischen Milizen, die in Israels Nachbarschaft agieren. Hamas ist nur eine von ihnen. Dazu kommen die libanesische Hisbollah, die schiitischen Milizen im Irak, Syrien und im Jemen. Allesamt Gruppen, die in sogenannten gescheiterten Staaten (*failed states*) aktiv sind.

Bei dieser destruktiven Strategie wusste und weiß Khamenei auch Intellektuelle verschiedener Couleur an seiner Seite, vor allem die sogenannten Reformer, die einem islamistischen System mit menschlichem Antlitz nachhängen. Deren Rolle bzw. die Konsequenzen ihres Tuns ist auch ein Thema dieses Buches.

Erstaunlich ist auch, wie die Europäer in all diesen Jahren diese zerstörerische Politik nicht nur duldeten, sondern sogar hofierten. Ob Monarchie oder Mullahs, insbesondere Deutschland stand mehr als ein Jahrhundert an Irans Seite. Allen Krisen und Kriegen zum Trotz blieben die wirtschaftlichen, politischen und kulturellen Bande zwischen Deutschen und Iranern fast unbeschadet. Deshalb werde ich in diesem Buch ausführlich beschreiben, wie Deutschland Iran half, in die Moderne einzutreten, und wie die Bundesrepublik Khameneis „Republik" auf dem internationalen Parkett salonfähig machte.

Doch der 7. Oktober 2023 war auch für die deutsch-iranische Beziehung eine Zeitenwende. Lange war offen, was Netanjahu in Bezug auf Khameneis iranisches Strippenziehen unternehmen würde.

Inzwischen wissen wir, dass 2025 ein Schicksalsjahr ist. Seine „Republik" ist momentan schwächer denn je. Wie er die gefährlichen Klippen umschiffen will, ist rätselhaft. Als ob er diese Sackgasse hat kommen sehen, entschied Khamenei sich von Anfang an felsenfest und unbeirrbar für Wladimir Putin als seinen Verbündeten, möglicherweise als seinen Beschützer. Was er für diese Allianz tut, welchen Beitrag er im Ukrainekrieg leistet und wie Putin seinerseits mit der Islamischen Republik umgeht, ist ebenfalls ein wichtiges Kapitel dieses Buches. Es ist die Geschichte eines Despoten, konfrontiert mit multiplen Krisen und mit einer jungen Generation, die ihren Alltag mehr in den sozialen Netzwerken verbringt als in den Moscheen oder bei religiösen Zeremonien.

Dies ist nur eine grobe Skizze dessen, was wir auf den folgenden Seiten näher in den Blick nehmen werden. Wer den Mechanismus der Katastrophe verstehen will, die sich momentan im Nahen Osten abspielt, kommt nicht umhin, sich mit Khameneis Person, Position und Visionen genauer zu beschäftigen. Denn trotz seines weit fortgeschrittenen Alter hat Irans oberster Führer noch viel vor. Zwar nicht mehr so sehr für sich und seine Person, aber für seine „Republik" und seine Familie. Aber zunächst werden wir sehen, wie Khamenei sich vor seinen Rivalen tief erniedrigen, kleinmachen musste, um Vertrauen zu erheischen. Wie man gezwungen war, sich mit diesem „Harmlosen" zunächst abzufinden, ihn provisorisch bis zur geplanten Verfassungsänderung zu wählen. Die Stunden dieser Wahl waren sehr turbulent und dramatisch: Khomeini war gerade gestorben, die Revolution durfte nicht ohne Führer sein. Die Umstände seiner Wahl sind Khameneis unauslöschlicher Makel. Ein solches Schicksal will der 86-Jährige seinem Nachfolger ersparen. Der Islamischen Republik steht ein dramatischer Diadochen-Kampf mit unklarem Ausgang bevor. Das letzte Wort aber dürften dabei die omnipotenten Revolutionsgarden haben. Sie sind zwar nach den nächtlichen Angriffen vom 12. Juni, die Israel mit chirurgischer Präzision durchführte, praktisch enthauptet, doch ihr Körper funktioniert noch. Für die Repression im Inneren sind sie weiter stark genug. Trotz oder gerade wegen der verheerenden Niederlage demonstrieren sie seit der Feuerpause auf den Straßen mit aller Kraft und gewohnter Brutalität, dass noch immer sie die konkurrenzlose Macht im Land sind. Auch im Falle des Falles, wenn die Frage um Khameneis Nachfolge akut werden sollte, werden die Revolutionsgarden – oder was von ihnen übrig ist – der bestimmende Machtfaktor sein.

2 Die Wahl

Jerusalem, 4. Juni 1989 – schrilles Telefonklingeln reißt mich aus einem tiefen Schlaf. Es ist fünf Uhr früh. Wer kann sich an diesem Sonntagmorgen für mich interessieren, und vor allem: warum? Besitzer eines iranischen Passes müssen stets auf der Hut sein. Vor allem, wenn sie sich hier, auf dem Territorium des „zionistischen Gebildes" befinden, wie dieses Stück Land im offiziellen Sprachgebrauch Irans heißt. Den Namen „Israel" verwenden nur diejenigen, die Abstand zum Regime zeigen wollen.

Am Telefon meldet sich Menasche Amir, der Leiter des persischsprachigen Programms von *Radio Israel*. Persönlich kenne ich ihn erst seit einer Woche, seitdem ich in Israel bin. Aber mehr als zwei Jahrzehnte bin ich schon sein treuer Hörer. Ohne seine Hilfe wäre ich nie zu einem Visum für Israel gekommen. Hier will ich für die ARD ein einstündiges Radio-Feature über aus dem Iran geflüchtete Juden produzieren.

„Er ist tot", sagt Amir. Ich weiß sofort, wen er meint. Gestern Abend hatten wir in einem Restaurant lange über Khomeinis Krankheit und seinen baldigen Tod gerätselt.

Wie lässt sich diese Nachricht verifizieren? „Internet" ist ja noch ein unbekanntes Wort. In israelischen Medien ist nichts zu erfahren, auch aus meinem kleinen Transistorradio erfahre ich nichts, weder von der BBC noch von *Radio Teheran* oder anderen Sendern. Im Untergeschoss des Hotels, am Telex der Nachrichtenagentur *Reuters*, findet sich ebenfalls nichts. Dafür liest man viel über Peking und das Massaker auf dem Tiananmen-Platz und über die Frage, ob chinesische Streitkräfte Hunderte oder Tausende Demonstranten getötet haben.

Ist Khomeini wirklich tot, ist der heutige Tag tatsächlich der Beginn eines neuen Zeitalters? Abwarten. Ich habe einen Interviewtermin mit einem wohlhabenden Juden, der aus Isfahan nach Israel ausgewandert ist. In der Jerusalemer Haifa Straße hat er ein gutgehendes Geschäft. Einen Tag zuvor hat er mich gefragt, ob er nicht nach Deutschland auswandern könne. Warum will der aus dem Iran geflohene Jude gerade in Deutschland Zuflucht finden? Eine merkwürdige Idee, jedenfalls in den Ohren eines Ex-Aktivisten der deutschen Studentenbewegung.

In seinem Geschäft hört ein anderer, etwa 50-jähriger Landsmann unser Gespräch. Er ist sich ziemlich sicher, dass der „Spuk" im Iran in Kürze vorbei sein werde und er bald in seine Heimatstadt Kermanschah zurückkehren kann. Dort werde er seine Brauerei wieder aufmachen, werde wieder Erfolg haben, so wie früher, als er den gesamten West-Iran mit Bier versorgte.

Vor der Revolution war das Bier aus Kermanschah tatsächlich selbst in Teheran unter Kennern bekannt. Auch dieser aus dem Iran geflohene Geschäftsmann hat sich in diesen zehn Jahren, die seit der Revolution vergangen sind, in Israel eine ansehnliche Existenz aufgebaut. Er betreibt eine große Sportanlage, seine beiden Töchter sind inzwischen erwachsene Frauen und studieren in Haifa. Seine Hoffnung, bald wieder in Kermanschah eine Brauerei betreiben zu können, ist heute mehr als 36 Jahre alt. Ob er noch lebt?

Und was sage ich dem Geschäftsmann, der seinen Laden in der Haifa Straße schließen und nach Deutschland auswandern möchte? Ich frage ihn, warum er es nicht mit Amerika, Kanada oder Australien versuche. Ob er nicht wisse, wie schwierig, ja unüberwindbar die Bürokratie in Deutschland ist. Ich will ihm klar machen, dass er sich den Lebensstandard, wie er ihn sich hier in Jerusalem geschaffen hat, in Deutschland nicht so leicht und so schnell aufbauen kann. Ich erzähle ihm davon, wie mich vor einer Woche israelische Agenten am Frankfurter Flughafen bis auf die Unterhose auszogen und in einer Kabine eingeschlossen haben, um mich erst nach einer einstündigen Befragung in die El-Al-Maschine Richtung Tel Aviv einsteigen zu lassen. Damit will ich ihm verdeutlichen, wie man mit den Inhabern eines iranischen Passes umgeht. Ich selbst war damals bereits zwanzig Jahre lang in Deutschland, ARD-Redakteur und hatte trotzdem keinen deutschen Reisepass. Denn Deutschland kannte damals keine doppelte Staatsbürgerschaft. Bevor man Deutscher werden konnte, musste man aus seiner alten Staatsangehörigkeit entlassen werden.

Für heute hatte ich ein weiteres Gespräch, ein langes Interview mit dem Geschäftsmann aus Isfahan geplant. Doch sollte Khomeini tatsächlich tot sein, dann würde nicht nur dieser, sondern auch viele andere Termine obsolet. Beginnt heute die Post-Khomeini-Ära?

Gottesgeist ist tot

Ich verlasse das Hotel, das kleine Transistorradio am Ohr. Um 7:14 Uhr Teheraner Zeit bin ich in der Nähe der Jerusalemer Altstadt, als eine schluchzende, schneidende Stimme auf *Radio Teheran* ertönt:

> „Im Namen des barmherzigen und gnädigen Gottes. Wir gehören alle zu Allah und wir kehren zu ihm zurück. Der hohe Geist des Führers der Muslime und der freien Menschen der Welt, Imam Khomeini, hat sich dem Königreich Gottes angeschlossen."

Genau zwei Stunden und vierzehn Minuten sind seit Amirs Anruf vergangen, und ich begreife, wie exklusiv die Nachrichtenquelle des israelischen Journalisten war – oder besser gesagt: wie effektiv der Mossad sein kann. Einmal zeigte mir Amir neben seinem Büro ein sechs Quadratmeter großes Zimmer, in dem vom Boden bis zur Decke Kartons voller Leserbriefe seiner Zuhörer aus dem Iran gestapelt waren. Alles habe sich der Fachbereich Iranistik der Universität Jerusalem reserviert, sagte er mir. Als ich mir diese Briefkartons anschaute, wird mir bewusst, wie vielfältig die Quellen sind, aus denen Israel seine Informationen über Iran bezieht. Das persische Programm von *Radio Israel* war zu dieser Zeit nach der BBC der meistgehörte Auslandssender in Iran.

Abb. 1: *Wegen des großen Andrangs von Trauernden muss Khomeinis Sarg am 6. Juni 1989 per Helikopter zum Friedhof gebracht werden. Dort ange-kommen, wird er zunächst von Revolutionsgardisten umhergetragen, bevor Soldaten die Ordnung wiederherstellen können.*

Mit dem Radio am Ohr kehre ich in mein Hotelzimmer zurück. Ich muss am Telefon sein – Mobiltelefone gab es damals noch nicht. Die Nach-richtenmaschinerie über Khomeinis Tod läuft jetzt auf Hochtouren. Wie viele Interviews ich an diesem Tag den verschiedenen Programmen der neun ARD-Anstalten gebe, kann ich nicht zählen. Allein mein eigener Sender, der *Hessische Rundfunk*, hat mehrere Radioprogramme, jedes mit diversen Sendungen, und alle wollen etwas über Khomeinis Tod hören. Das sind Breaking News ersten Ranges.

Im Iran herrscht an diesem Tag eine mörderische Hitze. Khomeinis Leichnam liegt in einem gekühlten beweglichen Glashaus. Drei Tage lang sammeln sich täglich Hunderttausende Trauernde um den Sarg, die aus allen Teilen des Landes in die Hauptstadt kommen. Im Gedränge sterben Dutzende Menschen.

Die Bühne der Verstellungskünstler

In einem Gebäude nicht weit von dem gläsernen Sarg, der auf einem zentralen Platz der Hauptstadt zur Schau gestellt wird, haben sich an diesem Nachmittag 55 Geistliche zusammengefunden. Es ist die „Sondersitzung der Expertenversammlung". In diesen dramatischen Stunden beginnt die Inthronisierung eines neuen Herrschers: Sie wollen einen neuen obersten Führer wählen.

Auf dem YouTube-Kanal der persisch-sprachigen BBC ist der Ablauf dieser Sitzung verewigt.[5] Heute, fast vierzig Jahre danach, ist der damals „Gewählte" sehr mächtig. Allmächtig ist er aber nicht, sonst würde er dieses historische Dokument, das die Dramatik des Nachmittags vom 4. Juni 1989 wiedergibt, mit Sicherheit aus der Erinnerung tilgen. Die Rede ist von einer etwa 12-minütigen Filmaufnahme, die unverfälscht zeigt, wie, warum und mit welchem Trick Ali Khamenei zum zweiten Revolutionsführer der Islamischen Republik gewählt wird. Sie ist ein wertvolles Dokument der Zeitgeschichte, ein symbolträchtiges Zeugnis zur Annäherung an Khameneis Persönlichkeit und zugleich ideal für eine Charakterstudie der in Iran herrschenden Geistlichkeit.

Wir sehen die letzten zwölf Minuten einer dreistündigen Sitzung, die live im iranischen Fernsehen und Hörfunk übertragen wurde. Der Zuschauer sieht, wie Khomeinis Testament entsiegelt wird. Dann betritt Ali Khamenei das Podium. Wie üblich trägt er über seinem hellbraunen Gewand einen offenen cremefarbenen Mantel, die sogenannte Labbadeh, was ihm zwischen den schwarzen und grauen Mänteln der anderen anwesenden Geistlichen ein fast schon schickes Aussehen verleiht. Mit eindringlicher, klarer und zugleich ruhiger Stimme trägt er den Text des handschriftlichen Testaments vor, ohne Unterbrechung, ohne Anzeichen von Müdigkeit. Es ist kein übliches Testament: Khomeini legt in diesem sprachlich fein komponierten Text dar, wie die Nachwelt auszusehen hat und was seine „Republik" dafür tun müsse. Einen Namen, wer der künftige Führer sein soll, nennt er nicht. Er soll „gewählt" werden.

Die Wahlzeremonie beginnt. Regie führt Ali Akbar Haschemi Rafsandschani, der mächtige Strippenzieher, der fast alles im Land bestimmt. Schon in der gefühlten Ewigkeit, in der Khomeini dahinsiechte, entschied Rafsandschani über alles und alle. Jetzt, nach dem Ableben des gottesgleichen Revolutionsführers liegt das Schicksal des Landes in seinen Händen. An diesem historischen Nachmittag leitet er sicher die Sitzung, beherrscht die Szene. Nach einigen Zwischenrufen und Wortmeldungen dazu, wie nun verfahren werden solle, ruft er Ali Khamenei auf das Podium und erteilt ihm das Wort. Rafsandschani hebt ihn, der bestenfalls in der zweiten Reihe der Macht steht, praktisch auf den Schild. Mit Khamenei als Führer rechnen an diesem Tag wenige.

Die 55 Mullahs, die gemäß Verfassung einen neuen Führer wählen müssen, streiten über etwas Grundsätzliches: Wer soll das Land führen – ein dreiköpfiger Führungsrat oder eine starke Führungspersönlichkeit? Die Zeit drängt. Noch vor Khomeinis Beerdigung muss über seine Nachfolge entschieden werden, es darf keine Nacht über den Iran hereinbrechen, ohne die „Herrschaft des Rechtsgelehrten" (*Velayat-e Faqih*). Ein schiitisches Reich ohne göttliche Führung kann es, darf es nicht geben. Ayatollah bedeutet wortwörtlich „Zeichen Gottes".

Khamenei spricht sich gegen eine einzelne Person an der Spitze aus. Redegewandt, wie er ist, plädiert er für einen Führungsrat. Dabei ist Khamenei sich sicher, dass er der Ausgesuchte ist. Trotzdem stellt er falsche Demut zur Schau, macht sich bis zur völligen Selbstverachtung klein und erklärt in blumiger Sprache, warum er vollkommen unfähig und ungeeignet sei, den Iran zu führen. Seine Verlogenheit, seine Unehrlichkeit und Täuschung gipfelt in dem Satz, man müsse ein Land beweinen, das ihn zum Führer wähle. Dieser Satz ist seitdem millionenfach aus unterschiedlichsten Anlässen zitiert worden. *Taghiyeh*, „Verstellung", ist ein schiitisches Gottesgebot. Man darf, man muss lügen und täuschen, wenn es dem Islam dient. In seinen fast vier Dekaden Herrschaft erweist sich Khamenei genauso als Meister der Verstellungskunst wie an diesem Tag.

Rafsandschani aber, der mächtige Versammlungschef, spricht sich gegen einen Rat aus und plädiert, ebenfalls wortmächtig, für eine Person an der Spitze. Er will Khamenei durchdrücken, obwohl dies gegen die Verfassung verstößt. Denn Khamenei ist kein Ayatollah, keine „Quelle der Nachahmung". Eigentlich darf er nicht Führer der Islamischen Republik sein.

Die Versammlung gerät zunächst in eine Sackgasse. Ungläubig sehen wir in der Aufnahme, mit welch banalem Winkelzug Rafsandschani schließlich Khamenei zum ersten Mann des Staates macht: Unvermittelt plaudert er etwas angeblich Privates aus. Er habe Khomeini kurz vor dessen Ableben gefragt, wen er sich als seinen Nachfolger wünsche, erzählt Rafsandschani. „Ihr habt doch Khamenei, nehmt ihn", soll Khomeini geantwortet haben.

Dieses angebliche Zitat hatte nur einen Zeugen: Rafsandschani selbst. Niemand hat diese Begebenheit bislang bestätigt. Doch an diesem Tag entscheidet die Behauptung alles. Obwohl Khomeini in dem gerade noch von Khamenei selbst vorgelesenen Testament ausdrücklich betont hatte, kein Zitat, keine Überlieferung von ihm sei gültig, wenn es davon nicht eine schriftlich oder mündlich registrierte Fassung gebe, wagt es niemand, Rafsandschani zu widersprechen.

Alles begann also mit Tricks, Täuschung und List. Und das sollte in all den folgenden Jahren die Methode der Staatsführung bleiben. Khamenei wird gewählt, Rafsandschani erklärt, die Wahl sei gültig, wenn auch nur provisorisch, bis man die Verfassung der neuen Situation angepasst habe.

Die historische Videoaufnahme zeigt eine sehr schlechte Inszenierung, dargeboten von einer Gruppe alter Geistlicher, die ihre Macht zu sichern weiß. Es war chaotisch und sicherlich auch demütigend für Ali Khamenei, wie er in die Rolle des Führers der Islamischen Republik gehievt wurde.

Doch die Geschichte wiederholt sich nicht. Sie wird, sie darf sich nicht wiederholen. Das nächste Mal, im Falle des Falles, soll alles anders ablaufen. Nichts soll dem Zufall überlassen werden. Zu einer solchen Selbsterniedrigung, wie Khamenei sie an den Tag legen musste, darf es nicht noch einmal kommen. Nach seinem Ableben soll alles planvoll und wie vorgezeichnet ablaufen, so sieht es jedenfalls Khameneis Vorstellung und Gesamtplanung vor.

Seine eigene Machtübernahme aber war ein Zufall der Geschichte, eine bedeutende und zugleich unvorhergesehene Folge der Islamischen Revolution von 1979.

Der Bart

Khomeinis Tod war seit einem Jahr erwartet worden. Schon ein Jahr nach der Revolution hatte er einen ersten Herzinfarkt. Er ist zu dieser Zeit in Qom, dem Zentrum der schiitischen Geistlichkeit. Dort wollte er eigentlich bleiben, in der Stadt, wo er gelebt und seine Revolution entfacht hatte. Schon vor dem Sieg der Revolution hatte er wiederholt beteuert, das Regieren in Teheran anderen überlassen zu wollen, sich nicht in die Alltagspolitik einzumischen, und seine Vertrauten wiederholten es. Ob dieses Versprechen aufrichtig oder nur eine *Taghiyeh* war – die schiitische Verstellung und Vortäuschung –, sei dahingestellt. Es kam jedenfalls anders.

Nach seinem Herzinfarkt wird Khomeini in die Hauptstadt verlegt. In seiner Residenz im Norden Teherans baut man ein modernes Krankenhaus. Die besten Spezialisten und Fachärzte des Landes sind ständig vor Ort, um ihn zu betreuen. Khomeini bekommt zwei weitere Herzanfälle, er wird nun rund um die Uhr beobachtet und kuriert. Nur so kann er die erste Dekade seines Staates überleben und gestalten.

Doch im zehnten Jahr seiner „Republik" stellt man einen aggressiven Magenkrebs fest, der schnell Metastasen bildet. In seinem letzten Lebensjahr verschwindet Khomeini praktisch aus der Öffentlichkeit, seine Ärzte rechnen mit seinem baldigen Tod. Mehrmals raten sie zur Chemotherapie, doch Khomeini selbst und seine Entourage sind vehement dagegen. Sie fürchten die äußerlichen Folgen einer solchen Behandlung. Ein kahlköpfiger Khomeini ohne Bart wäre kaum präsentabel, berichtet später der Leiter seines Medizinerteams in einem Buch mit dem Titel *Der Heiler der Herzen*.

Der Todkranke ist nahezu von der Außenwelt abgeschottet. Abgesehen von den Ärzten und seinen engsten Familienmitgliedern haben in diesen Tagen nur vier Personen Zugang zum sterbenden Führer: Da ist zunächst Ali Akbar Haschemi Rafsandschani, Parlamentspräsident und zu dieser Zeit der mächtigste Mann im Staatsapparat. Khomeini hat ihm den Oberbefehl über die Streitkräfte übertragen und in allen Bereichen ist er eine Art *primus inter pares*. Zweitens ist es Khomeinis Sohn Ahmad, der den Vater gern beerben würde, aber kaum eine Chance hat. Denn Ahmad ist nur äußerlich ein Mullah, in Wahrheit aber ein Lebemann ohne jegliche Bildung, der Fußball liebt. Der Dritte ist Justizchef Ayatollah Schahrudi, der zwar als Nachfolger Khomeinis gehandelt wird, im Justizapparat jedoch die wichtige Aufgabe erfüllt, Gegner zu eliminieren. Außerdem ist er gebürtiger Iraker und darf allein deshalb nicht Führer werden – denn mit dem Nachbarland tobt seit acht Jahren ein erbitterter Krieg. Außerdem hat Schahrudi noch wichtige Funktionen innerhalb der Justiz zu erfüllen. Der Vierte ist Staatspräsident Ali Khamenei, der gemäß Verfassung eine rein repräsentative Funktion hat – als Chef der Exekutive hatte die Islamische Republik damals neben dem Staatspräsidenten noch einen Premierminister.

Wie Ali Khamenei Staatspräsident wurde, ist eine weitere dramatische Geschichte dieser turbulenten, blutigen Revolution. Abolhassan Bani Sadr, der erste Präsident, musste nach nur sechs Monaten wieder in sein altes französisches Exil fliehen – zu seinem Schicksal mehr in der Folge. Bei der Kampagne seiner Absetzung bot Khamenei all seine rhetorisch-propagandistischen Künste auf. Der zweite Präsident, Mohammad Ali Radschai, war ein naiver Ex-Lehrer und wie Khamenei ein Anhänger Navvab Safavis (▶ Kap. 3). Er blieb nur 28 Tage im Amt, starb bei einem Bombenanschlag. Diese beiden ersten Präsidenten waren kein Mullahs – Khomeini hatte ja versprochen, in seiner Republik werde nie die Geistlichkeit regieren. Damit trotzdem Khamenei für das Präsidentenamt erkoren werden konnte, musste Alleskönner Rafsandschani in Aktion treten. Am 9. September 1981 schreibt Rafsandschani dazu in seinem Tagebuch:

„Um 11 Uhr waren wir mit Herrn Khamenei im Büro des Führers. Herr Ahmad [Khomeinis Sohn] informierte uns vorher, der Ayatollah sei dafür, dass Herr Khamenei Präsident werde. Dann sprachen wir selbst mit ihm, der uns sagte, da eine Notsituation herrsche und es niemanden sonst gebe, dürfe Khamenei das Amt übernehmen."[6]

Genau 31 Tage später nach einer hektischen Wahl wurde Ali Khamenei der dritte Präsident der neuen Ordnung und hatte damit Zugang zu Khomeini.

Weil Khomeini in dieser Zeit praktisch unzurechnungsfähig ist, bestimmen diese vier Männer nicht nur die Alltagspolitik, sie müssen und werden zudem weitreichende, schwierige Entscheidungen für die Zukunft treffen. Nur so können sie hoffen, die gefahrvollen Klippen der Übergangsphase nach Khomeinis Tod zu überwinden. Und alles muss schnell geschehen, solange Khomeini noch lebt. Denn es geht um Entscheidungen, die nur qua Khomeinis Autorität verkündet und durchgesetzt werden können. Khomeini ist die letzte Instanz. Schicksalsträchtige Machtworte, die die Zukunft des Regimes sichern, können nur von ihm stammen.

Als erstes muss das Ende des Krieges mit dem Irak bekannt gegeben werden – ein langer Stellungskrieg mit Hunderttausenden Toten und Verletzten, den Khomeini eigentlich bis zur „Befreiung Jerusalems" fortsetzen wollte. Am 19. Juli 1988 lässt man einen Radiosprecher eine dramatische, mehrere Seiten lange Botschaft verlesen, in der Khomeini unter anderem angeblich verkündet: „Ich sehe mich gezwungen, den Schierlingsbecher zu trinken."

Dass der sterbenskranke Khomeini zu dieser Zeit nicht mehr in der Lage war, eine so weitreichende Entscheidung in einem derart literarischen Text zu verfassen, daran besteht kein Zweifel. Der einflussreiche Rafsandschani, der aus pragmatischen Gründen seit Jahren gegen die Fortsetzung des Krieges war, nutzt Khomeinis Zustand aus und setzt sich endlich durch. Nach Jahren der Verweigerung akzeptiert die Islamische Republik schließlich die Resolution 598 des UNO-Sicherheitsrates und stimmt einem Waffenstillstand mit dem Irak zu. Später werden Radikale behaupten, Rafsandschani hätte Khomeini hinters Licht geführt und ihn zur Aufgabe der hehren, heiligen Ziele der Republik gezwungen.

Massenhinrichtungen

Zwei Tage nach dem offiziellen Waffenstillstand überschreiten bewaffnete Mitglieder der iranischen Volksmudschahedin die irakisch-iranische Grenze und marschieren Richtung Teheran. Binnen weniger Tage wollen sie die Hauptstadt erobern und das Regime stürzen. Die Volksmudschahedin waren eine oppositionelle Gruppe, die mehrere Jahre unter der Ägide Saddam Husseins im Irak weilte. Nach Kriegsende glaubten sie, die Unzufriedenheit der iranischen Bevölkerung nutzen und im Handstreich die Macht im ganzen Land übernehmen zu können. Der Versuch scheitert, Tausende sterben. Und es kommt noch schlimmer.

Drei Tage nach dieser gescheiterten Operation beginnt in den iranischen Gefängnissen eine Welle der Massenhinrichtungen. Mehrere Tausend Volksmudschahedin und Mitglieder anderer oppositionellen Gruppen – Linke, Liberale und Nationalgesinnte – werden innerhalb weniger Wochen umgebracht. Viele davon waren zu langen Gefängnisstrafen verurteilt, die sie in verschiedenen Haftanstalten des Landes absaßen.

Nach Angaben von Amnesty International fallen der Hinrichtungswelle 4.500 bis 5.000 Menschen zum Opfer, darunter viele minderjährige Schüler, die nichts anderes verbrochen hatten, als Flugblätter zu verteilen. Grundlage dieses beispiellosen Verbrechens ist eine

Fatwa, die vom sterbenskranken Khomeini stammen soll. Darin beauftragt er ein dreiköpfiges Komitee, alle inhaftierten Oppositionellen zu
befragen und, sollten sie keine Reue zeigen, schnell zu beseitigen. Ein
eindeutig krimineller Befehl in Form einer Fatwa.

Diese Sommermonate ab Juli 1988 waren eine bleierne Zeit, deren
Schwere selbst für die Islamische Republik beispiellos ist. Es herrscht
allgemeine Enttäuschung über den sinnlosen achtjährigen Krieg mit
seinen Hunderttausenden Toten und Verletzten sowie den vielen
zerstörten Städten. Der Alltag der Menschen ist von Knappheit und
rationierten Lebensmitteln geprägt. Das Land ist international isoliert,
die Wirtschaft ruiniert. Und nun machen auch noch nicht abreißen
wollende Gerüchte über Massenhinrichtungen in den Gefängnissen
die Runde. Hinter vorgehaltener Hand wird von Leichen berichtet, die
in Massengräbern verscharrt würden. Die bis an die Zähne bewaffnete
Revolutionsgarde, eine freiwillig und spontan entstandene Miliz, die
durch den Krieg viel Macht angehäuft hat, ist plötzlich arbeitslos. Von
der Front zurück, beherrscht sie nun im Inneren die Szene. Das Land
scheint führungslos, der allesbeherrschende, gottähnliche Führer ist
aus der Öffentlichkeit verschwunden, er ist sterbenskrank und hat nur
noch ein knappes Jahr zu leben. Und unter den Geistlichen herrscht
bereits eine gnadenlose Rivalität, wer Khomeini beerben soll.

Satanische Verse als Rettung

Niedergeschlagenheit, Agonie, wohin man auch blickt. Und das in
einer „Republik", die seit ihrem Bestehen immer von „der Straße",
von Massenaufmärschen gelebt hatte und deshalb in den Straßen der
anderen islamischen Länder ein gewisses Ansehen hatte.

Was tun? Wie kann man national und international „Prestige"
zurückgewinnen, so dass man im Ausland wieder vom revolutionären

Iran spricht? So wie einst, als man mit der Besetzung der US-Botschaft 444 Tage lang praktisch die Weltpolitik mitbestimmte?

Die Rettung kommt in Gestalt eines Buchtitels: *Die satanischen Verse*. Der Titel reicht, den Inhalt kennt ohnehin keiner. Seit fünf Monaten bewegt Salman Rushdies Buch in einigen islamischen Ländern die Gemüter, in Pakistan und vor allem in Rushdies Heimat Indien. Im Iran dagegen nimmt monatelang niemand Notiz davon – und auch nicht von dem, was wegen dieses Buchs im Nachbarland Pakistan geschieht. Kein Mensch im Iran hatte das Buch gesehen, geschweige denn gelesen; eine persische Übersetzung gab es nicht. Trotzdem witterte die Entourage um den sterbenskranken Ayatollah die Chance, das Buch als Vorwand zu nutzen, um von der katastrophalen Lage im Iran und der drohenden Instabilität seiner Führung abzulenken.

Motor der Proteste waren pakistanische Migranten in England. Denn Hauptthema des Autors ist auch in diesem Buch das komplizierte Dasein der Entwurzelten, die sich nach Großbritannien gerettet haben. Der Koran und seine Verse bilden nur eine kleine Passage dieses Romans im Stil des „magischen Realismus", der mit einem Flugzeugabsturz in England und zwei durch das Land irrenden Männern, einem Inder und einem Pakistaner, beginnt. Wie auch immer: Die radikalen Pakistaner in Großbritannien sehen in Rushdie wieder einen jener abtrünnigen Inder, die gegen den Islam zu Felde ziehen.

Die gewaltsamen Proteste beginnen im südenglischen Surrey und weiten sich schnell nach London und in andere Städte aus. Es kommt wochenlang zu Bücherverbrennungen, in Pakistan selbst sterben im Laufe der Proteste Dutzende Demonstranten. Es ist wie eine Fortsetzung der 70-jährigen pakistanisch-indischen Konflikte (und Kriege). Die Proteste dauern fünf Monate, doch im Iran nimmt in diesen Monaten niemand von all diesen Ereignissen Notiz. Man hat andere Sorgen: Jene vier Männer, die im Namen des sterbenden Führers herrschen, müssen die Zukunft ihres Regimes sichern. Und die normalen Menschen kämpfen gegen immer unerträglicher werdende Alltagssorgen. Doch plötzlich erscheint das Buch wie gerufen, um unter den Muslimen Prestige für die Islamische Republik zurückzugewinnen.

Am 14. Februar 1989, einem Valentinstag, dem Tag der Liebe, verliest ein Teheraner Radiosprecher im Namen Khomeinis mit bebender Stimme jene Fatwa, die jahrelang die ganze Welt in Atem halten wird:

....

„Wir alle gehören Gott und kehren zu ihm zurück.

Ich teile den stolzen und mutigen Muslimen der Welt mit, dass der Autor der *Satanischen Verse*, die gegen den Islam, den Propheten und den Koran verfasst und veröffentlicht worden sind, sowie jene Verleger, die über deren Inhalt Bescheid wussten, zum Tode verurteilt sind. Von allen mutigen Muslimen verlange ich, sie sofort zu töten, wo immer sie sich befinden, damit niemand mehr wagt, die Heiligtümer der Muslime zu besudeln. Jeder, der auf diesem Weg den Tod findet, gilt, so Gott es will, als Märtyrer. Und wenn jemand sie vorfindet und dieses Urteil selbst nicht vollstrecken kann, soll er die Bevölkerung informieren, damit die gerechte Strafe vollzogen wird. Seid alle gegrüßt, Gott segnet Euch.

Ruhollah Mussavi Khomeini"

....

Klar ist: Khomeini hat das Buch von Salman Rushdie nie gesehen, geschweige denn gelesen. Und selbst wenn er es hätte lesen wollen, er wäre dazu nicht in der Lage gewesen: Er lag nicht nur auf dem Sterbebett, es gab, wie gesagt, keine persische Übersetzung und Englisch konnte er nicht, er sprach nicht einmal fehlerfrei Persisch. Ob Khomeini diese Fatwa selbst verfasst hat, und wenn ja, ob der Todgeweihte in der Lage war, das Ausmaß dessen zu verstehen, was dieses Todesurteil in der Welt auslösen würde, darf man also bezweifeln. Ohne Zweifel war die Fatwa das Werk jener vier Männer, die im Namen Khomeinis agierten.

Ich hielt mich in diesen Tagen in Kabul auf. Einen Tag nach der Fatwa führte ich mit dem afghanischen Präsidenten Najibollah ein

Interview in seinem Palast. Er war dabei, mir zu erklären, warum er sich gerade entschieden hatte, eine Versöhnung mit den Taliban anzustreben, um den Krieg in seinem Land zu beenden. Kabul war zu dieser Zeit fast vollständig von den Taliban umzingelt, in der Stadt herrschte Hunger. Der Präsident kontrollierte nur noch die Hauptstadt, und auch sie nicht mehr vollständig. Was Najibollah mir gerade erzählt hatte, war eine Exklusivmeldung, und ich wollte sie so schnell wie möglich in die Welt bringen.

Mitten in diesem Gespräch trat ein Mitarbeiter des Präsidenten ein und zeigte ihm einen Zettel. Der Präsident schaute kurz darauf und sagte zu ihm: „So machen wir das." Dann fügte er hinzu: „Das muss ein schlimmes Buch sein." Wenige Stunden später verurteilte das sozialistische Afghanistan die *Satanischen Verse*. Und ich begriff, dass die Propagandaexperten der Islamischen Republik es geschafft hatten. Wieder sprach die ganze Welt vom revolutionären Iran und viele, selbst ein Kommunist wie Najibollah, mussten den Mächtigen in Teheran widerwillig folgen.

Die Straßen in den islamischen Ländern gehörten nun ihnen, die Massen waren mobilisiert. Die ehrwürdige Al-Azhar-Universität in Kairo, die Regierung in Saudi-Arabien und die islamische Konferenz meldeten sich zu Wort – sie alle verurteilten den Autor. Ob jemand in Kairo oder Riad das Buch gesehen oder gelesen hatte, spielte keine Rolle.

Fatwa-Industrie

Nun stellten auch die Teheraner Hintermänner dieser weltweiten und weltbewegenden Kampagne fest, dass eine persische Übersetzung der *Satanischen Verse* gar nicht existierte. Wurde das Buch je ins Persische übersetzt und wenn ja, wann? Jahrelang drang nichts nach außen, und das Buch selbst war ja verboten. Erst im Zuge der weltweiten Diskussion über das Messerattentat auf Salman Rushdie, fast 22 Jahre später, beschrieb ein ehemaliger Redakteur der Teheraner Zeitung *Die Islamische Republik*, wie es zur persischen Übersetzung der *Satanischen Verse* gekommen war. Herausgeber dieser Zeitung ist Ali Khamenei.

Eine Woche nach der berühmt-berüchtigten Fatwa, über die inzwischen die ganze Welt spricht, kommt der Chefredakteur der *Islamischen Republik* in die Redaktion und nimmt sich drei Redakteure der Auslandsnachrichten vor: Jedem von ihnen gibt er ein Drittel der *Satanischen Verse* und verlangt von jedem, binnen einer Woche seinen Teil zu übersetzen. Parallel dazu macht sich Ataollah Mohadscherani, ein versierter Schreiber, daran, auf Persisch eine Kritik der *Satanischen Verse* zu verfassen. Auf dem Markt erscheint dann nicht das Buch selbst, dafür aber die bestellte Kritik in millionenfacher Auflage.

Ironie der Geschichte: Heute lebt Mohadscherani seit 15 Jahren im Londoner Exil. Von 1996 bis 2000 war er Minister für Kultur und islamische Führung im Kabinett des Reformpräsidenten Mohammad Khatami. Doch als nach dem kurzen Tauwetter der Khatami-Ära der Populist Mahmud Ahmadinedschad Präsident wurde, musste Mohadscherani sich nach London retten. Man hatte ihm einen Seitensprung angedichtet, was er vehement bestritt. Doch die bloße Beschuldigung genügte, um ihn für immer kaltzustellen. Selbst im Londoner Exil blieb Mohadscherani ein vehementer Verfechter der Teheraner Macht, noch immer polemisiert er gegen die *Satanischen Verse*. Selbst nach der letzten Messerattacke auf Rushdie am 12. August 2022 in Chautauqua im Bundesstaat New York bekundete er per Twitter seine Freude.

Für eine Massenmobilisierung im Iran selbst war die Fatwa gegen Salman Rushdie kaum geeignet. Die Menschen konnten damals weder mit dem Buch noch mit seiner Wirkung etwas anfangen. Doch um die Fatwa herum entstand eine riesige Propagandaindustrie mit unterschiedlichen Institutionen, einem Millionenbudget und einem Apparat mit Dutzenden Funktionären. Die „15 Khordad Foundation" ist eines jener Sammelbecken für Dutzende Radikale, die sich ein einträgliches Auskommen rund um die Fatwa gesichert haben. Khordad ist ein iranischer Monatsname; am 15. Khordad des Jahres 1963 startete Khomeini seine erste landesweite blutige Aktion gegen den Schah. Daraufhin wurde er ins Exil verbannt. Die Stiftung, die nach diesem Tag benannt ist, wurde ursprünglich gegründet, um nach der Revolution Familien von Märtyrern und Veteranen zu unterstützen. Nun setzte sie sich zum Ziel, Rushdies Tod zu erreichen, koste es, was es wolle, und mit wessen Hilfe auch immer. Aus unterschiedlichen Anlässen setzte sie immer neue Kopfgelder für die Ermordung des Autors aus.

Kurz nach der Veröffentlichung der Fatwa beschloss das iranische Parlament mit sofortiger Wirkung den völligen Abbruch der diplomatischen Beziehung mit Großbritannien. Die Abgeordneten setzten ihrerseits eine Belohnung für die Ermordung Rushdies aus: 20 Millionen Toman, damals etwa 500.000 Dollar, für einen Iraner, für einen Ausländer sogar eine Million Dollar. Ein Grund, warum ein ausländischer Mörder mehr Geld erhalten sollte als ein iranischer, wurde zwar nie genannt, doch spekulieren lässt sich viel über die Philosophie hinter dieser merkwürdigen Minderbewertung der Iraner durch ihr Parlament.

Auch aus dem Ausland meldeten sich plötzlich sowohl bekannte wie auch ganz neue muslimische Gruppen zu Wort: American Muslim League, Jebel Aamal Ulema Board, Sri Lanka Muslim Congress, The Islamic Council of Uganda, Supreme Council of Islamic Affairs of Nigeria und noch Hunderte weitere Organisationen. Viele von ihnen waren nicht mehr als erfundene Namen. Doch für globale Propaganda reichte das.

Das Buch wurde in Indien, Südafrika, Tansania, Malaysia, Ägypten und Saudi-Arabien verboten. Selbst das kommunistische China erließ ein Verbot gegen die *Satanischen Verse*. Der Verlag Penguin Publishing House musste Sicherheitsmaßnahmen einführen.

Aus Empörung riefen zwölf europäische Länder ihre Botschafter zurück und untersagten jegliche Reisen ihrer hochrangigen Beamten in den Iran. Die US-amerikanische Regierung verlangte offiziell von der Sowjetunion, Khomeinis Fatwa zu verurteilen; das Moskauer Außenministerium ließ verlauten, der Westen solle die Werte Irans respektieren. Die Männer um den todgeweihten Khomeini hatten es geschafft, Rushdie und sein Buch zu einem Weltpolitikum, zu einem Thema des Kalten Kriegs zu machen.

Wenige Monate später kam es zum ersten Mordversuch an Salman Rushdie. Dabei kamen Mostafa Mazeh und Ibrahim Atai, zwei libanesische Teenager, in einem Londoner Hotel ums Leben. Attentate und Attentatsversuche gegen den Autor, seine Verleger und seine Übersetzer wiederholten sich in den folgenden Jahren auf der ganzen Welt. Der letzte Mordversuch am 22. August 2022 wurde bereits erwähnt. Begangen wurde er von einem libanesisch-stämmigen Amerikaner, der zehn Jahre nach der Fatwa geboren wurde. Man kann nur staunen über die geografische und zeitliche Reichweite jenes Stücks Papier, das vier Männer im Namen eines sterbenden alten Mullahs fabrizierten. Und die Mord-Fatwa gegen einen international anerkannten Autor war nur die bekannteste der schicksalhaften Entscheidungen, die im Namen des todkranken Khomeini getroffen wurden. Weitere folgten, galt es doch, einen reibungslosen Übergang in die „Post-Khomeini-Ära" zu gestalten.

Die Entmachtung eines Kronprinzen

Insbesondere ein letztes großes Hindernis mussten diese vier Männer im Namen des dahinsiechenden Führers beiseite räumen, um dem einfachen Prediger Khamenei den Weg zur Macht zu ebnen. Die Rede ist von Ayatollah Montazeri, der in Qom, dem Zentrum der schiitischen Gelehrsamkeit, eine allgemein anerkannte, unangefochtene Stellung innehatte. Khomeini und Montazeri kannten sich seit Jahrzehnten. Khomeini schätzte und achtete ihn sehr, als gebildeten Geistlichen ebenso wie als treuen Weggefährten. Hossein Ali Montazeri, dessen bäuerlicher Akzent für Volksbelustigung sorgte, war seit Jahrzehnten Seminarlehrer und -meister auf höchster Stufe. Politisch war er von Anfang ein treuer Weggefährte Khomeinis, der ihn „Frucht meines Lebens" genannt hatte. Montazeri hatte die Verfassung der Islamischen Republik mitgeschrieben, die „Herrschaft des Rechtsgelehrten" als Fundament und Hauptsäule der neuen Ordnung war seine Idee. Eine Idee, die er auch in der Öffentlichkeit stets energisch verteidigte. Dass er der künftige Führer der „Republik" sein würde, hörte und las man ununterbrochen in den Medien. Niemand zweifelte daran, hatte ihn doch Khomeini selbst ernannt; eine andere Person war gar nicht vorstellbar.

Doch ausgerechnet dieser bäuerliche Geistliche hatte sich langsam zu einer Hoffnung für die Wandelbarkeit der Islamischen Republik entpuppt. Montazeri erkannte früh, dass sich seine bzw. Khomeinis Ordnung auf dem Weg in eine Katastrophe befand. Dank seiner Position entwickelte sich der Vielredner nach und nach zu einer mächtigen Stimme der Kritiker. Spektakulär hatte er sich gegen jene Todesurteile ausgesprochen, die nach Kriegsende innerhalb weniger Wochen gegen Tausende politische Gegner in den Gefängnissen vollstreckt worden waren. Auch gegen die Rushdie-Fatwa hatte er seine Stimme erhoben.

In einer Videoaufzeichnung, die noch heute im Internet zu finden ist, hört und sieht man eine makabre Unterhaltung zwischen Montazeri und der bereits erwähnten dreiköpfigen Todeskommission, die die Massenhinrichtungen verantwortet. Offen berichten die drei sogenannten „Vernehmungsrichter", wie sie in den Gefängnissen vorgehen. Die drei jungen Mullahs, alle um die 25 Jahre alt, erzählen freimütig, wie sie ihre Todeskandidaten auswählen und dass sie noch mehr Menschen zu töten beabsichtigen. Montazeri sagt ihnen am Ende der Unterhaltung offen ins Gesicht: „Ihr werdet alle als Massenmörder in die Geschichte eingehen."[7]

Abb. 2:   *Khamenei (links) und Montazeri im Jahr 1979.*

Ibrahim Raissi, seinerzeit Milizionär, später Präsident des Iran, war einer dieser drei. Noch als Präsident erzählte er wiederholt und ausführlich, wie stolz er auf seine damaligen „revolutionären" Taten sei. Raissi wurde als Nachfolger Khameneis gehandelt, starb jedoch im Mai 2024 bei einem Hubschrauberabsturz unter mysteriösen Umständen. Ein anderer „Richter" war Mostapha Pour Mohammadi, der in verschiedenen Regierungen zum Geheimdienst- bzw. Justizminister aufstieg. Nur der dritte „Richter" machte keine Karriere, er verstarb nur wenige

Jahre später. Allein die Karrieren der anderen beiden offenbaren, warum diese „Republik" gemessen an der Bevölkerungszahl Weltrekordhalterin bei der Zahl der Todesstrafen ist. Die Todesstrafe war im Gottesstaat von Anfang an essentiell für die Machterhaltung.

Mit seiner Kritik an solchen Praktiken hatte Montazeri den Bogen offenbar überspannt. Am 21. März 1989, zweieinhalb Monate vor Khomeinis Tod – er lag praktisch auf der Intensivstation –, verliest erneut ein Radiosprecher einen Brief, in dem Khomeini Montazeri Naivität vorwirft und ihn für ungeeignet erklärt, sein Nachfolger zu werden. Seine Chancen, oberster Führer zu werden, sind damit dahin.

Mit der Ausschaltung Montazeris war das letzte große Hindernis beseitigt. Khamenei konnte nun nicht nur Führer werden, sondern sich auch Ayatollah bzw. „Quelle der Nachahmung" (*Mardscha-e Taghlid*) nennen lassen.

„Herr Khamenei, warum nennen Sie sich die Quelle? Sie sind es nicht!", fragte Montazeri später lautstark in einer Rede.[8] Montazeri durfte, konnte, ja musste diese Frage stellen. Denn vor der Revolution war er Khameneis Lehrer und Mentor gewesen. Besser als jeder andere wusste er um dessen religiöse Kenntnisse. Aus der Sicht der schiitischen Gelehrsamkeit war Khamenei ein einfacher Mullah, durfte keine Fatwa erlassen.

Nach dieser Rede griffen Sicherheitskräfte Montazeris Haus und Büro an, schlugen seine Mitarbeiter und Studenten zusammen, beschlagnahmten sein Eigentum und verwüsteten sein Seminargebäude. Fast 20 Jahre lang stand er unter Hausarrest. Als er 2009 im Alter von 87 Jahren starb, nahmen Hunderttausende, Verbot und Repression zum Trotz, an seiner Beerdigung teil. Dutzende Trauernde wurden verhaftet, mehrere getötet.

3   Wurzeln und Entwicklung

Harter Winter, heißer Sommer: Maschhad im Nordosten Irans ist die Stadt der Gegensätze. Manche sagen, hier finde sich alles für jene Schublade, in die man die Iraner gemeinhin steckt: widersprüchlich, doppeldeutig, gepaart mit geschickter Verstellungskunst; positiv ausgedrückt: anpassungs- und integrationsfähig.

Will man der Paradoxie der iranischen Kultur näher kommen, kommt man nicht umhin, sich mit zwei Mausoleen in dieser Stadt zu beschäftigen. Diese über tausend Jahre alten Gräber symbolisieren das Wesen der persischen Kultur ebenso wie die Nähe und Distanz der Iraner zum Islam. Die zwei dort Bestatteten haben jahrhundertelang die iranische Geschichte geprägt und prägen sie noch heute, zurzeit wohl mehr denn je. Mal drückte der eine einer Zeit seinen Stempel auf, mal der andere. Wohin die Reise geht, hängt von der Windrichtung ab, was bleibt, ist die sprichwörtliche Doppeldeutigkeit als Waffe des Überlebens. Die Namen dieser sehr lebendigen Toten lauten Ali ibn Musa al-Reza und Abol Qassem Firdausi. Ersterer ist der achte Imam der Schiiten, der zweite ist der persische Dichter schlechthin, den viele den Homer des Iran nennen.

Reza ist ein Ururenkel des Propheten. Vor etwa 1.300 Jahren entsandte ihn der Kalif von Bagdad als Kronprinzen des Emirs nach Maschhad, in diese strategisch wichtige Provinzhauptstadt von Groß-Khorasan. Reza war als eine Art familiärer Ausgleich der Herrschaft gedacht, mit ihm wollte der Kalif einen Nachkommen Mohammeds in seine Herrschaft integrieren. Rezas Beiname ist „der Fremde". Sein Schrein besteht neben dem prachtvollen Mausoleum aus einem riesigen

Gebäudekomplex mit sieben Innenhöfen und umfasst eine Fläche von knapp 600.000 Quadratmetern. Im Laufe der Jahrhunderte hat sich seine Verwaltung zu einer der mächtigsten Institution Irans entwickelt. Astan-e Qodse Razavi, die „heilige Schwelle von Reza", lautet der offizielle Name der Verwaltung des Schreins, die Dutzende Unternehmen, Fabriken sowie unzählige Immobilien und Ländereien besitzt und etwa 210.000 Menschen beschäftigt. Der Volksmund nennt das Imperium kurz Astan, „die Schwelle". Der Schrein ist ein Wirtschaftsriese, heilig, steuerbefreit und monopolistisch, mit Fabriken, Firmen, Hotels, Einkaufszentren, Museen, Bibliotheken und Universitäten, innerhalb und jenseits der iranischen Grenzen. Mit Jenseits und Religion hat die Reza-Stiftung heute nur noch am Rande zu tun; vollkommen diesseitig und kapitalistisch agiert sie wie ein unantastbarer Wirtschaftskonzern. Doch wie alle anderen religiösen Stiftungen unterliegt auch dieser Schrein der direkten Aufsicht von Ali Khamenei. Er ernennt das Führungspersonal. Rechtlich haben weder die Regierung noch das Parlament etwas zu melden.

Das Geld fließt in die umgekehrte Richtung. Die Regierung muss jährlich umgerechnet 80 Millionen Euro Miete für die Nutzung verschiedener Gebäude der Stiftung zahlen. Der tote Imam ist auch Vermieter für 800.000 Einwohner Maschhads. „Oft tritt sie Mietern gegenüber so erbarmungslos und berechnend auf, dass sich viele einen privaten Vermieter wünschen", sagt Dschawad Haghshenas, einer der bekanntesten Journalisten des Landes, der selbst in Maschhad wohnt, über die Stiftung. Die Hälfte der Grundstücke der Stadt gehören der Stiftung, im ganzen Land ist sie die größte Grundbesitzerin.

Abb. 3:   *Der Imam-Reza-Schrein in Maschhad, 1976.*

Und das Immobiliengeschäft bildet nur einen Bruchteil ihrer wirtschaftlichen Aktivitäten. „Von Hühnermilch bis Menschenleben" – mit diesem persischen Sprichwort beschreibt der Volksmund die Bandbreite der Angebote der Stiftung. Sie tritt an der Teheraner Börse als Broker auf, ist auf dem Markt der Telekommunikation ein wichtiger Player, baut Straßen, Autos und U-Bahnen. Die Marke Razavi stellt über 100 verschiedene Alltagsprodukte in eigenen Fabriken her. Mit Sarakhs, der Grenzstadt im Norden der Provinz Khorasan, besitzt die Stiftung zudem eine eigene Freihandelszone. Das ist ihr Tor nach Zentralasien. Solange dort Assad herrschte, baute sie Brücken in Syrien, im Irak investiert sie in die Lebensmittelindustrie und verwaltet die dortigen schiitischen Mausoleen, in den Vereinigten Arabischen Emiraten verfügt sie über Banken und Finanzinstitute.

Doch nirgendwo im Ausland ist die Razavi-Stiftung so aktiv wie im Libanon, vor allem im Herrschaftsbereich der Hisbollah. Dort führt kein Weg an ihr vorbei, weder beim Bau von Schulen und Krankenhäusern, bei Rüstungsfirmen, Infrastruktur und Telekommunikation noch beim Handel mit allerlei Waren. Nach dem Krieg zwischen Israel und der Hisbollah im Jahre 2006 investierte sie 400 Millionen Euro in den Wohnungsbau. Was sie nach dem jüngsten Krieg im Libanon tun wird, tun kann, ist ungewiss. Denn die Präsenz der Islamischen Republik ist nach der Terroraktion der Hamas vom 7. Oktober 2023 und allem, was darauf folgte, stark zurückgegangen.

Ärmlich, ja vernachlässigt sieht dagegen das Grab des Dichters Firdausi aus, des zweiten großen Sohns der Stadt. Der Gottesstaat kann mit diesem Toten nicht viel anfangen, doch beseitigen kann er dessen Grab auch nicht, denn Firdausi ist eine nationale Institution, ist irgendwie auch heilig.

Er habe 60.000 Verse gedichtet, ohne ein arabisches Wort zu benutzen, rühmte sich Firdausi. Und das ist in der Tat eine große Leistung. Arabische Wörter sind durch die Religion mit der persischen Sprache unzertrennlich verflochten, im Alltag sind sie viel zu präsent, als dass sich ein Schriftsteller oder Dichter ihnen leicht entziehen könnte. Firdausi, dessen Leben wie eine Legende immer wieder erzählt wird, ist Autor des monumentalen Nationalepos *Schahname*, des „Buchs der Könige". Diese Sammlung der persischen Mythologie ist das weltgrößte Epos eines Einzeldichters.

Sprachlich, ja kulturell steht dieser Dichter wie kein anderer dafür, dass Iraner Muslime, aber keine Araber sind. Nicht zufällig ist seine Heimat, die Provinz Khorasan, der inspirierende Ort für den „Nicht-Araber-Islam", der sich von hier aus jenseits Arabiens ausbreitete: von der Türkei über Zentralasien, Indien und Indonesien bis China. Dabei ist das Arabische für den Islam fundamental, existenziell, kaum vergleichbar mit der Rolle des Latein für einen durch und durch orthodoxen Katholiken: Gott spricht Arabisch.

Man ist Muslim, aber kein Araber, man hat eine andere, viel ältere Sprach- und Poesietradition: In Firdausis Dichtung ist diese Haltung präsenter als bei anderen Klassikern. Die geografischen Umrisse des historischen Gebiets, das als Groß-Khorasan bekannt ist, variierten im Laufe der Jahrhunderte seines Bestehens. Es umfasst, grob gesagt, Persien, Afghanistan, Tadschikistan und Usbekistan. Mehr als ein Jahrtausend lang war dieses große Gebiet das Zentrum der persischen Sprache und Literatur. Die Dichter von Khorasan bzw. im Kulturraum Maschhad schrieben in vielen Gattungen der Poesie Geschichte.

Das also ist Khameneis Heimatstadt, zu der er eine besondere Beziehung pflegt. Der Aufstieg Khameneis wäre kaum vorstellbar, ohne seine Vorliebe für Poesie, seine Neigung zur poetischen Tradition von Khorasan und seiner Geburtsstadt Maschhad. Davon wird später die Rede sein. In dieser Stadt, der Heimstätte der bleibenden Widersprüche, in der täglich Hunderttausende Pilger ein- und ausgehen, kommt Ali Khamenei zur Welt, hier wächst er auf.

Ein Kindheit voller Entbehrung

Sayyed Ali Hosseini Khamenei kommt am 19. April 1939 als fünftes Kind und zweiter Sohn von Dschawad, einem einfachen, frommen Geistlichen, und Khadija Mirdamadi, der Tochter von Hashem Najafabadi Mirdamadi, ebenfalls ein Geistlicher, zur Welt. Dschawad, der Vater, macht seinen Kindern schon von Anfang an unmissverständlich klar, dass auch Ali und seine drei Brüder den traditionellen klerikalen Weg einschlagen und Prediger werden müssen, wie er selbst einer ist. Die Söhne sollen sich vom Weltlich-Modernen und von allem Politischen fernhalten.

Der Vater ist nicht nur borniert, autoritär, rigide und rabiat. Er stammt überdies aus Täbris in der Provinz Aserbaidschan. Hier wird Azeri gesprochen. Dschawad bleibt deshalb in Maschhad ein Fremder, kommt mit der persischen Sprache nicht zurecht. Deshalb muss er als Vorbeter in einer kleinen Moschee predigen, die ausschließlich von Azeris besucht wird.

Die Politik habe stets Unglück über die Familie gebracht, erzählt er den Kindern unentwegt. Er spricht aus eigener Erfahrung. In seiner Jugend war er in seiner Heimatstadt Täbris während der Verfassungs-revolution politisch aktiv. Täbris war Anfang des 20. Jahrhunderts eines der wichtigen Zentren jener Revolution, die die absolute Monarchie beenden sollte. Dschawad gehörte zu den Gegnern der Verfassung. Verfassung und Konstitution waren in den Augen der konservativen Mullahs eine Form der Gotteslästerei. Als die Revolutionäre siegten, musste Dschawad samt seiner Familie Täbris verlassen. Wie viele andere erzkonservative Mullahs, die sich in ihrer Stadt nicht mehr wohlfühlten, ließ er sich in Maschhad nieder. Das religiöse Milieu dort gefiel ihnen, weil es vorwiegend unpolitisch war. Alle diese „exilierten" Mullahs, die wie Dschawad in ihren Städten gegen die Konstitution opponiert hatten, bedauerten, sich je in die Politik eingemischt zu haben.

Ali Khamenei wächst in einem sehr bescheidenen, ärmlichen Haus in der Nähe der Nosratol-Malek-Straße auf, in einem alten, armen Viertel von Maschhad. Hier verbringt er seine gesamte Kindheit und Jugend. In diesem Haus, eigentlich nicht mehr als ein Zimmer und ein Keller, lebt er mit seinen drei Brüdern und vier Schwestern. Drei von ihnen sind Halbschwestern, sie haben eine andere Mutter. Die Familie muss sich tagsüber an den Lärm einer großen Druckerei in direkter Nachbarschaft gewöhnen, die die erste mechanische Druckmaschine der Stadt betrieb. Ab dem vierten Lebensjahr besucht Ali eine Einrichtung, die sich „Haus der religiösen Bildung" nennt: ein Religionsseminar für Kinder, in dem er zunächst den Koran paukt und Lesen lernt. Schon mit neun Jahren wird er in die Kleidung eines Mullah gesteckt, es wird die Kleidung seines Lebens. Er wird ein schiitischer Taleb, ein Seminarist. Eine normale Schule durfte er nicht besuchen, weil der Vater strikt gegen alle Erscheinungen der Moderne war, die sich allmählich überall im Land ausbereitete.

Die Beziehung zu diesem autoritären, strengen Vater und der Zwang, schon im Kindesalter die umständliche Mullah-Kleidung zu tragen, bestimmen Alis Kindheit. Das Spielen mit anderen Kindern in seiner quirligen Gasse ist für ihn kaum möglich, er wird gemobbt, erzählt er später seinem offiziellen Biografen: „Man lachte mich ständig aus."[9] Die Gleichaltrigen gingen in die normale Schulen, trugen normale Kleidung, lernten eine andere Welt kennen, die der kleine Mullah-Seminarist nicht kannte. Diese andere Welt hatte im Iran praktisch mit seiner Geburt begonnen.

Reza Schah

Nur wenige Monate ist Ali auf der Welt, als der Zweite Weltkrieg ausbricht, und als er drei Jahre alt ist, besetzt die russische Armee Maschhad. Die Alliierten des Zweiten Weltkriegs hatten kurz davor Reza Schah Pahlavi gezwungen, das Land zu verlassen, weil er den Iran neutral halten wollte, Briten und Sowjets jedoch nach dem Einmarsch Hitlers in die Sowjetunion eine Nachschublinie durch Persien führen wollten.

Während seiner gut fünfzehnjährigen Herrschaft hatte Reza Schah versucht, das Land nach Jahren des Niedergangs in die neue Zeit zu integrieren. Das Alte Persien bemühte sich in diesen Jahren, in der komplizierten Moderne anzukommen und sich mit dem zu arrangieren, was aus dem politisch bewegten bzw. bewegenden Europa kam. Diese fünfzehn Jahre wurden zu einer Blütezeit der politischen, wirtschaftlichen und kulturellen Entwicklung Irans.

Zuvor hatte der Erste Weltkrieg das Land in eine Katastrophe gestürzt. Der Zentralstaat war gescheitert, beinahe verschwunden, Millionen Menschen verhungerten. In weiten Teilen des großen Landes bestimmten Aufstände und politische Unruhen den Alltag. Großbritannien hielt den Süden besetzt, um sich der dortigen Ölquellen zu bemächtigen. Und im Norden weitete Russland seine Einflusszone immer weiter aus. Der Iran war dabei, gänzlich von der Landkarte zu verschwinden. Die Spanische Grippe, deren Virus offenbar Pilger aus Saudi-Arabien eingeschleppt hatten, grassierte im ganzen Land, das kein funktionierendes Gesundheitssystem kannte. Die Epidemie raffte die Menschen massenweise hin, Zeitzeugen berichten von Leichenbergen in den Städten.

Die Nachwehen der verunglückten konstitutionellen Revolution sorgten in der Hauptstadt für ständige Instabilität. Diese an sich einmalige Revolution hatte sechs Jahre, von 1905 bis 1911, gedauert, bis es den Revolutionären endlich gelungen war, die absolute Monarchie durch ein parlamentarisches Regierungssystem abzulösen und eine moderne Rechtsordnung einzuführen. Einmalig war dieses Ereignis, weil ausgerechnet Iran, diesem verarmten, von fremden Mächten bedrohten Land, eine Verfassungsrevolution gelungen war. In ganz Asien waren nun Iran und Japan die einzigen Länder mit einer konstitutionellen Monarchie. Das ist ein Wunder der Geschichte Irans, einmalig in der gesamten Region.

Unmittelbar nach dem Sieg der Revolution besetzten die zaristischen Truppen den Norden des Landes, einschließlich Maschhad, wohin Ali Khameneis Vater floh. Die Parlamentswahlen nach der neuen Ordnung mussten deshalb verschoben werden, sie konnten erst nach dem Sieg der Bolschewiken in Russland, also nach dem Ende des Ersten Weltkriegs, abgehalten werden. Auch die Briten zogen sich nur widerwillig aus dem Iran zurück, gaben dann aber dem internationalen Druck nach und zogen 1921 ihre „Berater" ab. Im selben Jahr unterstützten britische Diplomaten den iranischen Offizier der persischen Kosaken-Brigade, Reza Khan, dabei, an die Macht zu kommen. Im Jahr zuvor hatte er einen Aufstand im Norden des Landes, in der Provinz Gilan am Kaspischen Meer, niedergeschlagen. Diese Rebellion, die von Mirza Kutschek Khan angeführt wurde, hatte versucht, eine unabhängige Republik nach sowjetischem Muster zu gründen.

Unterstützt von den Briten und gemeinsam mit dem politischen Schriftsteller Ziya al-Din Tabatabai führte Reza Khan 1921 einen Putsch durch. Er übernahm die Kontrolle über die alten Streitkräfte und baute sie zu einer für damalige Verhältnisse sehr modernen Armee auf. Reza Khan war erst Kriegs- und wurde später Ministerpräsident. Binnen weniger Jahre gelang es ihm, eine politische Ordnung in einem Land zu erschaffen, das jahrelang nichts anderes erlebt hatte als Chaos, Aufruhr und Aufstand.

Reza Khan war nach Meinung aller Historiker ein Patriot. Ursprünglich wollte er – wie Atatürk in der Türkei – aus dem Iran eine moderne Republik machen, gegen den Widerstand der mächtigen Ayatollahs. Sie fürchteten um ihre religiöse Macht und glaubten, eine Republik führe zwangsläufig zum Säkularismus, schlimmer noch zum Kommunismus. „Der König ist der Schatten Gottes", diese religiöse Sentenz wiederholte die schiitische Geistlichkeit bei jedem öffentlichen Anlass, das war die politische Parole der Mullahs. Wegen ihres Widerstands und dem der Briten musste Reza Khan den Plan einer säkularen Republik nach dem Vorbild der Türkei schließlich fallen lassen. 1925 wird er schließlich – Ironie der Zeit – mithilfe der Mullahs zum König und als Reza Schah inthronisiert. Eine weitere Ironie der iranischen Geschichte: „Republik" sollte dann Khomeinis Hauptparole für seine Revolution werden, mit der er 1979 der Monarchie ein Ende setzte.

Sein Projekt, den Säkularismus, verfolgte Reza Schah trotzdem weiter: durch das Schleierverbot für Frauen, die Einführung des Wehrdienstes für alle Iraner – einschließlich der Mullahs – und die weltliche Gerichtsbarkeit. Er entzog der Geistlichkeit ihre gesamte Machtbasis: Bildung, Jurisprudenz und die religiösen Stiftungen. All das kam unter Kontrolle des Staates.

Außenpolitisch versuchte Reza Schah zwischen den Großmächten zu manövrieren. Doch seine Neutralität wurde ihm während des Zweiten Weltkriegs zum Verhängnis. Im März 1941 marschierten britische und sowjetische Truppen im Iran ein, teilten das Land wieder einmal unter sich auf und setzten dem Schah am 17. September 1941 das Ultimatum, bis zwölf Uhr mittags das Land zu verlassen. Dem kam er nach und trat seine letzte Reise ins südafrikanische Exil an. Doch Reza Schahs säkulares Erbe prägte das Land nachhaltig. Khomeinis Islamische Revolution zielte darauf, dieses Erbe zu tilgen.

Kind und Mullah

Als Reza Schah das Land verlassen muss, ist Ali Khamenei ein dreijähriges Kind aus einer armen, kinderreichen Mullah-Familie. Der Vater ist autoritär, hat kein regelmäßiges Einkommen. Khamenei selbst sagt über diese Zeit:

> „Unser Haus stand in einem der ärmsten Viertel der Stadt Maschhad und war nur 60 Quadratmeter groß. Es bestand aus einem Zimmer und einem dunklen, fast luftlosen Keller. Immer, wenn mein Vater Gäste hatte – und dies geschah oft –, mussten wir alle in diesem finsteren Keller verschwinden, bis die Gäste weg waren. Viel später halfen einige Gläubige uns, so dass wir einen ganz kleinen Nachbarschuppen kaufen konnten. So hatten wir dann drei Zimmer."

Der Vater hoffte, dass aus seinem Sohn, wenn er nur früh genug in einem schiitischen Seminar zu lernen begönne, ein veritabler Prediger werden könne, der sein Leben besser meistert als der Vater. Nun ist Maschhad zwar wegen des großen Mausoleums von Imam Reza einer heiliger Ort. Ein traditioneller Ort schiitischer Gelehrsamkeit ist es jedoch nicht. Ursprünglich gab es hier kein *Howseh*, kein schiitisches Seminar. Khomeini und andere Großayatollahs residieren im 100 Kilometer südlich von Teheran gelegenen Qom, wo Imam Rezas Schwester begraben liegt. Insofern war das Seminar, in dem Ali mit vier Jahren zu lernen begann, eine sehr junge Einrichtung. Hier musste er zunächst, auf dem Boden hockend, mehrere Jahre lang den Koran pauken, später lernte er auch Grundzüge der arabischen Grammatik. In schiitischen Seminaren gibt es keine Schreibtafeln, auch Papier und Bleistift gehören nicht zum Lernmaterial. Ali lernte dort nicht schreiben, verfasste keine Aufsätze. Das Lernen fand wie in all diesen Seminaren rein mündlich. Er lernt nur rudimentär Arabisch und Persisch, bekommt aber eine Einführung in die religiöse Jurisprudenz.

Die staatlichen Schulen mit ihren einheitlichen Schulbüchern, ihren Tischen und Stühlen sowie unterschiedlichen Klassenzimmern für verschiedene Fächer wecken früh Alis Aufmerksamkeit. Jungen auf dem Schulweg ziehen mit ihrer westlichen Kleidung bzw. Schuluniform und ihren Schulbüchern an ihm vorbei. Doch er weiß, dass sein autoritärer Vater streng gegen eine moderne Schulausbildung ist. Als er elf Jahre alt ist, besucht er dennoch gemeinsam mit zwei weiteren Seminaristen heimlich eine Abendschule, die der Staat für junge Berufstätige eingerichtet hat. Hier erlangt er einen einfachen Abschluss, das Zeugnis des sechsten Grundschuljahrs. Der Vater bekommt anfänglich nichts davon mit, später muss er sich damit arrangieren.

Doch Ali bleibt Mullah. Oft schickt ihn der Vater in die Privathäuser der Gläubigen, um für die Frauen zu predigen, damit er etwas für die Familie verdient. Noch ist er ein Kind; die Frauen dürfen ihn ohne Hidschab empfangen. Die Reife eines Jungen – mit allen Rechten und

Pflichten eines Mannes – beginnt nach islamischem Recht ab dem fünfzehnten Lebensjahr.

Die Begegnung seines Lebens

Die Winter in Maschhad sind kalt. Die klirrende Kälte beginnt manchmal schon im Oktober. An einem besonders kalten Novembertag erwacht Ali voller Freude und Erwartung. Heute will er dem Mann begegnen, in dem er seit langem alles sieht: Idol, Lehrmeister und Vaterersatz.

Wir schreiben das Jahr 1952. Ein landesweit bekannter radikaler Islamist befindet sich auf Propagandatour. Der 28-Jährige ist Chef einer Organisation, die sich ihrer Gewalttaten gegen Andersdenkende rühmt, und in den islamistischen Kreisen so etwas wie ein Star. Heute kommt er nach Maschhad, wo ihm seine Anhänger einen triumphalen, begeisterten Empfang bereiten. Unter ihnen ist auch der 13-jährige Ali. Im Internet existiert ein 34-minütiges Video, in dem Khamenei davon schwärmt, wie er als heranwachsender Mullah mit Turban seinem Idol in der Menge seiner Fans durch die Stadt folgt.[10] Der Name des Mannes: Navvab Safavi.

Von diesem geradezu sagenumwobenen Mann hatte Khamenei trotz seiner jungen Jahre schon viel gehört und einiges von ihm gelesen. Wie er selbst zu Protokoll gibt, übernahm Khamenei zentrale Positionen, für die einzutreten er sich zur Lebensaufgabe machen sollte, bereits in jungen Jahren von Navvab: seine krankhafte Abneigung gegen alles Moderne, seinen tiefen Hass gegen Israel, seinen Antisemitismus und den Drang, eine weltweite islamistische Ordnung zu begründen.

Navvab führte damals eine fundamentalistische Gruppe, die sich „Die Todbereiten des Islam" (*Fedajin-e Islam*) nannte. In den Vierzigerjahren des vergangenen Jahrhunderts zog die Terrorgruppe eine breite Blutspur durch die politische Landschaft Irans, sie war für mehrere

Attentate auf Intellektuelle und Politiker verantwortlich. Eines ihrer Opfer war Ahmad Kasrewi, ein bekannter Historiker, Schriftsteller und vehementer Islamkritiker.

Khameneis Beschreibung seiner Begegnung mit Navvab in Maschhad ist leidenschaftlich-emotional, fast schon poetisch:

> „Ein hochgewachsener junger Mann mit einem prägnanten Gesicht, breiten Schultern und einem eindringlichen Blick. Ich konnte mich nicht an ihm satt sehen. Sein Auftritt war entwaffnend, er selbst war von bewaffneten Leibwächtern umgeben, und wenn er redete, hielt ich wie alle Anwesenden den Atem an. Hier beginnt für immer meine Politisierung."

Navvab ist in der Tat ein versierter Redner. An diesem Tag spricht er über die Notwendigkeit der Einführung der Scharia, hetzt gegen die Briten und gegen Israel. Die Propagandarede beeindruckt Khamenei so sehr, dass er später ausführlich und mit einem Hauch von Wehmut davon erzählt. Es ist die Erinnerung daran, wie er als junger pubertierender Heranwachsender einem weltgewandten 28-Jährigen begegnete, den er verehrt und bewundert.

Navvab kannte die Gründlichkeit, mit der die Deutschen versucht hatten, ihre „Judenfrage" zu „lösen". Er hatte in den Vierzigerjahren die Deutsche Schule in Teheran besucht. Erbaut 1907 von einem deutschen Architekten namens Otto Schulz, war sie einst die größte deutsche Auslandsschule weltweit. Ihr Direktor war Wolfgang Strung, ein geachteter, allseits anerkannter Chemielehrer, der bis zum Ende seines Lebens im Iran blieb und in der Schule beerdigt sein soll. Als Navvab dort mit der deutschen Sprache und Kultur in Berührung kommt, ist die Sympathie für Nazideutschland im Iran *en vogue*: Manche Iraner halten sich wie die Deutschen für Angehörige einer überlegenen Rasse – der Name Iran bedeutet wörtlich „Land der Arier" –, manche hören wohlwollend, wie man in Deutschland mit Juden umgeht.

Welchen Abschluss Navvab an der Deutschen Schule erlangte, ist nicht bekannt. Jedenfalls beginnt er nach seinem Abgang eine „Bildungsreise" nach Kairo. Hier wird er Zeuge der turbulenten Ereignisse: 1948 wird der Staat Israel ausgerufen; Ägypten führt mit einer Allianz arabischer Staaten Krieg gegen den jüdischen Staat. Nach der Niederlage stürzt die Bewegung der „Freien Offiziere" König Faruk; der Aufstieg der Muslimbrüder beginnt. Ihren Chefideologen und Übervater, Seyyed Qutb, trifft Navvab in Ägypten, ist ihm praktisch verfallen. Beide mochten sich persönlich offenbar sehr, wie Navvab später berichtet. Auch Navvabs Vorbild war in diesen Jahren ein Sympathisant der Nazis. Sein Buch *Unser Kampf mit den Juden* war gerade erschienen und Navvab hatte mehrere Exemplare davon im Gepäck, als er in den Iran zurückkehrte. Was Qutb und Navvab vertraten, waren hauptsächlich Ideen des berühmt-berüchtigten palästinensischen Mufti Amin Al Hosseini, dessen Antisemitismus berüchtigt und zahlreich dokumentiert ist. Bestrebt, die Nazis für die Sache der Araber zu gewinnen, war er sogar mit Hitler in Berlin zusammengetroffen.

Navvab ist ein fähiger Überbringer dieser Ideen in den Iran. Seine Rolle für die Entwicklung des politischen Islams im Iran kann man nicht überschätzen. Mit seiner charismatischen Persönlichkeit wird er die radikalislamistische Bewegung Irans maßgeblich prägen. Auch Khomeini wird seine Vorstellung eines islamischen Staats zum großen Teil von Navvab bzw. den Muslimbrüdern übernehmen. So gesehen war Navvab ein wichtiger Ideengeber für die Islamische Revolution.

1956, vier Jahre nach seinem Auftritt in Maschhad, wird Navvab Safavi wegen terroristischer Aktivitäten und zweier Morde zum Tode verurteilt und hingerichtet, seine Organisation wird als terroristisch verboten. Nach der Islamischen Revolution kommt er jedoch wieder zu Ehren. Er wird im Iran als Märtyrer geehrt, nach ihm werden Straßen benannt, in Universitätsseminaren studiert man seine Werke und schreibt Arbeiten über seine Ideen. Die Terrororganisation von damals hat sich inzwischen zu einem der mächtigsten mafiösen Machtzirkel der Islamischen Republik entwickelt.

Auch Khameneis heutige Vorstellungen sind in ihren Grundzügen das, was die ägyptischen Muslimbrüder propagieren; damals ebenso wie heute. Navvab Safavi, der „Importeur" der Ideen des ägyptischen Guru Seyyed Qutb, wird Khameneis Leitbild für seine lebenslange Fixierung auf Israel. Qutbs Standardwerk *Die Zukunft gehört dem Islam* übersetzt Khamenei später ins Persische. Die „neue Zeit", die die Islamische Revolution schaffen soll, soll eine Zeit der Wiederbelebung und globalen Vorherrschaft der „islamischen Zivilisation" werden. Was Qutb einst zu Papier brachte, versucht Khamenei nun mit aller Gewalt zu verwirklichen. Das ist für Khamenei ein göttliches Versprechen, das durch die Revolution und die Islamische Republik Iran mit allen Mitteln in der ganzen Welt verbreitet werden muss.

So wie für den Ägypter Qutb ist auch für Khamenei der Grundstein für den Aufbau dieser Zivilisation die Vereinigung der Umma, der islamischen Gemeinschaften rund um die Welt. Das ultimative Ziel ist die Herrschaft über die Welt. Damit übernimmt Khamenei die radikalsten Positionen, die vom terroristischen Flügel der Muslimbrüder vertreten werden. In einer Botschaft an die Vereinigung muslimischer Studenten in Europa schreibt er im Oktober 2024: „Die Verwirklichung einer islamischen Zivilisation wird erst nach dem letzten Dschihad möglich sein." Er prophezeit den baldigen Beginn dieses ultimativen Kampfes zwischen Gut und Böse und verspricht, dass „alles auf den bevorstehenden Beginn dieses einzigartigen Phänomens hinweist".[11]

Der Höhepunkt seiner Logik ist seine beängstigende Fatwa über die Legitimität des *jihad-e ebtedayi*, was man mit „Angriffskrieg" oder „präventivem Dschihad" übersetzen könnte. In seinem Buch mit Fatwas,

das gedruckt und online vorliegt,[12] aber ebenso in seinen Kursen über
den Dschihad sagt Khamenei unverblümt:

> „Der offensive Dschihad ist nicht auf die Zeit des Propheten und seiner Nach-
> folger, die unfehlbaren Imame, beschränkt. Auch ein qualifizierter Rechtsge-
> lehrter, der die Muslime führt, kann den offensiven Dschihad ausrufen, wenn
> er es für zweckmäßig hält."

Und natürlich hält er sich für einen dieser Qualifizierten, er nennt sich
„den absolut qualifizierten Rechtsgelehrten" (*Valie Faqieh Motalgh*), ein
offizieller Titel, der täglich in allen Medien des Landes zu allen Anlässen
wiederholt wird. Das Ziel des offensiven Dschihads bestehe darin,

> „die Hindernisse zu beseitigen, die Menschen daran hindern, zum Islam zu
> konvertieren. Es geht also um Beseitigung all dessen, was der Konvertierung
> bzw. der Ausbreitung des wahren Wortes in der ganzen Welt im Wege steht".

Diese Worte hören sich nicht nur beängstigend an: Sie sind genau das,
was man aus den Predigten von Al-Qaida-Chef Bin Laden oder Abu
Bakr Al Baghdadi, dem Kalifen des Islamischen Staates, kennt. Und das
ist kein Wunder: All diese fundamentalistischen Grundideen gehören
zu den Lehrprinzipien der ägyptischen Muslimbrüder, die seit Mitte
des 19. Jahrhunderts den politischen Islam der Neuzeit geprägt haben.
Seither werden sie in Varianten von allen Fundamentalisten unter-
schiedlicher Couleur wiederholt, sei es von den Schiiten Navvab Savafi
oder Ali Khamenei oder von Sunniten wie Osama bin Laden oder Abu
Bakr Al Baghdadi und vielen anderen. Manchen dieser Fundamentalisten
begegnet man sogar an westlichen Universitäten – als Professoren.

Coup d'état, das nationale Trauma

Navvabs Auftritt in Maschhad war nur ein Puzzleteil im großen politischen Chaos, das damals im gesamten Iran herrschte. Wenige Monate nach Khameneis schicksalhafter Begegnung mit seinem Idol wurde am 19. August 1953 in der Geschichte des Iran ein neues Kapitel aufgeschlagen, eine Wandlung, über deren Charakter sich die Iraner auch 70 Jahre später noch nicht einigen können. Noch immer wird gestritten, ob es ein Putsch, ein normaler Regierungswechsel oder eine Volkserhebung war. Was es auch war, es änderte alles für immer. Es ist der Beginn eines neuen Zeitalters, Ali ist gerade 14 Jahre alt.

Wir befinden uns am Ende einer chaotischen Dekade, die viele als das produktivste Jahrzehnt der modernen Geschichte Irans bezeichnen. In den Vierzigerjahren des vergangenen Jahrhunderts herrschte im Iran politisch wie gesellschaftlich eine einmalige Atmosphäre, die für die gesamte Geschichte des Landes beispiellos bleibt. 1941 musste Reza Schah unter dem Druck der Alliierten ins Exil gehen. Sein Sohn Mohammad Reza, gerade 21 Jahre alt, ist aus einem Schweizer Internat in die Heimat gekommen, um den Vater zu beerben. Seine Herrschaft muss der junge, unerfahrene König, der den großen Teil seines Lebens im Ausland verbracht hat, in einem Land zu festigen versuchen, das von fremden Truppen besetzt ist: im Norden von den Sowjets, im ölreichen Süden von den Briten. Allein die Mitte des Landes um Teheran wird iranisch verwaltet.

Mit der Abdankung Reza Schahs beginnt ein Jahrzehnt des politischen Chaos und der Ungewissheit, so etwas wie eine iranische Nachkriegszeit. Hunderte politische Parteien und Gruppen verschiedener Couleur werden gegründet, und alle wollen das Schicksal des Landes bestimmen. Unter der Herrschaft des jungen und unsicheren neuen Königs entstehen zudem separatistische Bewegungen am Rande dieses großen Landes, wo die nationalen Minderheiten leben. Und sie greifen zu den Waffen. Autonome Republiken melden sich aus Kurdistan und der Provinz Aserbaidschan. Nationalisten, Kommunisten, Islamisten und Royalisten beherrschen mit ihren Aufmärschen die Straßen. Die stärkste und bestorganisierte ist die Tudeh-Partei, kommunistisch, moskauhörig und ausgestattet mit einer schlagkräftigen Militärgruppe, die sie innerhalb der iranischen Armee aufgebaut hat. Wie Komintern, der internationale Zusammenschluss kommunistischer Parteien, angeordnet hatte, setzte auch die Tudeh sich als „antifaschistische Front" in Szene, so wie die anderen moskauhörigen „Fronten" rund um die Welt. Ob der junge Schah seine Herrschaft retten kann, ist eine offene Frage. Viele nennen diese zwölf Jahre, die mit einem „Putsch" zu Ende gehen, die freieste Periode des Landes – was diese Freiheit auch immer bedeuten mag.

Das Ereignis vom 19. August 1953, das in viele Geschichtsbücher als vom CIA inszenierter Putsch eingeht, ist für die einen die finale Rettung des Landes vor dem Kommunismus, für andere der Beginn einer Katastrophe. Der „Putsch" gegen Mohammad Mossadegh, den ersten demokratisch gewählten Ministerpräsidenten Irans, habe den Weg für alle späteren Miseren des Landes bereitet, Khomeinis Revolution und alles, was danach kam, eingeschlossen – so die gängige Geschichtserzählung.

Stimmt aber dieses Bild, an dem nicht nur iranische, sondern auch viele ausländische Autoren und Historiker festhalten? Geschichte sei die Lüge, auf die man sich geeinigt habe – dieses Bonmot, das Napoleon zugeschrieben wird, hat in der Tat einige Wahrheit in sich. Ist es eine Lüge, auf die wir Iraner uns geeinigt haben und für die sich offenbar kein persisches Wort finden lässt? Stets nur mit dem französischen Terminus *coup d'état* („Staatsstreich") in persischer Schrift wird die angebliche Katastrophe umschrieben, die sich am 19. August 1953 ereignet hat. Niemand, kein Schriftsteller, kein Politiker oder Historiker machte sich die Mühe, einen adäquaten Begriff aus der eigenen Muttersprache für das zu gebrauchen, was an diesem Tag tatsächlich geschah. Dabei gilt Persisch allgemein als Sprache der Poesie und der Bilder. Alle, Gebildete ebenso wie Analphabeten, benutzen den fremden, französischen Begriff, um den Beginn des „Niedergangs" zu benennen. Kein Wunder, dass *coup d'état* zum meistverwendeten Schlüsselbegriff der politisch-gesellschaftlichen Texte avancierte, die seitdem geschrieben wurden.

Alle, sogar verfeindete politische Strömungen, halten so sehr an diesem Bild fest, dass man unvermeidlich den Eindruck gewinnt, der 19. August 1953 müsse für alle Zeiten ein eigenes politisches Kapitel, als Tag einer schicksalhaften Katastrophe in der allgemeinen Wahrnehmung bleiben. Nichts darf dieses Bild trüben. Nur wenige wagen es, dieses künstlich entworfene Tableau zu nivellieren oder neu zu betrachten.

Was ist an jenem schicksalhaften 19. August passiert? Im Grunde handelte es sich um einen Machtkampf zwischen dem jungen König Mohammad Reza Pahlavi und seinem alten Ministerpräsidenten Mohammad Mossadegh. Es geht um die Stellung des Königs in einer konstitutionellen Monarchie. Die Zusammenarbeit von König und Premier hatte sich schon länger als schwierig erwiesen. Deshalb organisiert der Schah mit undemokratischen Methoden die Entmachtung des „uneinsichtigen" Premiers. Kein ausländischer Soldat ist an diesem Machtwechsel beteiligt, nur von etwa einer Viertelmillion Dollar ist die Rede, die die CIA beigesteuert und verteilt haben soll. Am Ende dieses Tages steht ein relativ unblutiger, ziemlich lautloser Machtwechsel. Manche halten ihn sogar für rechtlich unproblematisch: Der Schah habe laut Verfassung das Recht gehabt, den Ministerpräsidenten abzusetzen.

Mossadegh gilt als erster demokratisch gewählter Regierungschef Irans. Doch die Umstände dieser „Demokratie" sind selbst eine lange, komplizierte und zugleich lehrreiche Geschichte. Nicht zuletzt hatte es immer wieder Spannungen mit dem Parlament gegeben. Seit etwa einem Jahr regierte Mossadegh mittels Ermächtigungsgesetz, kam aber den Vorgaben zur parlamentarischen Kontrolle nicht nach. In diesem Chaos stand die kommunistische, moskauhörige Tudeh-Partei mit ihrem schlagkräftigen Offiziers-Corps kurz vor der Machtübernahme.

Nach seiner Entmachtung und der anschließenden dreijährigen Haft wurde Mossadegh unter Hausarrest gestellt. In seinem vornehmen großen Garten in Ahmad Abad, einem Vorort Teherans, dürfen Freunde und Verwandte ihn besuchen. 31 Jahre später stirbt er 85-jährig in einem Krankenhaus, in dem sein Sohn als ein landesweit bekannter Arzt arbeitet. Im kleinen Kreis wird er mit allen Ehren beerdigt.

Zugegeben, das ist eine sehr kurze Zusammenfassung eines geschichtlichen Vorgangs, über den Hunderte Wälzer, Tausende Fach- und Zeitungsartikel sowie unzählige Doktorarbeiten und Habilitationen in fast allen Sprachen der Welt verfasst worden sind. Kein Fachmann, kein Politiker oder Publizist, der sich über Iran äußert, kommt an diesen inzwischen fast achtzig Jahre alten Ereignissen vorbei, wenn er erklären will, warum der Iran wurde, wie er ist. Und fast alle, Iraner wie Ausländer, halten das Ereignis jenes Tages für den alles bestimmenden Wendepunkt der jüngeren Geschichte Irans, wenn nicht sogar für den gesamten Nahen Osten.

Die Art und Weise, wie Mossadegh an die Macht kommt, ist ein Produkt der verworrenen Nachkriegszeit. Seine „Nationale Front" ist von Beginn an ein widersprüchliches Gebilde, in dem sich verfeindete Gruppen zusammengefunden haben. Anfangs hat Mossadegh die Unterstützung aller: die der Religiösen um den zwielichtigen Ayatollah Kashani und die der Tudeh-Partei und die der einflussreichen und eher religiös orientierten Geschäftsleute auf dem großen Bazar. Ihnen allen gemeinsam ist die Opposition zum Schah. Doch als Ayatollah Kashani zum Schah überläuft und die Tudeh-Partei Mossadegh auf Anweisung Moskaus fallen lässt, ist das Schicksal des Premierministers besiegelt.

Zumal die staatlichen Schuldscheine, die er ausgegeben hatte, um die fehlenden Öleinnahmen der von ihm nationalisierten Ölindustrie zu kompensieren, keine Käufer finden.

Die Absetzung Mossadeghs war ein reines Hauptstadtereignis, das relativ geräuschlos und unblutig vor sich geht. Der Rest des großen Landes bekam von alldem kaum etwas mit. Als achtjähriger Schüler, der die Ferien in Teheran verbrachte, hörte ich an diesem Sommertag meine Mutter sagen: „Es wäre besser, wenn Du Dich heute nicht allzu weit von unserem Haus entfernst." – Ich tat es trotzdem, und nichts geschah.

Im August 1953 herrschte Wechselstimmung. Es grassierten Angst und Sorge über die Zukunft des Landes. Weder der Schah noch Mossadegh oder die Religiösen würden in der Lage sein, die Tudeh – mit Josef Stalin im Rücken – zu stoppen, so das herrschende Gefühl der Bevölkerung.

Der wichtigste Grund, warum der 19. August 1953 im Geschichtsverständnis der Iraner einen solchen Stellenwert hat, liegt sicherlich darin, dass London und Washington die Absetzung Mossadeghs gewollt hatten und begrüßten. So ließ sich die Schuld für das Folgende leicht abwälzen: Wenn die Außenwelt, wie immer, die Hauptverantwortung trägt, lässt sich das eigene Versagen besser verdrängen.

....

„Unabhängig davon, wie groß der Einfluss der Außenwelt an diesem Tag war, sollten wir nicht vergessen, dass die Ausländer – Russen, Briten und Amerikaner – nur mit unserer Hilfe getan haben, was getan wurde, was passiert ist. Die Verantwortung liegt zuallererst bei uns Iranern. Und wenn es einen Putsch gab, waren wir die eigentlichen Putschisten."[13]

....

Das sagt kein Geringerer als Schapur Bachtiar, ein enger Vertrauter Mossadeghs. Bachtiar war eine der wichtigsten Persönlichkeiten der Nationalen Front, war nach Mossadeghs Sturz der politische Hauptgegner des Schah. Dennoch ernannte ihn der Schah kurz vor der Islamischen Revolution zum Ministerpräsidenten, in der Hoffnung, seine Herrschaft zu retten. Doch da war es bereits zu spät: Der Schah musste nur zweieinhalb Wochen später das Land verlassen; auch die Nationale Front hatte sich längst mit Khomeini geeinigt und schloss Bachtiar aus; seine Regierung hielt nur 36 Tage. Im Pariser Exil tötete ihn schließlich 1991 ein Mordkommando der Islamischen Republik. So lange dauerte die Mordplanung der Mullahs.

Bachtiar verkörperte eine fast 70 Jahre alte politische Bewegung, die originell iranisch war. Seine Bewegung war nicht wie die kommunistische Tudeh-Partei, die schlagkräftig und bestens organisiert, aber in Wahrheit ein Sprachrohr Moskaus war und sich mehr für die kommunistische Weltrevolution als für den Iran interessierte. Auch Khomeinis Priorität war nicht der Iran, sondern die islamische Umma, praktisch die gesamte Welt. Per Fatwa hatte Khomeini alles Nationale für frevelhaft und abtrünnig erklärt. Bachtiar war bereits in jungen Jahren an der Seite Mossadeghs aktiv. Die Nationale Front war seine politische Heimat, Zeit seines Lebens verteidigte er die konstitutionelle Monarchie und kämpfte für die Einhaltung der Verfassung. Dafür zahlte er einen hohen Preis; mehrmals landete er im Gefängnis. Trotzdem sah der Schah in ihm seine letzte Chance zur Rettung der Monarchie und ernannte ihn zu seinem Ministerpräsidenten. Bachtiar akzeptierte das Amt, weil er eine Katastrophe kommen sah, die viel schlimmer sein würde als die Despotie des Schahs. Bei seiner Amtsübernahme wurde er dem Schah gegenüber sehr deutlich:

> „Ihr Vater hat meinen Vater umgebracht. Sie haben mich ins Gefängnis geworfen. Ich sollte eigentlich keinerlei persönliche Loyalität Ihrer Dynastie gegenüber haben. Aber ich bin der festen Überzeugung, dass der Iran noch nicht reif für eine demokratische Republik ist. Und wenn die Nation so weit ist, eine Demokratie zu sein, kann dies auch in Form einer konstitutionellen Monarchie geschehen. Zurzeit ist es allerdings unsere wichtigste Aufgabe, diese Barbaren zu stoppen."[14]

Doch es war zu spät, die Barbarei siegte.

Wenige Monate zuvor hatte Bachtiar gemeinsam mit seinen Mitstreitern in der Nationalen Front, Dariusch Foruhar und Karim Sandschabi, den Schah in einem offenen Brief gewarnt, seine Monarchie stehe vor ihrem vollständigen Scheitern. Der Schah schlug die Warnung in den Wind, seine Schergen prügelten alle drei Politiker auf offener Straße blutig. Das dramatische Schicksal dieser drei Personen an der Spitze der Front steht für das endgültige Scheitern dieser großen iranischen Bewegung. Über Bachtiars Annahme des Postens des Ministerpräsidenten trennten sich die Wege. Foruhar, der nach der Revolution nur wenige Monate lang Arbeitsminister sein durfte, wurde mit seiner Frau Parwaneh von einem Mordkommando in Teheran genauso bestialisch abgeschlachtet wie später Bachtiar in seiner Pariser Wohnung. Sandschabi, der angesehene Jurist und Universitätsprofessor, wurde der erste Außenminister der Islamischen Republik. Doch auch er durfte nur wenige Monate in Freiheit leben. Nachdem Khomeini in einer Fatwa die gesamte Nationale Front der Gotteslästerei bezichtigt hatte, tauchte er ab. Über Kurdistans Gebirge rettete er sich schließlich nach Paris, wo er später starb. Zufall oder nicht: Auch Sandschabi war Absolvent einer französischen Universität. Das tragische Schicksal dieser drei Personen ist für viele Beobachter ebenso Folge des „Putsches" von 1953 wie der Sieg Khomeinis.

Ali will weg

Zunächst aber ziehen nach dem „Putsch" Ruhe und Stabilität im Land ein, aber auch Repression. In Maschhad und in schiitischen Seminaren beschäftigt man sich wieder mehr mit Religiosität als mit Politik. Drei Jahre später, 1956, ist Ali Khamenei 18 Jahre alt, will Maschhad verlassen und dem autoritären Vater entkommen, andere Seminare bzw. Seminaristen, also die große weite Welt des Islam, kennenlernen. Doch trotz seiner Volljährigkeit ist er vom Vater viel zu abhängig, als dass er wagen könnte, sich ohne Geld, Perspektive und die Begleitung eines Erwachsenen auf den Weg zu machen.

Wie der Zufall es will, muss die Mutter ins irakische Nadschaf, ihre Geburtsstadt, um dort einen kranken Onkel zu besuchen. Eine Reise nach Nadschaf ist zugleich eine Pilgerfahrt. Ali kann den Vater überzeugen, die Mutter auf dieser langen und beschwerlichen Reise zu begleiten. Immerhin liegen zwischen Maschhad und Nadschaf fast 2.000 Kilometer gefahrvolle, kaum befestigte Strecke über weite Ebenen und hohe Berge. Mit den damaligen Transportmöglichkeiten brauchte man Wochen, vorausgesetzt, es passierte nichts Unerwartetes – und Unerwartetes geschah auf der gefährlichen Route zu dieser Zeit oft.

Nadschaf ist der Ort des wichtigsten schiitischen Seminarkomplexes der Welt, der Howseh. Hier werden in verschiedenen Seminaren seit Jahrhunderten Gelehrte und Großayatollahs der Schiiten ausgebildet. Hier liegt das Mausoleum des ersten Imams der Schiiten, Ali, der Schwiegersohn des Propheten, um den sich der ewige Konflikt zwischen Schiiten und Sunniten dreht.

Die Begleitung der Mutter war nur ein Vorwand. Khamenei will für immer in Nadschaf bleiben und dort, wenn möglich, Stipendiat eines Großayatollahs werden. Zurück nach Maschhad zu gehen, kommt für ihn nicht infrage. Und so muss sich seine Mutter nach einigen Wochen Aufenthalt in Nadschaf einer Pilgergruppe anschließen und ohne den Sohn in die Heimat zurückkehren. Khamenei bleibt und versucht, in den örtlichen Seminaren Fuß zu fassen. Er stellt sich mehreren Lehrgängen bekannter Großayatollahs vor und hört sich ihre Kurse und Lektionen an, stets in der Hoffnung, ein Stipendium zu ergattern. Das ist seine einzige Chance, in der Fremde bleiben zu können. Geld hat er nicht, und aus der fernen Heimat darf er keine Hilfe erwarten. Vielmehr schreibt der Vater ununterbrochen warnende Briefe, lässt durch Pilger Botschaften übermitteln und fordert den Sohn auf, unverzüglich zurückzukehren.

Ein Leben in Nadschaf ist für einen Ausländer in diesen Jahren äußerst schwierig und ohne Geld fast unmöglich. Der Teenager hält sich trotzdem etwa ein Jahr lang mehr schlecht als recht in Nadschaf über Wasser, findet aber keinen Großayatollah, der ihn in sein Seminar aufnimmt und ihm ein bescheidenes Stipendium gibt. Schließlich muss er widerwillig nach Maschhad zurückkehren. Lange wird er dort aber nicht bleiben, ist er sich sicher. Die Atmosphäre innerhalb der Familie, der Groll des Vaters und vor allem die Armut zwingen ihn wenige Monate später, Maschhad erneut zu verlassen. Und diesmal weiß er, wohin.

Auf dem Weg nach Nadschaf hatten die Mutter und er sich für zwei Wochen in der Stadt Qom, südlich von Teheran, aufgehalten. Qom ist in diesen Jahren dabei, sich zu einem wichtigen Gelehrtenzentrum der Schiiten zu entwickeln und dem irakischen Nadschaf den Rang abzulaufen. Khamenei hat viel von Qom gehört, vor allem von einem jungen Mullah, der in seinen Kursen politische Furore macht. Ruhollah Khomeini heißt er, ist Anfang 30 und noch kein Ayatollah, hat aber bereits den Ruf eines Rebellen. In den zwei Wochen, die er mit der Mutter in Qom weilt, schnuppert er bei einigen Ayatollahs in die Kurse hinein und hört sich in einer kleinen Moschee auch Khomeini an. Dessen Ausführungen und die Art, wie Khomeini seinen Unterricht gestaltet, machen auf den Teenager einen starken Eindruck. Später, als mächtigster Mann Irans schwärmt er in seiner offiziellen Biografie von diesem kurzen Aufenthalt in Qom und von Khomeinis Unterricht.

Sein Nadschaf-Projekt mag gescheitert sein, doch in Qom, so ist Khamenei sich sicher, wird er ein eigenes Leben fern des Vaters führen können. Doch der Vater ist dagegen. Er will den Sohn in seiner Nähe haben, wegen der finanziellen Lage der Familie und weil er die Kontrolle über ihn nicht verlieren will. Er, der aus eigener Lebenserfahrung alles Politische ablehnt, weiß über die politische Spielart des Islam, wie er in Qom gelehrt wird, Bescheid. Und er kennt seinen Sohn und dessen Offenheit für solche Themen nur zu gut. Deshalb will er dessen Reise mit allen Mitteln verhindern – vergeblich.

Nur mittelmäßig

Allen Widerständen zum Trotz gelingt es Khamenei also schließlich, sich vom Vater zu lösen. Er geht Ende 1957 nach Qom, wo er ein Schüler Khomeinis wird und über diesen auch zu einem Stipendium kommt. Wie üblich, handelt es sich nur um einen kläglichen Betrag – zum Leben zu wenig, zum Sterben zu viel. Um sich ein Zubrot zu verdienen, werden die Seminaristen von ihren Mentoren im Fastenmonat Ramadan bzw. dem Trauermonat Muharram in die Provinzen entsandt, um dort als Prediger, Vorbeter und Kanzelredner für die religiöse Werte zu werben. Die Seminare sind in diesen Monaten geschlossen, es sind sozusagen Semesterferien. Neben einer Aufbesserung ihres Stipendiums erweitern die Seminaristen in dieser Zeit ihre Netzwerke, machen mit reichen Kaufleuten vor Ort Bekanntschaft und knüpfen einträgliche Verbindungen mit Ortsgrößen, die ihnen lebenslang zugutekommen können.

„Herr Khomeini war ein zurückhaltender Mensch, wechselte mit niemandem ein privates Wort aus", erzählt Khamenei später seinem Biografen. „Morgens kam er, hielt seinen Unterricht und ging fort, ohne mit jemandem etwas Privates oder gar Intimes auszutauschen. Es mag verwundern, doch genau dieses Verhalten machte ihn für uns Seminaristen interessant."[15] Mit dieser Distanz und Zurückhaltung schuf sich Khomeini bei Ali und anderen jungen Schülern eine Autorität, eine Aura jenseits der Lehrer-Schüler-Beziehung. Von ihm wird Khamenei für immer begeistert bleiben.

In den Seminaren von Maschhad herrscht – damals wie heute – eine vernunftfeindliche Denkrichtung. Gepredigt wird die reine islamische Lehre als Widerspruch zur griechischen und sogar islamischen Philosophie. Vom Studium der Philosophie wird abgeraten, Seminaristen sollen rationale Interpretationen religiöser Texte vermeiden. Ganz anders in Qom.

Khamenei bleibt sechs Jahre dort. Er wird kein traditioneller Gelehrter, obwohl er sich heute offiziell als Großayatollah und religiöse Führer der muslimischen Welt bezeichnet. Als er Qom verlässt, ist er nur ein Hodschatoleslam – in der religiösen Rangordnung eine Stufe unterhalb der Ayatollahs – und bleibt bis zur Revolution 1979 ein einfacher Mullah. Auch als er zum Revolutionsführer gewählt wird, ist er kein Ayatollah, obwohl die Verfassung dies vorschreibt. Den Titel eines Großayatollah lässt er sich erst später von einigen getreuen Anhängern in Qom verleihen.

Die Ausbildung in einem schiitischen Seminar hat man sich etwa so vorzustellen: In den ersten sechs Jahren, die auch Khamenei absolviert hat, lernt ein Seminarist Grundlagen der arabischen Sprache, Logik, erhält eine kurze Einführung in das islamische Recht sowie die Rechtsphilosophie. Es gibt bestimmte Lehrbücher über diese Gebiete, geschrieben für die Novizen, die der angehende Mullah unbedingt lesen bzw. kennen muss. Dabei konzentriert sich der Unterricht nach vier Jahren hauptsächlich auf Jurisprudenz (*Fagheh*), Philosophie und *Ossul*, was man mit „Glaubensgrundsätze, -normen und -regeln" übersetzen könnte. Erst nach zehn Jahren nimmt der Geistliche an Kursen teil, die sich *Kharej* nennen, was man mit „Außen" übersetzen kann. Sie behandeln die Grundzüge der Exegese und der Eigeninterpretation der heiligen Texte. Und erst nach Jahren der Exegese darf der Geistliche eigene Kurse anbieten und die ersten Fatwas, islamische Rechtsgutachten, veröffentlichen. Noch immer ist er damit aber kein Ayatollah, geschweige denn Großayatollah.

In jeder *Howseh*, in jedem Seminarkomplex, gibt es nur eine Handvoll Großayatollahs. Erst wenn ein solcher Großayatollah einem Geistlichen, der sich ausreichend mit Exegese beschäftigt hat, den Titel eines Mujtahed, also eines „Urteilsfähigen" verleiht, darf dieser sich Ayatollah nennen. Die „Größe" eines Ayatollahs wiederum – wer also Großayatollah ist –, wird nach der Anzahl seiner Veröffentlichungen bzw. seiner Nachahmer gemessen bzw. geschätzt.

All dies sind ungeschriebene Gesetze. Auf jeden Fall ist die Ausbildung und der Weg zum Großayatollah ein sehr mühsamer Prozess, der Jahrzehnte dauern kann. Das Alter und die charakterliche Reife spielen bei der Frage, wer ein Großayatollah sein darf, ebenso eine Rolle wie persönliche Rivalitäten und Eitelkeiten unter den Seminargrößen.

So ist zumindest die Tradition der schiitischen Ausbildung, mit der Realität im heutigen Iran hat sie jedoch kaum etwas zu tun. Der Titel Ayatollah ist inzwischen ein staatlicher Titel, er ist zu einem Titel für Turban tragende Funktionäre verkommen. „Großayatollah" Khamenei hat nur die erste sechsjährige Lehrstufe des Seminars beendet, ohne den Titel „Ayatollah" zu erlangen oder selbst Kurse anbieten zu dürfen.

Großer Kanzelredner

Khamenei will dem Drängen des Vaters nicht nachgeben und weiter in Qom bleiben, aber 1964 muss er nach Maschhad zurück: Der Vater ist inzwischen fast erblindet und die notleidende Familie braucht seine Hilfe. Zurück in Maschhad, findet er einen anderen, effektiveren Weg, der ihn schließlich dorthin führt, wo er heute ist.

Zunächst unterrichtet er eine kleine Gruppe junger rebellischer Kleriker, aber auch Nicht-Kleriker außerhalb des Seminars, in marxistisch geprägter islamischer Ideologie. Für ihn selbst ist das eine Übung in Propaganda, Redegewandtheit und Überzeugungskunst. Das mühselige Studium der alten Texte, die spitzfindigen Versuche der Exegese gibt er praktisch auf.

Ali Khamenei wird außerdem ein *Rowzeh Khan*, ein Kanzelredner. Das bringt Geld, Ruhm und auch Macht. Ohne die zugehörige Zeremonie, die *Rowzeh Khani*, hätte es die Revolution nicht gegeben, sagte Revolutionsführer Khomeini einmal, und er hatte recht.

Die *Rowzeh Khani* ist eine schiitisch-iranische Trauerzeremonie, in der die Wehklagen des dritten Imam Hossein und aller anderen schiitischen Imame vorgetragen werden. Denn die elf Imame – der zwölfte lebt in Verborgenheit – starben nie auf natürlichem Weg, sie wurden stets von ihren Feinden umgebracht, so jedenfalls die schiitische Geschichtserzählung. Anlass zu Wehklagen und Trauer gibt es also genug. Dramatisch ist es bei Hossein, dem dritten Imam, der auf äußerst bestialische Weise umgebracht wurde. Die Geschichte seiner Ermordung wird im Monat Muharram im ganzen Land bei Klageprozessionen mit Selbstgeißelungen, die den ganzen Monat lang andauern, nachgespielt. Dabei steht immer ein *Rowzeh Khan* im Zentrum.

Rowzeh bedeutet im Arabischen „Garten", und der Name stammt aus dem Titel eines literarischen Meisterwerks namens *Rowzat al-Shuhada* – dem „Garten der Märtyrer". *Rowzeh Khani* bedeutet „Rezitation aus dem *Rowzat al-Shuhada*". Der Geschichtenerzähler rezitiert mit trauriger Stimme und unter Verwendung bestimmter Tonarten lautstark und oft singend eine Elegie, um die Zuhörer zum Weinen zu bringen. Dieses Ritual kann überall abgehalten werden, in Häusern, auf dem Hof einer Moschee, auf dem Stadt- oder Dorfplatz oder bei den täglichen Gebeten. Die mehr als 200.000 iranischen Mullahs sind fast alle *Rowzeh Khan*, sie alle werden in der Redekunst (*Waz*) geschult

– darin also, wie sie ihre Kanzelauftritte überzeugend, ergreifend und mitreißend gestalten können.

Es ähnelt stets der Darbietungskunst eines Alleinunterhalters, wie sich die Kanzelredner bei Trauerzeremonien produzieren. Die Mullahs treten wie Showmaster auf, ringen mit allerlei Geschichten, Anekdoten und sogar Witzen um Herz und Seele ihres Publikums. Am Ende jedes Auftritts zeigt der Kanzelredner seine ganze Könnerschaft und bringt die Zuhörer zum heftigen Schluchzen und Weinen; es geht schließlich um nichts Geringeres als den Tod eines Imams.

Durch die Jahrhunderte hindurch entwickelte sich *Rowzeh Khani*, das Rezitieren auf dem *Garten der Märtyrer*, praktisch zu einem Beruf, mit dem ein Mullah seine Familie ernähren kann. Wie einträglich dieser Beruf jeweils ist, wie berühmt und ruhmreich ein *Rowzeh Khan* wird, hängt davon ab, wie interessant, abwechslungsreich und anregend er seine Auftritte gestaltet. Manche von ihnen sind wahre Künstler, Publikumsmagnete, die die Gläubigen mit allen Mitteln der Propagandakunst unterhalten, beeinflussen, indoktrinieren. Und einer, der es in dieser Kunst zu landesweiter Berühmtheit bringt, ist Ali Khamenei. Sein Ruf als geschickter Prediger ist so gut, dass er nach der Revolution von Khomeini zum Freitagsprediger Teherans ernannt wird – ein Teil seines Aufstiegs in der Islamischen Republik, an dessen Ende er in dieser neuen Ordnung das werden wird, was er heute ist: ihr Führer und ihr mächtigster Mann.

Abb. 4: *Khamenei als Revolutionsredner am Imam-Reza-Krankenhaus in Maschhad, Oktober 1978.*

Um die Bedeutung der Position des Freitagspredigers von Teheran zu begreifen, muss man sich vergegenwärtigen, wo das Teheraner Freitagsgebet seit Beginn der Islamischen Republik Woche für Woche stattfindet: auf dem Campus der Universität. Nach dem Sieg der Revolution wollten die neuen Machthaber all jene öffentlichen Räume besetzen, die nicht-religiösen Intellektuellen gehörten. Und die Universität, zumal die in Teheran, war ein herausragender solcher Ort, ein Ort, von dem aus die Modernität ins Land einzog. Um den Professoren, Studenten und allen anderen „Materialisten" in den modernen Wissenschaften zu demonstrieren, dass eine neue Zeit angebrochen sei und neue Herr-

scher im Land das Sagen hätten, ordnete Khomeini an, dass das Freitagsgebet in der Hauptstadt nicht nur an dieser wichtigsten Universität
des Landes stattfinden müsse, sondern auch direkt von Rundfunk und
Fernsehen übertragen werde.

Abb. 5: *Khamenei beim Freitagsgebet, links hinter ihm Rafsandschani,*
19. August 1988.

Für einen derart wichtigen Auftritt suchte man einen redegewandten,
interessanten Mullah, einen Prediger, der mit seiner Redekunst alle,
vor allem die „Weltlichen", beeindrucken konnte. Die Wahl fiel auf Ali
Khamenei.

4   Poesie, Protest und Politik

Khamenei war nie ein typischer Kleriker, kein Gelehrter, der ausschließlich trockene alte Texte wälzt. Stattdessen beschäftigte er sich intensiv mit persischer Literatur, besuchte Dichterlesungen und meldete sich auch zu Wort. Er kleidete sich, soweit einem Mullah möglich, modisch und modern, wählte farbige Roben und war bestrebt, in intellektuelle Kreise einzutreten.

In diesen Zirkeln herrschte freilich eine antiklerikale, weltliche, liberale, vor allem eine politisch linke Stimmung. Khameneis Hingabe an die Welt der literarischen Salons schien also allen verdächtig, den Mullahs ebenso wie den weltlichen Intellektuellen. Poesie hatte im Iran stets viel mit Politik und Protest zu tun. Ein Dichter hatte fast immer ein Rebell zu sein. In Khameneis Hassliebe zu Poesie und Poeten steckt seine Erfahrung mit den weltlichen Poeten und zugleich seine Erkenntnis, dass die Poesie in Iran für politische Arbeit unverzichtbar ist. Sein Aufstieg ist Beweis dafür, wie der richtige Gebrauch der Dichtung dabei helfen kann, auf der Karriereleiter voranzukommen.

Der Zugang zu dieser Welt gelingt Khamenei bereits in jungen Jahren. Das verdankt er einigen fähigen Lehrern in der Abendschule, von denen er später mit Bewunderung spricht. Nach seiner Rückkehr aus Qom, als er mit fast 25 Jahren in Maschhad hauptsächlich als Kanzelredner tätig ist, besucht er die Kurse von Adib Neischburi, einem religiösen Gelehrten, der zugleich ein hervorragender Kenner der iranischen Literatur und ein anerkannter Poet mit eigenem Stil ist. Neischburis Gedichte gehören heute zum Kanon persischer Literatur, an ihnen führt für Literaturstudenten kaum ein Weg vorbei.

Alle Schüler Adib Neischburis sind – wie Khamenei – Geistliche. Doch das, was er in seinem Seminar lehrt, hat mit dem Inhalt der traditionellen Seminare wenig gemein. Viele seine Schüler werden später namhafte Literaten, Forscher und Professoren. Und fast alle legen ihre Mullah-Kleidung ab, werden sogar antiklerikal. Amüsant und lehrreich sind ihre Berichte und Memoiren aus dieser Zeit.[16]

„Den Bart eines Mullahs darfst Du nicht unterschätzen. Viele Funktionen hat er. Dahinter verbirgt sich oft eine Mimik, von der man nicht weiß, ob es sich um Verschmitztheit, Aggressivität oder Verklemmtheit handelt – das war mein Gefühl, als ich ihn zum ersten Mal traf: eine unnahbare Person wie viele andere seiner Zunft", erzählte mir Mehdi Achawan Sales über seine erste Begegnung mit Khamenei im Kreis der Dichter der Stadt Maschhad. Achawan war einer der bedeutenden Dichter Irans, der ebenfalls Neischburis Kurse besuchte. Von ihm wird später noch die Rede sein. Auch Mohammad Reza Schafii Kadkani gehörte zu diesem Kreis. Kadkani ist so etwas wie eine literarische Institution des Landes, er schrieb mehrere Standardwerke über die Poesiegeschichte, übersetzte viele bekannte Dichter aus verschiedenen Sprachen und solange er an der Universität lehren durfte, waren seine Vorlesungen ein Ereignis. Mit Begeisterung erzählte er von seinem Lehrer Adib Neischburi, über den er mehrere Essays geschrieben hat.

Doch der schillerndste und historisch bedeutendste Schüler Neischburis war mit Sicherheit Parwis Natel Chanlari, ein gebildeter und polyglotter Forscher und Dichter, der auch Bildungsminister und Senator wurde. Sein bleibendes Vermächtnis ist die sogenannte „Armee des Wissens", ein bis heute weltweit einmaliges Projekt gegen den Analphabetismus. Chanlari war Ideengeber und als Bildungsminister die treibende Kraft dieser „Armee", die überall für Bewunderung sorgte. Wehrpflichtige Schulabgänger brauchten nicht zur (regulären) Armee, wenn sie sich verpflichteten, nach einer kurzen Ausbildung für zwei Jahre als Hilfslehrer in den Dörfern des Landes zu arbeiten. Chanlaris Projekt wurde zu einem beispiellosen Erfolg. Von 1963 bis zur Islamischen Revolution unterrichteten nahezu 200.000 junge Männer und Frauen mehr als 2,2 Millionen Jungen und Mädchen und über eine Million Erwachsene in entlegenen Gebieten des großen Landes. Chanlari selbst war ein anerkannter Dichter, schrieb zwanzig Bücher über die Geschichte der persischen Poesie, übersetzte mehrere Romane aus unterschiedlichen Sprachen und leitete fast dreißig Jahre lang die Literaturzeitschrift *Sochan*, die als Organ der Gebildeten des Landes galt. Nach Khomeinis Machtübernahme landete der damals fast 70-jährige Professor im Gefängnis, stand kurz vor der Hinrichtung, als Ayatollah Morteza Motahharii sich für seine Freilassung einsetzte. Motahharii, der nach der Revolution zu einer der mächtigsten Figuren des Landes aufgestiegen war, war sein Schüler, Khomeini hat ihn einmal „mein Augenlicht" genannt. Motahhari wurde am 1. Mai 1979, nur drei Monate nach dem Revolutionssieg, bei einem bis heute nicht aufgeklärten Terroranschlag getötet; Chanlari starb 1990 isoliert und verarmt in Teheran.

Ali Khamenei war einer von Adib Neischburis emsigsten Schülern, blieb aber Mullah. In den klassischen schiitischen Seminaren sind Poesie und Dichtung etwas Verdächtiges. Dichter gelten als Zweifler. Doch die poetische Tradition ist im ganzen Land so präsent, dass die schiitische Gelehrsamkeit sie nie unterwerfen konnte. Sogar Analphabeten rezitieren bei bestimmten Gelegenheiten im Alltag Gedichte, die sich wie Sprichwörter im Volksmund festgesetzt haben. Auch Sprichwörter und geflügelte Worte haben im Persischen oft Versform.

Der Verdacht der Geistlichen gegen die Dichtung kommt nicht von ungefähr: Während Prosa oft zur Beschreibung des Bestehenden benutzt wurde, war die Poesie vorwiegend eine Kunst der verbotenen Gedanken, eine Kunst, die Gotteslästerei, Häresie oder freche Fragen an den Schöpfer in blumig gereimter Sprache zum Ausdruck bringt. Nicht nur Gotteszweifel, auch Kritik an den Herrschenden wurde durch die Jahrhunderte hindurch im Iran poetisch vorgebracht und in gereimte Verse verpackt. Falls er nicht gerade Hofdichter wurde, hatte jeder Dichter oppositionell zu sein, das gilt noch heute.

Sprache hat im Islam einen besonderen Stellenwert. Als man Mohammed fragte, welche Wunder er als Prophet vorzuweisen habe, antwortete er, der Koran, die Gottessprache sei sein Wunder. Ein Synonym des Korans ist deshalb *Kalam Allah*, wörtlich „Sprache Gottes". Und auch Koran-Suren sind hauptsächlich in gereimten Versen verfasst. Als man Mohammed vorwarf, er sei bloß ein Dichter und kein Gesandter Gottes, sandte ihm Gott Vers 96 von Sure 36:

> „Wir haben ihm (dem Propheten) die Poesie nicht beigebracht, und das ist seiner auch nicht würdig. Dies ist ein Koran, nichts weniger als eine Botschaft, die den Gottlosen das wahre Wort vermittelt."

Weil der Koran Gottessprache ist, das eigentliche Wunder des Propheten, gilt ein Dichter stets ein Stück weit als Rivale Gottes. Das ist der Grund, für ihre besondere Stellung beim Publikum, für ihr ungewöhnliches Echo: Dichter werden entweder bewundert oder angefeindet, je nachdem.

Auch Ayatollah Khomeini verfasste ab und zu eigene Verse, doch Ali Khameneis Haltung zur Poesie unterscheidet sich in vieler Hinsicht von der seines Vorgängers. Für beide ist Poesie kein Selbstzweck, sondern ein Instrument. Doch wo Khomeini die Dichtung benutzte, um mystische Botschaften zu vermitteln, betrachtet Khamenei sie als politisches Instrument.

Die Deutschen und die Teheraner Dichterlesungen

Es mag erstaunlich klingen, doch selbst die Islamische Revolution von 1979 wäre ohne die Dichterzunft und die von ihr organisierten Veranstaltungen nicht denkbar gewesen, jedenfalls nicht in dieser Form und nicht zu dieser Zeit. Darüber stimmen alle überein, die über die Islamische Revolution geforscht und reflektiert haben. Sie alle verweisen auf die legendären zehn „Poesienächte" des deutsch-iranischen Kulturvereins in Teheran als den Auftakt der iranischen Revolution.

Bemerkenswert ist, dass diese für die iranische Geschichte so entscheidenden zehn Abende unter der Schirmherrschaft des Teheraner Goethe-Instituts stattfanden, und ebenso erstaunlich, welche wichtige Rolle der damalige Institutsleiter, Hans Becker, dabei spielte. Sechzig iranische Dichter führten im großen Gartengelände der deutschen Botschaft, wo auch der deutsch-iranische Kulturverein untergebracht war, zehn Nächte lang das rebellische Wort, und die Deutschen hielten ihre schützende Hand über die protestierenden Poeten. Zehntausende lauschten ihnen an diesen oft regnerischen Abenden und marschierten dann durch die nächtlichen Straßen der iranischen Hauptstadt. Das war im Oktober 1977. Vierzehn Monate später war die Monarchie im Iran Geschichte.

Lässt man die Geschichte dieser Abende Revue passieren, begreift man nicht nur die Dynamik einer Revolution: Man wird sich auch bewusst, wohin intellektuelle Übertreibung führen kann. Johann Wolfgang von Goethe selbst bezeichnete die größte Revolution seiner Zeit, die Französische, als das „schrecklichste aller Ereignisse". Hätte der Dichterfürst sich vorstellen können, dass fast 200 Jahre nach seinem

Tod eine weltverändernde Revolution von einer Einrichtung ausgeht, die seinen Namen trägt? Auch alle Dichter, die in jenen zehn Nächten ihre Werke vortrugen, bereuten später, ihren Teil zur Katastrophe beigetragen zu haben.

Doch es war nicht das erste Mal, dass etwas Undenkbares geschah, etwas Unvereinbares zusammenkam – und es wird mit Sicherheit nicht das letzte Mal gewesen sein. Denn eine Revolution wird nicht geplant, sie findet einfach statt. Und wenn man sich danach fragt, was eigentlich an ihrem Anfang stand, bieten sich zahlreiche und manchmal gegensätzliche Antworten an. Diese Uneindeutigkeit ist verständlich, denn eine Revolution ist ein Prozess mit einer langen Vorgeschichte – und wer kann schon sagen, was noch Vorgeschichte ist und was schon die Revolution selbst? Auch die eigentliche Revolution ist nicht punktuell, sondern ein Zeitraum, der kurz oder lang sein kann. Sie ist oft laut, lärmend, blutig und gewaltsam, sie kann auch – was seltener vorkommt – friedlich sein (wie die deutsche Wiedervereinigung).

Es ließe sich daher endlos darüber streiten, was oder wer die Flamme entzündet hat, was das Fanal für den Aufstand in Iran war, der schließlich zum Sturz des Schahs führte. Aber oft haben Anfang und Ende gar nichts miteinander zu tun. Auch alle sechzig Dichter, die damals ihre Werke vortrugen und damit das angestaute revolutionäre Potenzial in Gang setzten, bereuten später, an jenen zehn Abenden das Feuer einer Katastrophe entfacht zu haben. Jedenfalls wollte keiner von ihnen *diese* Revolution, die Monate später siegte und ihre Herrschaft im ganzen Land ausbreitete.

Ein iranisches Woodstock

Es sind aber oft nicht Pläne oder Wünsche, die den Gang der Geschichte bestimmen, sondern Zufälle. Vorausgegangen war diesen ebenso lyrischen wie historischen Nächten nichts weiter als eine unverbindliche Anfrage beim Teheraner Goethe-Institut zu Beginn des Sommers 1977. Sie wurde positiv beschieden und daraus wurde „der Anfang vom Ende des Schah-Regimes", so sagte es Hans Becker, der damalige Leiter des Goethe-Instituts, später in einem Interview.

Die folgenreiche Anfrage gestellt hatte ein junger Journalist der Teheraner Tageszeitung *Keyhan*, der selbst auch dichtete und malte. Jalal Sarfaraz berichtete vor allem über Theater, Kino und Dichterlesungen. „Seit der letzten Dichterlesung im Goethe-Institut waren bereits zwei Jahre vergangen, als ich Kurt Scharf, damals Kulturreferent des Teheraner Goethe-Instituts, fragte, ob er nicht wieder einmal eine Dichterlesung veranstalten wolle", erinnert sich Sarfaraz in seinem Berliner Exil.

„Gern würden wir das tun, wenn Sie die Sache in Angriff nehmen könnten", antwortete Kurt Scharf. Scharf, ein exzellenter Kenner und Interpret der iranischen Geistesgeschichte, ist im deutschsprachigen Raum als brillanter Übersetzer aus dem Persischen und als Herausgeber bekannt. Er beschäftigte sich nicht nur mit den Klassikern der persischen Lyrik wie Hafis, Rumi oder Omar Chayyam, sondern auch mit modernen Dichtern und Schriftstellern, die sich in ihren Werken kritisch mit der aktuellen Situation im Iran auseinandersetzten.

Zwischen der Anfrage des Journalisten und dem Beginn der Poesienächte, die nicht nur den Iran, sondern die Welt veränderten, vergehen vier Monate. Trotz der Repressionen im Land scheint die Lage günstig. Alle gehen davon aus, dass der SAVAK, der iranische Geheimdienst, die Veranstaltung dulden wird. Auch in der Welt weht dieser Tage ein vielversprechender Wind: Seit Anfang des Jahres 1977 regiert in den USA mit Jimmy Carter ein Präsident, der die weltweite Achtung der Menschenrechte zum Kern seiner Außenpolitik erklärt hatte. Das Schah-Regime befinde sich also in der Defensive, so die optimistische

Einschätzung in iranischen Intellektuellenkreisen – Kreisen, die dem Regime kritisch oder sogar feindselig gegenüber stehen.

Und so ist – aller Skepsis zum Trotz – fast die gesamte in der iranischen Öffentlichkeit bekannte Geisteswelt bereit, im Goethe-Institut aufzutreten. Einen offiziellen Schriftstellerverband gibt es im Iran zwar nicht. Aber fast alle bekannten Poeten und Publizisten identifizieren sich mit einem inoffiziellen, illegalen Verband. Das Interesse ist groß. Am Ende wird eine Liste mit 66 Lyrikern und Schriftstellern zusammengestellt, unter ihnen drei Frauen, die sich wie das Who-is-who der großen und bekannten Dichter Irans liest. So kommt es nicht nur zu einer Lesung, sondern zu einer ganzen Veranstaltungsreihe mit mehreren Nächten. An jedem Abend sollen sechs oder sieben Dichter auftreten – obwohl sie alle unter Beobachtung des Geheimdienstes stehen.

Ein „iranisches Woodstock", wie manche im Westen diese Nächte später nennen werden, ist in greifbarer Nähe. Als im September 1977 der Plan der Veranstaltungsabende und die Dichterliste bekannt wird, ahnen die Verantwortlichen im Goethe-Institut sofort: Das ist keine normale Dichterlesung. Die Abende werden politisch sehr gefährlich und logistisch kaum zu stemmen sein.

Die Deutschen kennen die Atmosphäre des Landes. Sie sind sich sicher, dass allabendlich Tausende kommen werden – und was wird dann geschehen? Selbst der deutsche Botschafter warnt und fürchtet eine heraufziehende diplomatische Krise. Trotzdem entscheidet sich die Leitung des Goethe-Instituts für die Poesieabende; ein Wagnis mit nachhaltigen Konsequenzen.

Lautsprecher an Bäumen

Die Räumlichkeiten des Instituts sind jedenfalls zu klein. Deshalb wird die Veranstaltung in den großen Garten des deutsch-iranischen Kulturvereins im Norden Teherans verlegt. An den Bäumen werden zahlreiche Lautsprecher befestigt, damit die Stimmen der Dichter nicht nur im weitläufigen Gartengelände, sondern auch in den umliegenden Straßen vernehmbar sind. Drei Wochen vor Beginn wird im ganzen Iran ein kunstvoll gestaltetes Plakat verbreitet, das die Iraner zu diesen Dichterabenden einlädt. Darauf ist ganz offen zu lesen: Gastgeber der Poesienächte ist in Kooperation mit dem Goethe-Institut der illegale Schriftstellerverband, den es offiziell gar nicht gibt.

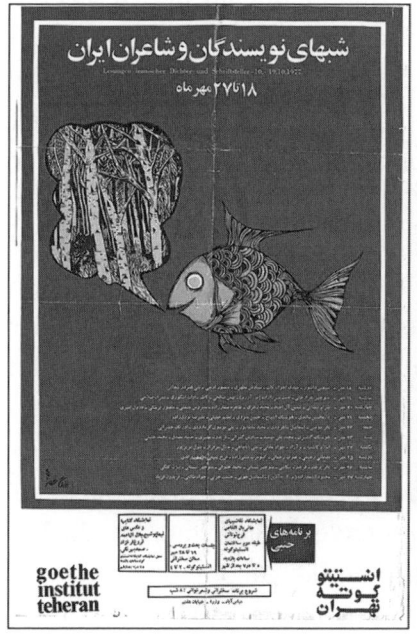

Abb. 6: *Links Plakat der Teheraner Dichterlesungen; rechts Cover der späteren Veröffentlichung der Beiträge mit Foto der Besucher im Garten.*

Nacht für Nacht strömen Tausende Iraner zu den Lesungen. Wer keinen Platz mehr im Garten findet, hockt sich auf den Bürgersteig der Straße davor oder klettert auf eine Mauer oder einen Baum in der Nachbarschaft. Und in jeder Nacht erlebt Teheran, wenn die Lesung zu Ende gegangen ist, nie dagewesene Massendemonstrationen für die Freiheit. Die Stimmung wird Nacht für Nacht hitziger, die Parolen, die nach den Veranstaltungen durch die Straßen Teherans hallen, radikaler – und dies zehn Nächte lang. Die Revolution ist geboren.

Schon am dritten Abend ist die Stimmung so aufgeheizt, dass Institutsleiter Hans Becker sich genötigt fühlt, auf die Bühne zu treten. Auf Persisch und Deutsch bittet er um Mäßigung – ohne Erfolg. Am vierten Abend der Lesungen ist Said Soltanpour an der Reihe, der gerade aus dem berüchtigten Evin-Gefängnis freigelassen worden ist – ein furchterregender Kerker, nicht weit entfernt vom Garten der Poesie. Soltanpour, ein Theatermacher, der stets Themen aus der Arbeitswelt behandelte und für seine Radikalität bekannt ist, trägt sehr emotionale Verse vor, die von seinem Leben im Gefängnis berichten. Die Wut der Zuhörer sei nach diesem Auftritt greifbar gewesen, erzählte mir Kurt Scharf Jahre später. Ironie der Geschichte: Soltanpour, der mit seinem Auftritt die revolutionäre Stimmung entscheidend anfachte, sollte der erste Dichter sein, der nach nur vier Monaten nach der Islamischen Revolution hingerichtet wurde.

Die Poesieabende werden zu einem internationalen Kulturereignis. Intellektuelle wie Jean-Paul Sartre, Simone de Beauvoir, Louis Aragon, Maurice Clavel und viele andere senden Solidaritätsbotschaften nach Teheran. Diese werden allabendlich für die Zuhörer übersetzt und feierlich vorgetragen. Teheran, so scheint es, ist dieser Tage der Mittelpunkt der Welt. Das putscht die Stimmung weiter auf. „An diesen zehn Abenden habe ich sieben Kilo abgenommen", sagt später Institutsleiter Hans Becker. Er weiß, was er mitangestoßen hat.

Zehn Nächte, die die Welt veränderten

Bis zu 15.000 Besucher, hauptsächlich Studenten, kommen allabendlich zu den Lesungen, demonstrieren auf dem Heimweg und werden Nacht für Nacht mutiger. Warum sich die iranischen Sicherheitskräfte, die auch damals schon für ihre Brutalität bekannt waren, zurückhielten und all das duldeten, hat mehrere Gründe. „Ein Grund war, dass der Schah eine diplomatische Krise mit Deutschland auf jeden Fall vermeiden wollte", sagt Kurt Scharf heute.

Es waren zehn Nächte, die die Welt veränderten, schrieben viele dieser Dichter später in ihren Erinnerungen. Dutzende Bücher, Dokumentarfilme und sogar Doktorarbeiten wurden seither über die Teheraner Poesienächte publiziert. Und in einem sind sich alle einig: Sie waren der Auftakt einer Revolution, der Anfang vom Ende der Monarchie vierzehn Monate später.

Denn nach Abschluss der Poesieabende werden die Studenten mutiger und laden die Dichter an ihre Universitäten ein. Doch die iranischen Hochschulen sind keine ausländischen Kultureinrichtungen, die Immunität genießen. Zusammenstöße mit den Sicherheitskräften sind unvermeidbar, die Eskalation ist vorprogrammiert. Es gibt Tote, doch aufgeben wollen die Studenten nicht. Täglich wird nun an allen Universitäten Irans demonstriert, schließlich folgen Massenaufmärsche im ganzen Land. Die Revolution ist da. In diesen Tagen ist aber weder von einer islamischen Revolution die Rede noch beherrscht Ayatollah Ruhollah Khomeini die Szene.

Drei Wochen nach den Dichterabenden empfängt US-Präsident Jimmy Carter den Schah in Washington. Bei der Begrüßung im Garten des Weißen Hauses weht der Wind Schwaden von Tränengas herüber; auch auf Washingtons Straßen laufen Protestzüge gegen den Besucher. Das Bild des Schahs, der sich neben Carter mit einem Tuch seine Tränen aus dem Gesicht wischt, geht um die Welt. Im Iran wird es als das endgültige Ende des Monarchen interpretiert. Schon wenige Wochen später, zum Jahreswechsel 1977/78, kommen Jimmy Carter und seine Gattin zum Gegenbesuch nach Teheran. Die beiden Staatsmänner bemühen sich um harmonische Bilder. Als der US-Präsident sein Flugzeug für die Rückreise besteigt, soll er dem Schah in tiefer Zuneigung gesagt haben: „Ich wünschte, Sie kämen mit uns." So berichtet es zumindest die königstreue Presse. Carter hatte begriffen, dass die Revolution längst ausgebrochen war.

Was für eine Revolution das ist, das weiß damals jedoch noch niemand. Denn noch rufen die Demonstranten weder nach einer islamischen Revolution noch nach Ayatollah Khomeini. Das wird erst ab Mitte 1978 der Fall sein, ab dann ist Khomeini die allesbestimmende Figur der Revolution. Der Rest ist mehr oder weniger bekannt.

Khamenei und die Dichter

Weil Poesie und politische Opposition in der iranischen Geistesgeschichte untrennbar verbunden sind, ist es kein Wunder, dass ein junger Mullah wie Khamenei, der gegen den Willen seines Vaters politisch tätig sein wollte, auch Affinitäten zur Poesie hatte. Khamenei war mehr ein religiöser Aktivist als ein Gelehrter und beschäftigte sich deshalb intensiv mit Dichtung und Dichtern.

Auch jetzt noch, als mächtigster Mann des Landes, veranstaltet er Dichterabende in seiner Residenz, lässt sich auch privat Gedichte vortragen. Dabei gefällt er sich als Kritiker, gibt jedem Dichter stilistische Ratschläge. Seine Hofdichter betrachtet Khamenei als Werkzeuge seiner Macht. Er benötigt Hofdichter, die ihm huldigen, die kritischen Geister aber, die er einst bewunderte, sind heute für seine Zwecke unbrauchbar, ja schädlich und gefährlich.

Mehdi Achawan Sales beispielsweise war einer der größten Dichter seiner Generation, eine großartige Brücke von der klassischen zur modernen Poesie. Sein Kreis gehörte zu den gelehrtesten der persischen Literatur und komponierte meisterhaft alte und moderne Formen. Khamenei war ein großer Fan von Achawan und seinem Kreis. Sie kannten sich persönlich, beide stammten aus Maschhad. In seiner Zeit als Präsident des Iran (1981–1989) bemühte Khamenei sich mit Nachdruck, Achawan und andere Literaten in einer Vereinigung zu versammeln, die den Interessen des neuen Regimes dienen sollten. Doch die meisten berühmten Schriftsteller und Dichter waren Linke und Liberale und damit Gegner der Islamischen Republik.

Vier Jahre nach der Revolution traf ich Achawan in Frankfurt. Er berichtete mir, wie intensiv Khamenei um ihn geworben, ja ihn bedrängt hatte, an seinen Dichterabenden teilzunehmen. „Als ich ihm sagte, Literaten und Dichter könnten und dürften sich nicht mit den Mächtigen gemein machen, war unsere Beziehung ein für alle Mal zu Ende. Eng war sie sowieso nicht gewesen." Am Freitag nach diesem Gespräch, erinnert sich Achawan, wandte sich Khamenei als Freitagsprediger öffentlich an ihn und anderen Literaten: „Sie, die Poeten, sind entweder für uns oder gegen uns." Seit diesem Tag bekam Achawan, der wohl bekannteste Dichter der iranischen Gegenwart, keine Rente mehr, obwohl er Staatsbediensteter gewesen war. Er starb in Armut.

Noch drakonischer und dramatischer ist Khameneis Umgang mit Ahmad Schamlu. Ebenfalls ein sehr beliebter Dichter, verkörperte der 1925 in Teheran geborene Schamlu in vielerlei Hinsicht die intellektuelle Bewegung seiner Generation. Er verstand es geschickt, westliche Ideen zu adaptieren, blieb aber zugleich stets verwurzelt in der iranischen Tradition. Trotz oder eher wegen seines großen Einflusses war er stets der Zensur und Schikanen ausgesetzt. Er hat der Nachwelt zehn Gedichtbände und eine umfangreiche Sammlung persischer

Sprichwörter aus unterschiedlichen Epochen und Regionen des Landes hinterlassen, doch im Iran sind seine Bücher verboten, sie sind nur im Internet oder im Ausland erhältlich.

Als ich Schamlu 1999, ein Jahr vor seinem Tod, in Frankfurt traf – er war zur Behandlung nach Europa gekommen –, erzählte er mir in bedrückenden Einzelheiten, wie perfide, feindselig und arglistig die Islamische Republik mit ihm umgegangen war. Nicht nur seine Bücher waren verboten, er bekam keine Rente mehr, seine Wohnung wurde vom Geheimdienst observiert, Kontaktpersonen überwacht und verhaftet. „Vielleicht verzeiht Khamenei mir nie mein vielzitiertes Gedicht", sagte er mir – und ich wusste sofort, welche berühmten Verse er meinte. Obwohl er gerade krank war, bat ich ihn, mir das Gedicht vorzutragen. Ich wollte es mit seiner bekannten sonoren Stimme hören; das war nicht nur eine einmalige und unvergessliche Gelegenheit, sondern auch ein Gewinn für meinen Radiobeitrag. Und so hörte ich zu:

„Es ist eine seltsame Zeit, meine Liebe
Sie riechen an Deinem Mund
Ob Du sagtest, ich liebe dich
Sie riechen Dein Herz
Es ist eine seltsame Zeit, meine Liebe
Und die Liebe –
Neben dem Schlagbaum
Peitschen sie sie aus
Die Liebe sollte man im Hinterzimmer verbergen

In dieser Sackgasse der Kälte
Schüren sie ihr Feuer
Mit unseren Liedern und Gedichten
Sie halten ihr Feuer am Leuchten
Riskiere nicht, zu denken
Es ist eine seltsame Zeit, meine Liebe

Der, der nachts an die Tür klopft
Ist gekommen, das Licht zu töten
Das Licht sollte man im Hinterzimmer verbergen

An den Kreuzungen stehen Schlächter
Mit Henkersblock und blutigem Beil
Es ist eine seltsame Zeit, meine Liebe
Das Lächeln wird von den Lippen wegoperiert
Ebenso das Lied aus dem Mund
Die Leidenschaft sollte man im Hinterzimmer verbergen

Kanarienvögel-Kebab auf dem Feuer von Lilie und Jasmin
Es ist eine seltsame Zeit, meine Liebe
Luzifer sitzt siegestrunken
An der Tafel unserer Trauer
Gott sollte man im Hinterzimmer verbergen"[17]

Millionenfach verbreitet, wurden diese Zeilen zum Sinnbild der Engstir-
nigkeit Khameneis und seinesgleichen. An Schamlus Todestag versammeln sich alljährlich Hunderte Menschen an seinem Grab, um ihm die
Ehre zu erweisen. Jedes Mal ist es ein Katz-und-Maus-Spiel mit den
Sicherheitskräften, oft ist der Versuch vergeblich, gewaltsame Ausein-
andersetzungen zu vermeiden; Verhaftungen sind vorprogrammiert.

Revolutionsredner

Schamlu war – wie fast alle Poeten, Literaten und Intellektuelle seiner
Generation – ein Kind der turbulenten und prägenden Ereignisse der
Nachkriegszeit. Später nennen sie sich „die Kinder des Coup d'état
von 1953", und der Putsch wird zum Hauptthema all dessen, was die
iranischen Intellektuellen über Politik, Wirtschaft und Gesellschaft
schreiben. Auch Ali Khamenei, der sich nach der Rückkehr aus Qom in

Maschhad zu einem versierten Redner und Prediger entwickelte, ließ sich oft über diesen Putsch aus.

In seinen Seminarjahren in Qom war er unter den Klerikern nicht weiter aufgefallen, auch zu seinem Lehrer Khomeini hatte er kaum eine persönliche Beziehung. Als er wegen der Krankheit des Vaters zurück nach Maschhad musste und seinen neuen Weg als Kanzelredner einschlug, als *Chatib*, der mit der Sprache jongliert und gekonnt Poeten rezitiert, ändert sich das. Khamenei wird nach und nach bekannter; er wird zu verschiedenen Veranstaltungen eingeladen und erhält ansehnliche Honorare.

Und natürlich nutzt er seine Auftritte in den Moscheen und bei religiösen Feierlichkeiten für politische Äußerungen. Im Gegensatz zu seinem Lehrer Khomeini meidet er jedoch offene Konflikte mit den Behörden, bleibt oft im Allgemeinen, äußert sich nicht radikal. Deshalb wird er lange Zeit vom Geheimdienst nicht behelligt. Als er 1963 einmal über die Stränge schlägt und die Grenzen des Geduldeten überschreitet, verbietet man ihm weitere Auftritte; nach einer kurzen Verhaftung wird er aber wieder freigelassen. Politisch wird es jahrelang still um ihn, als Kanzelredner bleibt Khamenei aber gefragt und pflegt seinen Ruf als moderner Prediger.

Um die Jahreswende 1977/78, als im Gefolge der Teheraner Dichterlesungen die Vorboten der Revolution allmählich auch Maschhad erreichen, ändert sich alles. Den Stimmungsumschwung im Land registriert Khamenei mit seinem politischen Gespür schnell. Bei einer Trauerzeremonie für Khomeinis Sohn Mostapha, der angeblich vom Geheimdienst SAVAK ermordet worden war, mobilisiert Khamenei auf der Kanzel seine gesamte Redekunst für einen Frontalangriff auf das Schah-Regime. Sofort im Anschluss wird er verhaftet. Wenig später wird ihm der Prozess gemacht: Für drei Jahre soll er an die Grenze zu Pakistan in eine unwirtliche Wüstenregion verbannt werden. Doch aus diesen drei Jahren werden nur wenige Monate. Denn längst befindet sich das Land im Revolutionsfieber. Alle gesellschaftlichen Gruppen sind mobilisiert und Ali Khamenei kann zurück nach Maschhad.

Die „Zehn Nächte der Poesie" im Garten des Teheraner Goethe-Instituts hatten sich, wie Institutsleiter Becker geahnt hatte, tatsächlich zu einem weltverändernden politischen Umsturz entwickelt. Und die Geistlichkeit war dabei, all ihre Kräfte im ganzen Land zu mobilisieren.

Das allesbestimmende Duo

Nach einer Serie von Bombenanschlägen, der Dutzende hochrangige und mächtige Ayatollahs wie Beheschti, Mottahari oder Bahonar zum Opfer fallen, wird Ali Khamenei an der Seite Haschemi Rafsandschanis zu einer bestimmenden Figur. Rafsandschani besitzt in seiner Heimatstadt große Pistazien-Plantagen, und in Teheran ist er mit Immobiliengeschäften reich geworden. Mit den einflussreichen Geschäftsleuten auf dem Basar ist er ebenso verbunden wie mit den beiden Zentren der schiitischen Gelehrsamkeit des Landes, Qom und Maschhad. Rafsandschani kennt die Welt, hat ein effektives Netzwerk. In diesen entscheidenden Tagen wird dieser gewiefte und wohlhabende Mann mit großen politischen Ambitionen zu demjenigen, der praktisch über die logistische Seite der Revolution entscheidet. Er genießt das Vertrauen Khomeinis, der noch im irakischen Exil weilt

Khomeini hatte sich gegen alles gestellt, was mit der sogenannten „Weißen Revolution" des Schahs, die Ende Januar 1963 per Referendum verabschiedet wurde, verbunden war – vor allem gegen die darin vorgesehenen Frauenrechte. Nach einer Hassrede in Qom, in der er den Schah persönlich angriff, kam es im Zentrum Teherans am 3. Juni 1963 zu großen, blutigen Unruhen. Dieser Tag, im iranischen Kalender der 15. Khordad, ist der Aschura-Tag, an dem im ganzen Land Märtyrerprozessionen für Hossein, den dritten Imam der Schiiten stattfinden. Nach den Unruhen wird Khomeini verhaftet. Der Schah, der seine Revolution unbedingt durchsetzen will, hält eine Rede, in der Khomeini indirekt als eine vom Ausland gesteuerte Figur darstellt. „Dieser Gentleman, Khomeini, dessen Ideale die Regierung Nasser von Ägypten verkörpert, die für mehr als tausend Millionen Dollar Waffen gekauft hat, schlägt uns vor, unsere Streitkräfte aufzulösen", so der Schah wörtlich. Auch weitere Geistliche, die sich mit Khomeini solidarisieren, landen im Gefängnis. Ein Todesurteil gegen Khomeini als Rädelsführer wird zunächst nicht ausgeschlossen. Doch nach Interventionen vieler moderater Geistlicher kommt er nach 28 Tagen frei und wird unter Hausarrest gestellt. Nach mehreren Monaten darf er wieder zu seinen Seminaren, doch als er erneut öffentlich eine scharfe Rede gegen ein Gesetz hält, das die US-Berater im Iran unter amerikanische Gerichtsbarkeit stellen soll, wird er am 4. November 1964 in ein Flugzeug gesetzt und in die Türkei abgeschoben. Zehn Monate später reist er von dort in den Irak.

Fast dreizehn Jahre hielt der irakische Despot Saddam Hussein seine schützende Hand über Khomeini. Doch Ende September 1978, wenige Wochen nach den Dichterlesungen des Teheraner Goethe-Instituts, schiebt er Khomeini ab. Nach einer kurzen Odyssee landet Khomeini schließlich in Paris. Erst sein kurzer Aufenthalt dort macht ihn weltberühmt. Das verdankt er zwei intellektuellen Aktivisten, die seit Jahren in Europa und Amerika gegen den Schah opponieren: Abolhassan Bani Sadr und Sadegh Ghotbzadeh. Ohne sie, seine wichtigsten Berater und Übersetzer, die für Kontakte zu den wichtigsten Machtzentren der Welt sorgten, hätte dieser reaktionäre Mullah ohne Sprachkenntnisse nach seiner Abschiebung aus dem Irak gar nicht in Paris landen, geschweige denn diese Weltstadt effektiv als Bühne nutzen können. Ohne sie wäre Khomeinis Sieg nicht oder nicht in dieser Form denkbar gewesen. Bani Sadr wird nach der Revolution der erste Präsident der Islamischen Republik werden, muss aber später unter dramatischen Umständen wieder nach Paris fliehen. Ghotbzadeh wird erster Außenminister des neuen Staates, wird aber bereits 1982 wegen angeblichem Verrat und Putschplänen in einem Schauprozess zum Tode verurteilt und hingerichtet.

In Paris nimmt die internationale Öffentlichkeit den bis dahin im Westen völlig unbekannten Mullah plötzlich als einen wichtigen und einflussreichen Mann der Weltpolitik wahr. Die Gemeinde Neauphle-le-Château, wo Khomeini unweit der französischen Hauptstadt in einem kleinen Haus mit Garten untergebracht ist, verwandelt sich in diesen Tagen in ein journalistisches Mekka.

Abb. 7: *Von der Presse umschwärmt: Ayatollah Khomeini in Paris.*

Hier verspricht Khomeini jedem, was er hören will: den Amerikanern gute Beziehungen, den Iranern die Freiheit, seinem Land gänzliche Unabhängigkeit. Als ein Journalist ihn fragt, wie seine Republik aussehen würde, antwortet er frank und frei: „Genau wie diese Französische Republik hier." Doch all diesen Versprechungen fügt er wie nebenbei stets den Zusatz an: wie der Islam es will. Viele überhören diesen Nebensatz, für Khomeini aber ist es der Hauptsatz. Nach der Rückkehr in den Iran werde er sich nicht in die Politik einmischen, versichert er. Sein Platz sei in Qom, der Stadt der Geistlichkeit. Dort werde er das tun, was ein Ayatollah tun sollte: religiösen Pflichten nachgehen und den Regierenden in Teheran geistigen Beistand bzw. moralische Ratschläge erteilen.

In der Weltstadt Paris präsentiert er sich als interessanter Geistlicher, als bis dato beispielloser, ja sogar sympathischer Führer. Und die Weltöffentlichkeit wie auch die Mehrheit der Iraner nimmt ihm dieses Bild bereitwillig, ja wohlwollend ab. Ein interessanter, allseits akzeptierter Revolutionsführer ist geboren. Wieder eine Ironie der Geschichte: Khomeinis Hinauswurf aus dem Irak hatte der Schah selbst durchgesetzt. Vier Monate nach Khomeinis Ankunft in Paris, muss der Schah den Iran verlassen.

Während Khomeini in Paris die Weltöffentlichkeit umgarnt, geht in Teheran seine rechte Hand, Rafsandschani, ans Werk. Als gut vernetzter Mann mit zahlreichen Ressourcen führt er den Revolutionsrat an, der im Untergrund aktiv ist. Nach der Revolution wird er in Khomeinis Namen die Streitkräfte kontrollieren, während des achtjährigen Krieges mit dem Irak der eigentliche Kriegsstratege sein. Kurzum, Rafsandschani wird einer der mächtigsten Männer der neuen Ordnung, und als Khomeini zehn Jahre später mit Krankheit und Tod ringt, bestimmt er praktisch alles. Wenige Stunden nach Khomeinis Tod wird sich Rafsandschani – wie wir gesehen haben – auf eine angebliche

Äußerung des Verstorbenen stützen, deren einziger Zeuge er selbst ist, um Ali Khamenei zum zweiten Revolutionsführer zu machen. Rafsandschani, dessen Bartwuchs nur spärlich ist, trägt im Volksmund später den Beinamen „Hai" – ob seiner glatten Haut und seiner Wendigkeit.

In den entscheidenden Revolutionsmonaten wird dieser Rafsandschani nun also auf Khamenei aufmerksam, holt ihn aus Maschhad nach Teheran. Rafsandschani schätzt Khamenei wegen seiner Redegewandtheit sehr. Und auch Khamenei schätzt Rafsandschani – wegen dessen Schlauheit, Wendigkeit und vor allem wegen seiner nützlichen Verbindungen zu allen möglichen Kreisen. Er ahnt, ja er weiß, dass er mit Rafsandschanis Hilfe eine große Zukunft vor sich hat. Es ist auf Rafsandschanis Rat, dass Khomeini Ali Khamenei in den 13-köpfigen Revolutionsrat beruft, das mächtigste Gremium der Islamischen Revolution und Vorgänger des heutigen Wächterrats. Damit steigt Khamenei in den engsten Kreis der neuen Macht auf. Abgesehen von einer Lehrer-Schüler-Beziehung, die inzwischen zwanzig Jahre zurückliegt, kennt Khomeini ihn bis dahin kaum.

Beide, Rafsandschani und Khamenei, sind keine Großayatollahs. Aber beide besitzen eine große Machtgier – und jeder will den anderen für seine Zwecke nutzen, benutzen und ausnutzen. Ihre Hassliebe bestimmt drei Jahrzehnte lang das Verhältnis der beiden Männer ebenso wie das Schicksal ihrer „Republik". Für Rafsandschani soll diese Liaison tragisch enden. Er unterschätzt Khamenei und zahlt dafür einen hohen Preis. In seinen letzten Lebensjahren wandelt er sich zu einem mächtigen Kritiker Khameneis, und bedauert vieles, was er getan hat. Als er schließlich unter mysteriösen Umständen in einem Schwimmbecken ums Leben kommt, spricht seine Familie von einem Mordkomplott. Rafsandschani war ein Vielschreiber, der seit 1982, drei Jahre nach dem Sieg der Revolution, umfangreiche Tagebücher geführt hat. Er gilt als Chronologe der Revolution. Seine Erinnerungen wurden seit 1997 nach und nach veröffentlicht, es werden 13 dicke Hefte. Doch das ist nicht das Ganze, nicht das Eigentliche. „Seine geheimen Notizen über brisante Angelegenheiten schrieb er extra in anderen Heften auf. Zur Rücksichtnahme auf bestimmte Personen und Ereignisse und zur Wahrung des öffentlichen Interesses sollten diese erst mehrere Dekaden später veröffentlicht werden, wenn alle Beteiligten schon gestorben sind", sagt sein wichtigster Berater Gholam Ali Radjai.[18] Als 2017 Rafsandschanis Leiche entdeckt wird, sind genau diese privaten Dokumente und Notizen natürlich verschwunden; auch seinen Safe dürfen die Nachkommen nicht öffnen. Seine Kinder sind zu diesem Zeitpunkt längst entmachtet, isoliert oder inhaftiert.

Doch zunächst bilden Rafsandschani und Khamenei das zentrale Duo um Khomeini. Als dieser am 1. Februar 1979, nach 15 Jahren der Verbannung nach Teheran zurückkehrt, ist Rafsandschani der Kopf des berühmten Empfangskomitees, das einen beeindruckenden, viele meinen weltgrößten Empfang für ihn organisiert. Auch Ali Khamenei gehört diesem Komitee an, das bereits den Nukleus der kommenden Macht darstellt. Einstweilen aber bestimmt Khomeini alles selbst. Noch wird es ein Jahr dauern, bis er das Referendum mit jener einfachen Ja-Nein-Frage abhalten lässt, in dessen Folge die „Islamische Republik Iran" offiziell das Licht der Welt erblickt.

Vorher muss noch Schapur Bachtiar, der letzte Ministerpräsident des inzwischen geflohenen Schahs, entmachtet werden; von ihm hatte ich bereits berichtet. Nachdem er den Machtkampf mit Khomeini rasch verloren hatte – Khomeini hatte Bachtiars Regierung direkt bei seiner Rückkehr für illegal erklärt und wenige Tage später einen konkurrierenden Premier ernannt –, flieht Bachtiar schließlich im April mit einem gefälschten französischen Pass nach Paris. Er hatte in Frankreich studiert, im Zweiten Weltkrieg der französischen Résistance gedient;

ein Teil seiner Familie wohnt noch in Frankreich. Khomeini verurteilt ihn in Abwesenheit per Fatwa zum Tod.

Auch seine Ermordung zwölfeinhalb Jahre später, hatte ich bereits erwähnt. Nachdem Bachtiar 1980 einen ersten Anschlag überlebt hatte, wurde er 1991 in seiner Pariser Wohnung von einem dreiköpfigen Mordkommando regelrecht abgeschlachtet. Die Geschichte, mit welcher Akribie die Mullahs um Rafsandschani jahrelang den bestialischen Mord an diesem gebildeten, inzwischen achtzigjährigen Mann planen und dann durchführen, liest sich wie ein dramatischer, spannender und zugleich lehrreicher Thriller. Man findet einen Verwandten von Bachtiar, schleust ihn als Flüchtling nach Frankreich, wo er zu dessen engstem Vertrauten wird und mit ihm gemeinsam fast zehn Jahre lang in seinem von der Polizei rund um die Uhr bewachten Haus lebt und schließlich akribisch alle notwendigen Formalitäten für die Einreise der drei Profikiller nach Frankreich organisiert. Auch die Fluchtgeschichte der Mörder spricht Bände. Sie retten sich über die Grenze nach Genf, wo einer von ihnen festgenommen wird. Die anderen beiden verschanzen sich im iranischen Konsulat, bekommen diplomatische Pässe und können schließlich nach Teheran ausgeflogen werden. Die Schweizer Regierung drückt bei alldem nicht ein, sondern beide Augen zu. Den festgenommenen Dritten liefert die Schweiz an Frankreich aus, wo er verurteilt und inhaftiert wird. Er gehört Rafsandschanis Großclan an. Um ihn freizupressen, starten die Terroristen in Paris eine Serie blutiger Bombenanschläge. Schließlich schiebt man ihn nach einem diplomatischen Deal nach Teheran ab. Dort wird er wie ein Held vom Außenminister persönlich empfangen.

Doch zurück zur Revolution: Khomeini residiert nach seiner triumphalen Rückkehr zunächst in Qom, wie er in Paris verkündet hatte. Das Duo Rafsandschani und Khamenei muss deshalb ununterbrochen zwischen Teheran und Qom pendeln. Das wird aber nicht lange dauern, der Revolutionsführer zieht in die Hauptstadt um. Innerhalb weniger Wochen wird eine islamische Verfassung verabschiedet. Khomeini wird darin als Gottesvertreter bezeichnet und die „Herrschaft des Rechtsgelehrten" nicht nur mit fast unbegrenzter Macht ausgestattet, sondern auch als Staatsform für die Ewigkeit festgelegt.

Nach dieser Verfassung wird am 25. Januar 1980 die erste Präsidentenwahl abgehalten. Als Sieger und erster Staatspräsident der neuen sogenannten „Republik" geht mit großer Mehrheit Abolhassan Bani Sadr hervor, der in Paris studierte islamische Intellektuelle, der Khomeini schon in seinem kurzen Pariser Exil politisch und privat beraten hatte und mit ihm gemeinsam nach Teheran geflogen war. Erster Premierminister war bereits zuvor Mehdi Bazargan geworden, ebenfalls Absolvent einer französischen Universität, Khomeini hatte ihn als Konkurrenzpremier zu Bachtiar ernannt. Bazargan ist ein angesehener „islamischer Neudenker", der in Frankreich Thermodynamik studiert hatte und in seinen zahlreichen Büchern praktisch nur ein Thema behandelte: die Kompatibilität des Islam mit der modernen Wissenschaft.

Doch sehr bald werden diese beiden Absolventen französischer Universitäten zu Abtrünnigen. Und der Anlass ihrer Abdankung bzw. Entmachtung ist ein Weltereignis.

Die Besetzung der Teheraner US-Botschaft

Im turbulenten ersten Jahr der Revolution leistet das Duo Rafsandschani–Khamenei ganze Arbeit, um seine Rivalen aus dem Weg zu räumen. Täglich, quasi rund um die Uhr halten sie sich in Khomeinis Nähe auf. Sie sind Einflüsterer, bewirken, bestimmen praktisch alle seine Entscheidungen. Nichts entgeht ihnen.

Aber wie der Zufall es will, sind sie an einem entscheidenden, ja schicksalhaften Tag außer Landes: Es ist der 4. November 1979, die Revolution ist noch nicht einmal ein Jahr alt. Rafsandschani und Khamenei befinden sich auf Pilgerreise in Saudi-Arabien. Als sie sich auf einem Dach in Mekka zum Schlafen niederlassen wollen, erreicht sie eine Nachricht aus der Heimat, die innen- wie außenpolitisch alles unwiederbringlich verändert.

Abb. 8: *Auftakt der Geiselnahme: Am 4. November 1979 klettern iranische Studenten über das Tor der US-Botschaft in Teheran.*

Eine Gruppe, die sich „Studenten der Linie Imam" nennt, habe die US-Botschaft in Teheran besetzt, so die knappe Mitteilung, die die mitreisenden Geheimdienstler den beiden überbringen. Noch können sie das Ausmaß dessen, was sie hören, nicht ermessen. „Das war nicht unsere Politik", wird Rafsandschani später in seinem Tagebuch notieren.

Zuhause ist Premierminister Bazargan von der Besetzung mit Geiselnahme überrascht und trat noch im November aus Protest zurück. Irans erster Präsident Bani Sadr ist zu dieser Zeit noch Kandidat im Wahlkampf. Einmal gewählt, opponiert auch er gegen die Besetzung und verliert im Juni 1981 sein Amt. Selbst Revolutionsführer Khomeini passt die Botschaftsbesetzung offenbar nicht; jedoch ist die Stimmung der Straße so radikal, dass er nicht wagt, sich offen und klar dagegen zu äußern.

Zwei Tage lang schweigt er. Linke Revolutionäre, vor allem die moskauhörige Tudeh-Partei, entfachen derweil eine landesweite Kampagne zur Unterstützung der Botschaftsbesetzer. Dann geht auch Khomeinis Schweigen ebenso plötzlich wie spektakulär zu Ende: Er springt auf den fahrenden Zug auf und übernimmt die Führung. Pompös und bombastisch erklärt er die Geiselnahme zu einer „zweiten Revolution". International entsteht damit eine veritable und beispiellos komplizierte diplomatische Krise, und in der Islamischen Republik ändern sich an diesem Tag die politischen Koordinaten grundsätzlich und unwiederbringlich: Es ist der Tag, an dem Iran endgültig in den Einflussbereich Moskaus gerät.

Über die Hintermänner dieser Aktion sind seitdem zahlreiche Dokumente, Interviews, Bücher und Memoiren entstanden. Die zwielichtigste Figur unter ihnen war Ali Akbar Mohtaschami Pour. Er kannte Khomeini aus seinen irakischen Exiljahren, war einer der wichtigsten Männer für Khomeinis Idee des Exports der Islamischen Revolution und der eigentliche Kopf bei der Gründung der libanesischen Hisbollah – ein Auftrag Khomeinis, den er perfekt ausführte. Die Hisbollah wurde schließlich nach und nach zur stärksten militärischen Macht im Libanon. In ihren ersten Jahren war Mohtaschami Pour Botschafter

Irans in Syrien, von hier aus organisierte er alles Logistische für die Hisbollah. Er überlebt einen Bombenanschlag in Damaskus, der dem Mossad zugeschrieben wird. Nach seiner Rückkehr in den Iran bekam er wichtige Posten. Bei der Botschaftsbesetzung agitierte er mit geradezu linksradikalen Parolen auf den Kanzeln und Straßen, er war ein wichtiger Planer und Wortführer dieser Aktion. Die „Studenten der Linie Imam" waren Fassade der radikalen Geistlichen. Es war eine genau durchdachte Aktion; sie wussten, was sie tun. Sie wollten die internationale Ausrichtung der Islamischen Republik für immer verändern. Wie erfolgreich sie damit waren, illustrieren dieser Tage die iranischen Shahed-Drohnen im Ukrainekrieg.

Nach zwei Wochen gibt Khomeini den Befehl, zumindest Frauen und Schwarze freizulassen. Dreizehn Botschaftsangehörige erhalten damit ihre Freiheit, ein weiterer darf später wegen schwerer Krankheit gehen. Der Rest, 51 Personen, bleibt 444 Tage in Geiselhaft.

Ein Handelsembargo, der Importstopp von iranischem Öl und das Einfrieren aller Guthaben Irans bei ausländischen Banken sind die unmittelbaren Folgen. Es beginnt ein beispielloses Sanktionsregime, das bis heute andauert. Als die USA den UN-Sicherheitsrat aktivieren wollen, scheitern sie am Veto der Sowjetunion. Spätestens jetzt wird jedem klar, wem die Botschaftsbesetzung nutzen soll und in wessen Auftrag die Drahtzieher dieser spektakulären Aktion in Teheran gehandelt haben. Wir befinden uns auf dem Höhepunkt des Kalten Krieges, nur vordergründig ging es um US-Geiseln. Die eigentliche Kernfrage lautete: Zu welchem Block gehört der nachrevolutionäre Iran, der bis vor einem Jahr noch einer der engsten Verbündeten der USA gewesen war? Mit der Geiselnahme wird diese Frage ein für alle Mal beantwortet; seitdem ist die Islamische Republik unverrückbar im Moskauer Lager verankert.

Solange Khomeini noch lebte, gab es zumindest noch ein vorsichtiges Lavieren zwischen den Großmächten. Khomeinis Brief an Michael Gorbatschow, den ein wichtiger Großayatollah persönlich nach Moskau überbrachte, ist legendär: Aus der Position des erfolgreichen Revolutionsführers empfiehlt Khomeini Gorbatschow darin, sich bei der Suche nach einem neuen System für die Sowjetunion islamischen Werten anzunähern.

Doch letztendlich war es der Gottesstaat, der sich Richtung Moskau bewegte. Und in Khameneis Zeiten wurde die Orientierung gen Kreml intensiver und eifriger – bis hin zur Unterwürfigkeit.

5   Russland und Iran: eine eurasische Provinz?

International steht Ali Khamenei felsenfest zu Putins Politik. Die iranische Revolutionsgarde und russische Truppen hatten gemeinsam, solange es ging, Assads Macht in Syrien gesichert. Und in der Ukraine zerstören iranische Drohnen regelmäßig Infrastruktur, töten Zivilisten.

Um zu begreifen, wie heute das Machtverhältnis zwischen Moskau und Teheran ist, hilft der Blick auf ein kurzes Interview, das der iranische Botschafter in Moskau noch vor der offiziellen Bekanntgabe des Todes von Präsident Ibrahim Raissi gab. Das Gespräch dauerte sechs Minuten und ist ein Spiegelbild dessen, wie Putin auf Iran und auf die Macht in Teheran blickt.

Es ist Sonntagnachmittag am 19. Mai 2024. Die iranischen Medien sind voll von widersprüchlichen Meldungen über das Verschwinden des Präsidentenhubschraubers. Niemand weiß, was wirklich geschehen ist. Raissis Tod wird erst am nächsten Morgen offiziell bestätigt werden. In der Schalte des iranischen Staatsfernsehens ist an diesem Nachmittag Kazem Jalali, Irans Botschafter in Moskau. Er spricht über seinen Besuch bei Wladimir Putin im Kreml. Ein wirkliches Interview ist es nicht: Der Moderator stellt keine Fragen, er ist nur der Bühnengeber.[19]

Während man im Iran noch rätselt, weiß Putin zu diesem Zeitpunkt offenbar längst genau, was mit Raissi geschehen ist. Jalali erzählt: „Ich saß im Auto, da ruft Putins Sonderberater Igor Lewitin an und fordert mich auf, in den Kreml zu kommen." Der offizielle Titel des 72-Jährigen lautet „Wirklicher Staatsrat 1. Klasse der Russischen Föderation". Und Lewitin gehört innerhalb der Moskauer Nomenklatura tatsächlich zu den „Erstklassigen": Er ist Absolvent der Leningrader Militärschule, absolvierte eine militärische Laufbahn und diente in der Ukraine, in Ungarn und auf dem Balkan. Sein Fachgebiet ist Logistik und Transport. Bevor ihn Putin zu seinem Sonderberater machte, war Lewitin Verkehrs- und Kommunikationsminister und leitete die russische Fluggesellschaft Aeroflot. Als er an diesem Sonntagnachmittag den iranischen Botschafter zu Putin zitiert, spricht noch niemand von Raissis Tod. Es ist etwa 17 Uhr Teheraner Zeit.

Der Botschafter zählt auf, wer außer ihm noch in den Kreml bestellt wurde: Andrei Belousow, der neue russische Verteidigungsminister, dessen Vorgänger Sergei Shoigu, der jetzt Generalsekretär des Sicherheitsrats ist, General Waleri Gerassimow, Chef des Generalstabs der russischen Streitkräfte, General Alexander Kurenkow, der Minister für Notstandssituationen, sowie ein hochrangiger Geheimdienstchef, dessen Namen der Botschafter nicht kennt oder nicht preisgeben will. An diesem Nachmittag ist im Iran, in Putins Hinterhof, eine Notstandssituation eingetreten. Anders lässt sich das plötzliche Zusammenkommen dieser illustren Gesellschaft in Putins Büro nicht interpretieren. Was genau in der Sitzung besprochen wird, welche Empfehlungen oder Befehle Putin den Anwesenden erteilt, wissen wir nicht. Bei seinem Fernsehauftritt spricht der Botschafter viel von Putins Solidarität – doch diese Runde, die den russischen Machtkern bildet, kommt nicht für leeres Gerede zusammen.

Niemand in Teheran spricht zu dieser Stunde davon, dass Raissi tot ist, doch Botschafter Jalali zitiert einen bemerkenswerten Satz: Der Iran werde „diesen Verlust", diese schwierige Situation überwinden, „wir sorgen dafür", habe Putin gesagt. Übersetzt bedeutet das: Nichts werde im Iran geschehen, ohne den Willen Russlands; dank der geballten militärischen Macht Moskaus, deren Vertreter in diesem Raum anwesend sind, habe man die Situation unter Kontrolle. Fast zu gleicher Zeit tritt Ali Khamenei in Teheran auf und sagt das Gleiche: Was auch dem geliebten Präsidenten zugestoßen sein mag, es werde nichts geschehen, alles bleibe beim Alten.

Das Interview mit dem Botschafter offenbart Putins Blick auf den Iran von heute und auf das, was morgen in diesem Land geschehen mag. Und es zeigt auch, welche Macht die Moskauer Führung zusammenruft, um am Tage X für die Wahrung ihres Besitzstands in Iran in Aktion zu treten. Über die Irrungen und Wirrungen der Islamischen Revolution mag man unzählige Seiten füllen, eins ist aber unbestritten: Die Revolution und die spektakuläre Besetzung der US-Botschaft beantwortete ein für alle Mal die Frage, zu welchem Block der Iran gehört. Als die Rote Armee 1979 ins benachbarte Afghanistan einmarschiert, um dort mit viel Blutvergießen Moskaus bedrohte Macht zu sichern, katapultierte die Islamische Revolution den Iran unwiederbringlich in den russischen Einflussbereich. Es gibt im Internet einen Audioclip von Dschawad Sarif, bis 2021 iranischer Außenminister, in dem er frank und frei sagt, dass der Iran seit 34 Jahren eine Kolonie Russlands sei.[20] Festzuhalten bleibt: Eine grundsätzliche Veränderung der Machtverhältnisse in Teheran ist ohne eine ebensolche in Moskau kaum denkbar.

Um zu verstehen, wie eng sich Khamenei mit Putin verbunden fühlt, genügt es, seine Haltung zum Ukrainekrieg zu betrachten. Die russische Invasion in die Ukraine war gerade wenige Tage alt, als für Ali Khamenei bereits feststand: „Die Nato trägt die Verantwortung für den Ukrainekrieg."[21] Und wie ein Mantra, eine unverbrüchliche Wahrheit wiederholen die offiziellen Medien und Politiker im Iran diesen Satz in unterschiedlichen Variationen.

Abb. 9:   *Russlands Präsident Wladimir Putin schenkt Ali Khamenei bei einem Iran-Besuch im Jahr 2015 eine alte Koran-Ausgabe.*

Ende Juli 2023 gewährte Khamenei einer Gruppe ausgewählter Prediger eine Audienz. Es war der Anfang des Trauermonats Muharram. Die Geistlichen schließen in diesem Monat ihre Lehrseminare und ziehen als Prediger, Propagandisten und Ratgeber durch das ganze Land. Das ist eine jährlich wiederkehrende Pflicht und zugleich eine Verdienstmöglichkeit. Nach langen religiös verbrämten Tiraden gegen den Westen sprach Khamenei an diesem Tag einen Kernsatz aus, den seine Propagandisten in den nächsten Wochen im ganzen Land zu Gehör bringen sollten: „Die Ukraine ist zu einem Nato-Schlachtfeld verkommen, hier bringen westliche Waffen Zerstörung, mit der ihre Rüstungskonzerne Milliarden verdienen." Diese Sätze könnten auch aus dem Munde eines deutschen „Putin-Verstehers" stammen. Aber bei Khamenei, der sich einem umfassenden Kampf gegen den Westen verschrieben hat, bleibt es nicht bei Worten: Er kann und darf auf diesem „globalen Schlachtfeld" nicht untätig sein.

Schon knapp ein Jahr zuvor, acht Monate nach der russischen Invasion in die Ukraine, prahlte Khamenei stolz in einer Fernsehansprache: „Vor ein paar Jahren sagten sie im Westen, die Bilder iranischer Drohnen und Raketen seien Photoshop-Bearbeitungen. Jetzt sagen sie, iranische Drohnen seien sehr gefährlich, warum verkaufen wir sie einem gewissen Land?" Mit dem „gewissen Land" meinte er natürlich Russland. Bereits am 8. Juli 2023 hatte John Kirby, Sprecher des Weißen Hauses in Washington, vor Journalisten ein Geheimnis enthüllt: Die USA seien überzeugt, dass Teheran und Moskau dabei sind, in Russland eine Fabrik einzurichten, in der Drohnen für den Ukraine-Krieg am Fließband produziert werden. Die Anlage in der russischen Sonderwirtschaftszone Alabuga könne Anfang nächsten Jahres mit der Produktion beginnen. Schon im April hatte Washington Satellitenbilder eines mehrere hundert Kilometer östlich von Moskau liegenden Industriestandorts präsentiert, wo diese Anlage gebaut werden solle. Tatsächlich startete hier Anfang 2024 die Produktion einer neuen Drohnen-Generation iranischer Bauart. Bis zu diesem Zeitpunkt musste die iranischen Drohnen von Amirabad am Kaspischen Meer nach Machatschkala in Russland verschifft werden, bevor sie gegen die Ukraine eingesetzt werden konnten. Wie sie am 26. August 2024 bekannt gab, ermittelt die ukrainische Staatsanwaltschaft in diesem Zuge gegen einen General der iranischen Revolutionsgarde, den sie für den Transfer von mindestens 2.022 „Shahed-1500"- und „Mohajer-136"-Drohnen nach Russland verantwortlich macht. Er soll beim Transport der Drohnen aktiv beteiligt gewesen sein und die Russen im Einsatz der Drohnen geschult haben. Dafür sei er gemeinsam mit acht weiteren iranischen Ausbildern auf der besetzten Halbinsel Krim stationiert gewesen, so die Kiewer Justiz.

Khamenei fühlt sich an Putins Seite sehr sicher. Um die russische Rückendeckung nicht zu gefährden, ist er bereit, fast alles zu ertragen, sogar Erniedrigungen und nationale Tabubrüche. Mitte Juli 2023 unterschrieb Russland beispielsweise eine gemeinsame Erklärung mit dem Golf-Kooperationsrat, in dem die Staaten am Persischen Golf organisiert sind, die die iranische Souveränität über drei Golfinseln infrage stellte. Diese strategisch bedeutsamen Kleininseln werden nämlich auch von den Vereinigten Arabischen Emiraten beansprucht. Für den Iran war das stets ein politisches No-Go, doch gegenüber Khamenei empfindet Putin viel Beinfreiheit. Für Moskau und seinen Ukrainekrieg ist Khamenei außerdem bereit, weitere UN-Sanktionen in Kauf zu nehmen, zusätzlich zu den bereits bestehenden Sanktionen wegen der Atomfrage, der Menschenrechte und der regionalen Konflikte, die das Land wirtschaftlich ohnehin schon stark belasten.

Es ist nicht verwunderlich, dass seine erste Auslandsreise nach dem Angriff auf die Ukraine Putin nach Teheran führte. In seinem Beisein verkündete Ali Khamenei offen und unmissverständlich, dass er hinter dem Krieg in der Ukraine stehe. „Strategische Koalition" war das Schlüsselwort dieses Besuchs, das ständig wiederholt wurde. Praktisch bedeutet es, gemeinsam gegen westliche Sanktionen zu arbeiten, auf dem Welt-Ölmarkt nicht als Rivalen aufzutreten und eine langfristige militärische Zusammenarbeit zu gestalten. So stellte Kremlsprecher Peskow damals die Strategie vor, und genauso läuft es seither.

....

„Mit Ihrer Initiative in der Ukraine sind Sie der Nato zuvorgekommen. Hätten Sie nicht gehandelt, hätte die Nato wegen der Krim einen Krieg vom Zaun gebrochen. Westliche Machenschaften haben zur Zerstörung der Sowjetunion geführt, doch Ihre entschlossene Führung brachte Russlands Stärke zurück." [22]

....

So Khamenei bei seiner Audienz für Putin. Kein Spitzenpolitiker der Welt, nicht einmal die Diktatoren, die Putin praktisch unterstützen, haben den Ukrainekrieg öffentlich in dieser Weise gewürdigt. Für seine Unterwerfungspolitik hat Khamenei einflussreiche Ja-Sager um sich versammelt. Zu ihnen zählen Ali-Akbar Velayati, der langjährige Außenminister, sein engster außenpolitischer Berater, die Spitzenkommandanten der Revolutionsgarden sowie Bagher Ghalibaf, der Sprecher des iranischen Parlaments.

Putin als Kämpfer des Islam

Einfache schiitische Gemüter könnten sich fragen, warum es diese Nähe zu einem gottlosen Machthaber gibt. Für sie präsentieren Khameneis Propagandisten einen absurden Vergleich: Nur 24 Stunden nach Putins Abreise aus Teheran verglich die Webseite *Jawan*, das Organ der Revolutionsgarden, Wladimir Putin mit Khalid Ibn Walid. Der Weggefährte Mohammeds und berühmte Heerführer schlug für die Ausbreitung des Islam mehr als hundert Schlachten gegen die zahlenmäßig überlegenen Streitkräfte der damaligen Supermächte – Römer und Perser, samt ihrer Verbündeten. Heute wird er in vielen islamischen Ländern verehrt – kein arabisches Land, in dem nicht eine wichtige Straße, eine Institution seinen Namen trägt. Doch bevor er zum Ritter des Islam und Helden aller Muslime wurde, sei Khalid einer der gefährlichsten Feinde des Propheten gewesen. Und das beste Beispiel der modernen Zeit für eine solche Wandlung vom Saulus zum Paulus sei Putin.

Mit diesem gelinde gesagt gewagten Vergleich suggerieren die Revolutionsgarden zweierlei: Khamenei habe in der heutigen Welt eine ähnliche Mission wie einst der Prophet und Putin habe sich vom Feind zum Freund verwandelt und kämpfe gegen die islamfeindlichen Supermächte unserer Tage.

Einst warnte Mohammad Reza Pahlavi, der letzte Schah des Iran: Sollte die Monarchie im Iran gestürzt werden, werde aus dem Land ein „Iranistan". Die persische Nachsilbe „-stan" bedeutet „Provinz". Die Namen fast aller ehemaligen asiatischen Sowjetrepubliken enden deshalb mit dieser Silbe: Turkmenistan, Tadschikistan, Usbekistan, Kasachstan. Auch Afghanistan gehörte zur sowjetischen Einflusszone. In der Tat wird der Weg Irans hin zu einer eurasischen Provinz auf fast jede erdenkliche Weise geebnet – sogar mit dem Schulterschluss schiitischer Gelehrten aus Qom mit Nationalisten aus Moskau. Es ist bemerkenswert und erstaunlich, wie Mullahs und russische Nationalisten eine gemeinsame Sprache finden, wie sie ein fast deckungsgleiches Verständnis der Welt und eine gleiche Zukunftsvision entwickeln.

Ein eurasischer Philosoph bei den Ayatollahs

Am 31. Januar 2016, zwei Jahre nach der Maidan-Revolution in der Ukraine und der Besetzung der Krim durch Putins Armee, ist Alexander Dugin in Qom, dem Zentrum der schiitischen Gelehrsamkeit. Manche bezeichnen Dugin als Putins Philosophen und als Vordenker der „eurasischen Vision", eines Gegenentwurfs zum liberal geprägten westlichen Kulturraum. Für viele andere ist er schlicht ein Faschist. Sein Gastgeber an diesem Sonntag ist Ayatollah Mir Mohammad Mir Bahgeri, Chef der Akademie der islamischen Wissenschaften in Iran. Er beschäftigt sich hauptsächlich mit der Beziehung zwischen Religion und Naturwissenschaften. Als radikaler schiitischer Theoretiker, der den westlichen Wissenschaftlern Paroli bieten will, ist er in den Medien Dauergast und Autor zahlreicher Bücher über verschiedene Themen. Der Sechzigjährige ist zudem Mitglied des mächtigen Expertenrats, jener Versammlung, die über Khameneis Nachfolger bestimmt – ja er wird als dessen Nachfolger gehandelt.

Wie Alexander Dugin den Weg nach Qom und zu diesem mächtigen Ayatollah gefunden hat und wer sein Türöffner in noch andere akademische Zirkel des Irans war, ist eine andere, sehr interessante Geschichte.

Das reichlich bebilderte persische Protokoll dieser eigenartigen Begegnung und ihres Gesprächsinhalts ist in der virtuellen Welt zu besichtigen.[23] Dugin referiert im schiitischen Seminar, und die Ayatollahs hören zu. Ein mehrstündiger Diskurs mit anschließendem Frage-Antwort-Disput über Politik, Kultur und Familie. Dugin hat sich vorgenommen zu erklären, wie er die Naturwissenschaften „religionisieren" will. Er weiß, auf welch offene Ohren er mir einem solchen Thema hier stößt.

Abb. 10: *Ein in der Islamischen Republik gern gesehener Gast: Alexander Dugin zu Besuch in Qom, 31. Januar 2016.*

„Ich bin außerordentlich glücklich, heute im Zentrum des Kampfes gegen die Modernität zu sein. Die Moderne ist ein Phänomen, das sich nicht allein auf einen Ort oder auf unsere Gegenwart beschränkt. Sie ist Ideologie, Kultur, Zivilisation, Lebensweise, Philosophie und Politik in einem. Für mich ist die Modernität der Satan."

So beginnt Dugin seinen Vortrag. Kein Zweifel, er spricht bewusst von Satan. Er weiß, dass dieses Wort in der Islamischen Republik ununterbrochen in verschiedenen politischen und kulturellen Zusammenhängen gegen Amerika, den Westen und die Moderne überhaupt gebraucht wird.

„Nach meiner Meinung verhalten sich Tradition und Modernität wie Licht und Dunkelheit. Das ist der Rahmen meiner Denkweise, und ich bewundere den Iran für seine Verteidigung der Tradition und seinen Kampf gegen die Moderne."

Die Moderne habe einen Ort, das sei der Westen. Dort habe sie mit der Aufklärung begonnen und sich dann wie ein Hurrikan über die Welt ausgebreitet, so Dugin weiter. „In meinem Land begann die Modernität in der Zeit von Peter dem Großen, ihr Höhepunkt war der Kommunismus. Das Ergebnis war die Vernichtung aller unserer heiligen Traditionen", erklärt Dugin. „Und soweit ich weiß, geschah im Iran etwas mehr oder weniger Ähnliches. Aber Ihre Islamische Revolution und Ihre Tradition, der Schiismus, haben den Westen und die Modernität besiegt."

Im Anschluss berichtet Dugin darüber, was nach dem Zusammenbruch des Kommunismus in Russland geschah. Hier wird er persönlich und beschreibt seinen eigenen Werdegang: dass er gläubiger Christ und in jungen Jahren Antikommunist gewesen sei. Aber der Liberalismus sei viel schlimmer als der Kommunismus. Welche Religion Putin habe, will der Ayatollah wissen. Russische Orthodoxie, antwortet Dugin und erklärt ausführlich, wo die Kirche im heutigen Russland steht, dass die christliche Tradition mehr und mehr in der Gesellschaft verinnerlicht werde und wie Putin und die Kirche sich gegenseitig zu unterstützen versuchen. Doch Russland sei bedauerlicherweise noch nicht so weit wie der Iran. Für die russische Orthodoxie sei der Iran ein gelungenes Beispiel: „Deshalb verfolgen wir Orthodoxen die Ereignisse in Ihrem Land mit Interesse und Sympathie", so Dugin.

Dann wird ausführlich über den Zerfall der Familie, über Homosexualität, Individualismus, Hedonismus, Freizügigkeit und viele andere „abscheuliche Folgen" der Moderne lamentiert. Und die Ayatollahs pflichten dem Russen umfassend bei: Es ist ein gespenstischer Dialog zwischen einflussreichen Männern aus sehr unterschiedlichen Welten, aber man muss ihn ernst nehmen.

Denn die Beteiligten verfolgen ein globales Ziel: In seinen Gesprächen mit den Ayatollahs erläutert Dugin seine euro-asiatische Vision, in der Iran, China, die Türkei und natürlich Russland die treibenden Kräfte sind. Er habe 22 Bücher geschrieben, in denen er sich mit Eurasien, dessen Territorium, seiner Geschichte und Philosophie beschäftigt habe, eines davon habe er speziell über das Perserreich, ein anderes über das Osmanische Reich geschrieben, erzählt Dugin. Es wird klar, kalt, strategisch und im Brustton der Überzeugung gesprochen. Beide, Dugin und Ayatollah Mir Bahgeri, vermitteln unmissverständlich den Eindruck, dass sie eine globale Vision teilen: Religion soll die Politik bestimmen.

Das schiitische Gelehrtenzentrum war nicht die einzige Bühne, auf der Dugin seine Idee von Eurasien propagierte. In einer zweistündigen Fernseh-Talkshow, in den Politik- und Philosophieseminaren mehrerer Universitäten des Landes sowie in einflussreichen Think Tanks warb er mehrere Tage lang für den euro-asiatischen Traum, den Putin zu verwirklichen versuche.[24] Und seine Idee von einem Raum, in dem der

Iran einen würdigen Platz einnehmen würde, findet bei den Mächtigen im Iran Anklang.

Erfahrung beim Umgehen von Sanktionen

Was die „strategische Koalition" angeht, hat die Islamische Republik neben Drohnen noch mehr zu bieten: Seit ihrem Bestehen lebt diese „Republik" unter ausländischen Sanktionen, die mit der Besetzung der US-Botschaft einsetzten und sich mit jeder weiteren außenpolitischen Krisen der vergangenen vier Dekaden immer stärker anhäuften. Terrorakte im Ausland, die Fatwa gegen Salman Rushdie, das Atomprogramm sowie Irans Rolle in regionalen Konflikten sorgten über die Jahre für Sanktionen in einem Umfang, der in der Geschichte der Weltdiplomatie beispiellos ist.

Doch Khamenei erwies sich als geschickt darin, Schlupflöcher zu finden: Er schuf ein international agierendes Netz zur Umgehung der Sanktionen und verschaffte sich in den letzten vier Dekaden die dazu notwendige Logistik. Winkeladvokaten aus vielen Ländern, vor allem aus den Vereinigten Arabischen Emiraten, skrupellose Geschäftsleute in Europa, Iraner mit ausländischen Pässen bilden dieses Netzwerk. Sie gründeten Firmen, Kanzleien und Agenturen mit Phantasienamen und brachten in all diesen Jahren viel zustande: Reedereien für den Verkauf von Erdöl auf dem Schwarzmarkt, Waffenhandel für diverse Bürgerkriege und Zugang zu all jenen Waren, die im Iran sowohl für die Mächtigen wie für die Ohnmächtigen auf legalem Weg nicht zu haben sind.

Bei diesen komplizierten Geschäften spielen häufig „Herrensöhne" (*Agazadeh Cpeha*) eine entscheidende Rolle. „Herrensöhne", das ist im Iran ein stehender Begriff, jeder weiß, was damit gemeint ist. Es sind jene Sprösse der Mächtigen, die Dank Papas Position in den vier

Dekaden der Islamischen Republik nicht nur selbst reich und mächtig geworden sind, sondern oft auch weltgewandt und polyglott.

Ein Beispiel ist Hossein Shamkhani: Sein Vater Ali ist aktuell Militärberater von Khamenei und stand jahrelang an der Spitze des iranischen Sicherheitsapparates. Seit Beginn der Revolution hatte er diverse Schlüsselfunktionen inne: Kommandant der Revolutionsgarden, Verteidigungsminister, Chef des nationalen Sicherheitsrates, Sondergesandter für außenpolitisch heikle Angelegenheiten und noch vieles mehr. Die Familie Shamkhani stammt aus der Erdölprovinz Chuzestan im Südwesten des Landes, sie gehört der arabischen Minderheit an.

Sohn Hossein schickte Ali Shamkhani an die Amerikanische Universität nach Beirut, eine der teuersten Hochschulen der Region. Die fast 170 Jahre alte Bildungseinrichtung, gegründet von christlichen Missionaren, hat eine sehr bewegte Geschichte, in der sich das politische Schicksal der Region widerspiegelt. Dutzende Präsidenten sowie zahlreiche einflussreiche Publizisten und Parteifunktionäre des Nahen Ostens sind Absolventen dieser Universität. Der geschäftstüchtige Hossein studierte also erst in Beirut, lernte Arabisch, Englisch und Französisch, dann ging er an die Moskauer Universität. Spezialisiert auf das internationale Ölgeschäft, wurde dieser polyglotte und gut vernetzte „Herrensohn" der ideale Mann für allerlei Geschäfte im Kontext der Umgehung der Sanktionen gegen Iran oder Russland. Er residiert in Dubai, besitzt Öltanker und führt ein Konglomerat verschiedener Unternehmen rund um die Welt – ein diskreter Milliardär, dessen Mitarbeiter ihn „Hector" nennen. Sein Firmennetzwerk mischt russisches bzw. iranisches Rohöl mit jenem aus Drittländern, die keinen Sanktionen unterliegen. So verschleiere er die Herkunft des Öls, sagt ein Anti-Terror-Beamter im US-Finanzministerium gegenüber dem Newsportal *Bloomberg*.[25]

Diesen über vierzig Jahre gesammelten Schatz an Erfahrungen bei der Umgehung von Sanktionen kann Putin für seinen Ukrainekrieg sehr gut gebrauchen. Khamenei und Putin sitzen in einem Boot – und fühlen sich dabei offenbar sehr wohl.

6 Deutschland und Iran: ein besonderes Verhältnis

Hoch und vielfältig ist der außenpolitische Preis, den Khamenei für seine Putin-Affinität zahlte. Genau ermessen kann man den Schaden kaum. Nirgendwo aber war die Empörung über Irans Rolle im Ukrainekrieg so groß wie in Deutschland. Und gut anderthalb Jahre nach Kriegsbeginn in der Ukraine ereignete sich die Katastrophe des 7. Oktober 2023: der Überfall der vom Iran unterstützten Hamas auf Israel. An diesem Tag erschien Deutschland die Zerstörungskraft iranischer Drohnen in der Ukraine in einem neuen Licht. Man registrierte auf dramatische Weise, wohin nicht zuletzt Khameneis unbändiger Israelhass den Nahen Osten geführt hatte. Dieser Tag war praktisch der Anfang vom Ende der deutsch-iranischen Beziehungen in fast allen Bereichen.

Zerrüttet ist damit eine besondere Beziehung, die politisch, wirtschaftlich, aber auch menschlich und historisch kontinuierlich gewachsen war. Es mag übertrieben klingen, aber es waren die Deutschen, die die Grundlagen für alles Moderne im Iran legten. Zwar versucht Khamenei seit über 40 Jahren mit allen erdenklichen Mitteln und Methoden, die Spuren der Moderne zu beseitigen – vergeblich, wie zuletzt die landesweite Bewegung „Frau, Leben, Freiheit" zeigte (▶ Kap. 9) –, das deutsch-iranische Verhältnis aber hatte die Islamische Revolution und ihre Folgen bislang stets überdauert. Die Schließung der „Blauen Moschee" in Hamburg sowie der iranischen Konsulate in Frankfurt und München sind sichtbare Zeichen der neuen Qualität seiner Zerrüttung. Einen solchen strikten Kurs einzuschlagen, war

Deutschland in der Vergangenheit nicht bereit. Heute erleben wir einen echten Wandel der deutschen Iranpolitik.

Seit dem Bestehen der Islamischen Republik fragte sich Deutschland: Wie halten wir es mit dem Iran – und wie nennen wir unsere Haltung? Einst erfand man die Bezeichnung „kritischer Dialog", um die Beziehung zum Iran zu legitimieren. Davon spricht mittlerweile niemand mehr: Es war ein totgeborener Begriff, der drei Jahrzehnte lang diese merkwürdige Liaison prägte. Heute vergisst man gern das Geburtsdatum dieses Kindes, niemand redet darüber, wer sein Vater war. Und niemand fragt, warum Deutschland, warum Europa gezwungen wurden, ihrer Beziehung zum Iran diesen Namen zu geben.

Erster Golfkrieg und weltweiter Terror

Aufwühlend, spannungsreich und geprägt von zahlreichen Terroraktionen waren die Jahre kurz nach der Revolution, außerdem tobte ein langer, mörderischer Krieg mit Hunderttausenden Toten an der Grenze zu Irak. Es war die Epoche der Isolation, man behandelte die Mächtigen der Islamischen Republik auf den internationalen Bühnen wie Aussätzige. Kriegsreporter verglichen die Brutalität des ersten Golfkrieges mit jener des Ersten Weltkriegs. Und obwohl er diesen Krieg vom Zaun gebrochen hatte, favorisierte die gesamte Welt, die dem Blutvergießen zusah, den irakischen Diktator Saddam Hussein – zumindest medial.

Trotz des Kalten Kriegs waren alle Super- und Mittelmächte der Welt Saddams Waffenlieferanten, der kapitalistische Westen ebenso wie der kommunistische Ostblock. Kriegsgerät kam buchstäblich aus nah und fern nach Bagdad, und alle waren dabei: Frankreich, Großbritannien, beide deutsche Staaten, Südafrika, Brasilien, Indien und die Türkei. Die Teheraner Machthaber, die zunächst das gut gefüllte Waffenarsenal des gestürzten Schahs nutzen konnten, mussten sich eher auf dem Schwarzmarkt versorgen. Doch auch der war wie immer reichlich bestückt. Auf diese indirekte Weise agierte sogar Israel als Waffenlieferant der Islamischen Republik. Das mag heute angesichts der Ereignisse in Gaza merkwürdig klingen, doch es hatte eine innere Logik. Israel handelte keineswegs aus Liebe zu den Mullahs, sondern aus der Überzeugung, Saddam Hussein dürfe niemals als Gewinner aus diesem Krieg hervorgehen.

Diese Haltung Israels wurde am 7. Juni 1981 um 15:26 Uhr für jeden sichtbar, der es wissen wollte. An diesem Tag, an dem der Krieg bereits neun Monate alt war und Saddams Truppen weit auf iranischem Territorium standen, bombardierten israelische Kampfjets eine irakische Atomanlage in der Nähe Bagdads. Auch 1985 lieferte Israel amerikanische Waffen im Wert von etwa zwei Milliarden US-Dollar an den Iran, vor allem Raketen und Ersatzteile für die Jagdbomber. Und auch in der sogenannten Iran-Contra-Affäre, die 1987 die amerikanische Politik erschütterte, spielte Israel eine entscheidende Rolle. Israelische Agenten waren aktiv an dem Deal beteiligt, mit Einnahmen aus dem Waffengeschäft mit der Islamischen Republik den Guerillakampf gegen die linke Sandinisten-Regierung in Nicaragua zu finanzieren.

Der erste Golfkrieg durfte keinen Sieger haben, beide Seiten sollten sich bis zur Erschöpfung bekämpfen, das war die Strategie aller Waffenlieferanten. Und so wurden beide, Angreifer wie der Angegriffene, zu Verlierern. Am Ende gab es fast eine Million Tote, zerstörte Städte und unzählige Kriegsversehrte.

Hans-Dietrich Genscher und ein Meisterstück der Diplomatie

Je mehr die Machthaber in Teheran äußerem Druck ausgesetzt waren, umso mehr gab es Terroraktionen rund um die Welt, von Beirut bis Buenos Aires, in Europa ebenso wie in Südostasien. So wie heute befand sich Europa auch damals in einer diplomatischen Sackgasse, einem Spagat zwischen Vertragen und Vergelten – zwischen einem Regime-Change, wie ihn manche in den USA bevorzugten, oder dem Dialog, zu dem Realpolitiker und Experten stets rieten. Ein äußerst schwieriger Balanceakt. Schließlich fährt Außenminister Hans-Dietrich Genscher am 21. Juli 1984 nach Teheran. Sein Besuch ist der erste eines westeuropäischen Außenministers seit der Islamischen Revolution von 1979, und er stieß auf viel Kritik.

Genschers Trip nach Teheran war spektakulär, es gab weltweit kaum eine Zeitung, die diese Reise nicht kommentierte – es war eine Wende in der Weltdiplomatie. Genscher wollte nicht nur ein Türöffner sein. Er hatte mit dem Iran etwas Größeres vor: nicht weniger als die Zähmung einer Revolution, die die Welt verändern wollte und noch immer verändern will. Und zumindest zunächst war der zweitägige Besuch des deutschen Außenministers auf dem Höhepunkt des Golfkriegs auch sehr erfolgreich.

Wenige Wochen nach Genscher kam auch sein französischer Amtskollege Roland Dumas nach Teheran. Die Franzosen wollten sogar noch weiter gehen als die Deutschen. Dumas hatte ein sehr exquisites Geschenk im Gepäck: einen baldigen Besuch seines Staatspräsidenten François Mitterrand. Dumas wusste, dass ein Besuch des weltweit hochgeschätzten Sozialisten Mitterrand für die Mächtigen in Teheran ein starkes Symbol wäre, eine sichtbare Geste der Anerkennung der jungen Islamischen Republik, die in einen mörderischen Krieg verwickelt war. Endlich sei das Eis gebrochen, titelten die Teheraner Zeitungen, und *Tebyan*, das Hauptorgan der islamischen Propaganda, schrieb, Frankreich verbeuge sich vor der Revolution.

Auch die Briten wollten unbedingt nach Teheran. Sie wollten den wirtschaftlich wichtigen Iran nicht anderen überlassen. Doch mit einem Besuch ihrer Staatsoberhaupts in der Islamischen Republik konnten sie nicht dienen – die Queen war nun einmal eine Frau, ebenso wie Regierungschefin Margaret Thatcher. Beide wollten und konnten nicht in den Iran. Für Damenbesuche in Teheran war die Zeit noch nicht reif. Deshalb versprach der britische Außenminister Douglas Hurd in den iranischen Medien, bald zumindest mit einer großen Wirtschaftsdelegation in die Islamische Republik zu kommen. Letztlich aber ließen weder Mitterand noch Hurd sich in Teheran blicken.

Genschers Reise in den Iran war eine erfolgreiche Mission. Er hatte einen besonderen Draht zu seinem iranischen Kollegen Ali-Akbar Velayati und wollte die Machthaber im Gottesstaat überzeugen, eine UN-Resolution über einen Waffenstillstand zu akzeptieren und endlich das sinnlose Blutvergießen an der Grenze zum Irak zu beenden.

Schließlich gelang ihm ein Meisterstück der Diplomatie. Genschers Rolle bei der Beendigung des Iran-Irak-Kriegs kann man nicht groß genug schätzen. Ihm war klar, dass nach Jahren des ergebnislosen Krieges auch die Teheraner Machthaber begriffen hatten, dass die Weltgemeinschaft in diesem Krieg keinen Sieger zulassen würde. Was ihnen fehlte, war ein gesichtswahrender Weg, den Stellungskrieg zu beenden. Ein Vorwand musste her, um den erschöpften Kriegern zu erklären, warum die Waffen nun schweigen sollten. Und es war Genscher, der diese Ausrede lieferte. Viel musste er nicht tun. Als erster und einziger Außenminister der westlichen Welt sprach er nur eine simple Wahrheit aus.

In der Diplomatie gibt es immer wieder einmal Sätze, die Geschichte schreiben. Genschers Satz vom 24. Juni 1987 war ein solcher. An diesem Tag war Velayati für einen Gegenbesuch in Bonn. Mit ihm an der Seite trat Genscher vor die Weltpresse und erklärte: „Der Irak hat diesen Krieg begonnen und in seinem Verlauf auch Chemiewaffen eingesetzt." Das war eine Tatsache, die bis dahin kein westlicher Diplomat ausgesprochen hatte.

Für die Mullahs war dieser Satz Gold wert. Für sie war er eine Wiedergutmachung, ein Schuldeingeständnis der gesamten Welt gegenüber der Islamischen Republik. Nach Genschers Satz in Bonn setzte sich in Teheran eine Propagandamaschinerie in Bewegung, die versuchte, den kriegsmüden Iranern beizubringen, dass die Welt, vor allem die westliche, endlich eingestanden habe, wer am Krieg schuld sei, und dass deshalb jetzt über einen Waffenstillstand und ein Ende des Kriegs nachgedacht werden könne.

Leicht war diese Wende nach so viel Zerstörung und so vielen Opfern nicht, zumal man die Parole ausgegeben hatte, im Zuge dieses Kriegs durch den Irak auf Israel zu marschieren und Jerusalem zu befreien. Doch am 18. Juli 1988 sprach Khomeini – bereits todkrank – endlich von dem berühmten „Schierlingsbecher", den er trinken müsse. Er werde die UNO-Resolution Nr. 598 zu einem Waffenstillstand mit dem Irak akzeptieren. Wenige Monate darauf war der Revolutionsführer tot, es begann die Ära Khameneis.

Europas Vorreiter

War diese Wende ein Ergebnis von Genschers diplomatischer Kunst, verdankte man sie dem Realismus der Mullahs – oder beides? Die offizielle Geschichtsschreibung der Islamischen Republik jedenfalls schreibt Genschers Satz in Bonn eine besondere, sogar eine einmalige Bedeutung zu: Nachlesen kann man das im „Dokumentationszentrum der heiligen Verteidigung", das online zu besichtigen ist.[26] Deutschland habe dem gesamten Westen den Weg geebnet, damit man dort endlich eine simple Wahrheit anerkenne: „Saddam ist der Aggressor". Es sei der deutsche Außenminister Genscher gewesen, der in Bonn in Anwesenheit „unseres Außenministers Velayati" unmissverständlich diese Wahrheit aussprach. „Das war der Sieg unserer Diplomatie und

das war der Grund, warum die Islamische Republik die UN-Resolution [zum Waffenstillstand] akzeptierte", schreiben die Autoren des
Dokumentationszentrums.

Abb. 11: *Genscher
und Velayati tauschen
im iranischen Außenmi-
nisterium die Urkunden
für ein Kulturabkommen
zwischen beiden Ländern
aus, 29. November 1988.*

Unbestreitbar war Genscher Wegweiser und Architekt des europäischen Dialogs mit dem nachrevolutionären Iran. Mit seinem zweiten
Besuch in Teheran im Jahre 1988 wollte Genscher Europas Beziehung
zum Iran verbessern und gleichzeitig Hauptakteur dieser Aufhellung
sein. Doch schon bald wurde der Dialog wieder sehr schwierig. Am
14. Februar 1989, nur wenige Monate, nachdem er den „Schierlingsbecher" getrunken und den Waffenstillstand akzeptiert hatte, und nur
wenige Monate nach Genschers Abreise aus Teheran hatte Khomeini
die berühmt-berüchtigte Fatwa gegen Salman Rushdie erlassen und

den britischen Schriftsteller wegen „Blasphemie" für vogelfrei erklärt. Mit diesem Mordaufruf stürzte die Islamische Republik die Welt in eine Krise. Nicht nur zwang die Fatwa Rushdie in den Untergrund, sie befeuerte den „Kampf der Kulturen" und forderte weltweit zahlreiche Tote. Europäische Staaten zogen ihre Diplomaten aus dem Iran ab.

Ob sich mit einem solchen Staat überhaupt noch ein Dialog führen lasse, dürfte sich Genscher schon bei seinem zweiten Besuch in Teheran gefragt haben. Das fragte man sich bald auch in Frankreich. 1991 vollstreckte ein iranisches Mordkommando in Paris das Todesurteil gegen den letzten Ministerpräsidenten des Schah, Schapur Bachtiar, ein Urteil, das ein iranisches Revolutionsgericht gefällt hatte. Er wurde mit durchschnittener Kehle in seinem Apartment gefunden. Präsident Mitterrand sagte die geplante Reise nach Teheran ab. An einen Dialog Frankreichs mit dem Iran war nicht mehr zu denken. Und sollte es in Deutschland noch einen Politiker gegeben haben, der noch glaubte, dass ein Dialog mit dem Iran möglich sei, wurde er bald eines Besseren belehrt. Ein Jahr nach dem spektakulären Mord in Paris schlug am 17. September 1992 ein iranisches Killer-Kommando im Berliner Restaurant „Mykonos" zu. Vier iranische Oppositionelle, die auf Einladung des SPD-Vorsitzenden Björn Engholm dort den Kongress der sozialistischen Internationale besuchen wollten, wurden ermordet.

„Nicht wir brauchen Europa, sondern umgekehrt"

In Teheran herrschte offenbar eine unbeirrbare Selbstsicherheit. Man glaubte, dass man sich in Europa nahezu alles erlauben könne, denn es seien eher die Europäer, die einen Dialog mit dem Iran suchten, nicht umgekehrt. Die Machthaber der Islamischen Republik sollten Recht behalten. Denn trotz der Fatwa gegen Rushdie und der Morde in Paris, Berlin und anderswo beschlossen die europäischen Außenminister am

12. Dezember 1992 auf ihrer Tagung in Edinburgh, den Dialog mit dem Iran fortzusetzen. Das Adjektiv „kritisch" sollte die Kritiker besänftigen.

Es war kein Zufall, dass der Erfinder dieses Zusatzes Deutschland war. Deutschland war viele Jahre lang Irans größter Handelspartner gewesen, und jetzt witterte man die Chance, diese Position trotz allem wieder einzunehmen. Deutschland hatte Enormes für das Ende des achtjährigen Krieg mit dem Irak geleistet. Nun wollten man vom gigantischen Wiederaufbau des reichen Öllands profitieren. Niemand, so war man sich sicher, habe dafür eine bessere Startposition als Deutschland.

Es ging aber noch um viel mehr: Es ging um die Rettung einer besonderen Tradition, einer besonderen historischen Beziehung. Die alten Bande zwischen Berlin und Teheran hatten viele Europäer immer und von Beginn an äußerst kritisch beäugt. Im Ersten Weltkrieg hatte man das deutsche Kaiserreich bezichtigt, Muslime zum Heiligen Krieg gegen Russland, Frankreich und Großbritannien aufzuhetzen, und in diesem Licht sah man auch das umfassende Verhältnis Deutschlands zum Iran. Anfang der 1930er Jahre wurde es noch schlimmer: Deutschlands Rivalen sahen in dieser Beziehung eine gefährliche Liaison von Faschismus und Islam.

Aber die Deutschen waren Anfang des 20. Jahrhunderts mit ganz anderen Ideen in den Iran gekommen. Dort betrachtete man sie als eine Macht, die sich diametral von den anderen unterschied: Anders als die Briten oder die Russen traten die Deutschen gegenüber dem Iran nicht als Imperialmacht auf, wollten das Land nicht kolonialisieren. Man begegnete ihnen deshalb mit viel Sympathie. Die Deutschen galten als mächtig und klug – vor allem aber als echte Partner. Dieses unschätzbaren Kapitals waren sich die Deutschen bewusst, und sie taten alles, um dieses Bild zu bewahren.

Was verband, was verbindet eigentlich Deutsche und Iraner, Deutschland und Iran? Die diplomatische Beziehung mag zerrüttet sein; zwischen den Menschen existiert dennoch so etwas wie eine gegenseitige Zuneigung. Es hat sich bei vielen Iranern das Bild eingeprägt, man habe mit den Deutschen nur gute Erfahrungen gemacht. Das wirkt noch heute nach.

Der „deutsche Lawrence" und *Kaveh*, ein Schmied gegen die Tyrannei

Was macht diese tiefe Sympathie – manche würden sogar sagen: diese Liebesbeziehung – aus, die jeden Krieg, jeden Umbruch, jede Revolution überdauert hat? Auf den Spuren dieses rätselhaften Faibles könnte man zum Beispiel nach Ohlendorf fahren. Ohlendorf, einst eine selbstständige Gemeinde, heute ein Stadtteil des niedersächsischen Salzgitter, hat eine seiner Hauptstraßen nach einem großen Sohn der Stadt benannt. Sein Nachlass wird bis heute im Stadtarchiv aufbewahrt. Die Rede ist von Wilhelm Waßmuß, ein Mann, den man heute anderswo kaum noch kennt. Dabei steht er wie kaum ein anderer am Anfang dieser rätselhaften deutsch-iranischen „Liebesbeziehung". Seine Rolle hat man einst mit der eines „Lawrence von Arabien" verglichen.

Waßmuß wurde 1880 in einer armen Bauernfamilie hier im Vorharz geboren, studierte Orientalistik und war seit 1909 mehrfach als vertretender Vizekonsul in Buschehr am Persischen Golf. Die politische Lage dort war angespannt, die lokalen Eliten suchten in Deutschland einen Verbündeten gegen die kolonialen Ambitionen der Briten. Waßmuß unternahm viele Reisen und knüpfte zahlreiche Kontakte zu lokalen Khans.

Den aktiven Eintritt Deutschlands in die iranische Politik markiert jedoch seine Rückkehr in den Iran 1915. Der Erste Weltkrieg war ausgebrochen und Waßmuß war auf besonderer Mission zurückgekehrt: Er sollte die islamischen Gebiete des Kriegsgegners gegen die Briten aufwiegeln – ähnlich wie es in Lawrence mit den Arabern gegen das Osmanische Reich tun sollte.

Wilhelm Waßmuß lieferte sich schon zwei Jahre im Süden des Iran ein Katz-und-Maus-Spiel mit den britischen Besatzungstruppen, als im Auswärtigen Amt in Berlin eine Gruppe Exil-Iraner eintraf. Friedrich Rosen, der wohl bekannteste Orientalist der Zeit und ein Kenner der iranischen Literatur, zugleich einer der wichtigsten Diplomaten Kaiser Wilhelms II., hatte diese Iraner ausgesucht und zusammengebracht. Sie sollten eine literarisch anspruchsvolle anti-britische Kampfzeitschrift herausgeben. Rosen schlug dafür den Namen *Kaveh* vor. Kaveh ist eine Gestalt aus der iranischen Mythologie, ein Schmied, der gegen die Tyrannei kämpft – und siegt. Sechs Jahre lang, von 1916 bis 1922, finanzierte, organisierte und verbreitete das deutsche Außenministerium diese Zeitschrift. Und *Kaveh* wurde zu einer wirkmächtigen Publikation, die die iranische Geschichte nachhaltig prägen sollte.

Es sollte die beste literarisch-politische Zeitschrift werden, die bis dahin in persischer Sprache erschienen war. Ihre Redaktionsmitglieder waren die bekanntesten und fähigsten Intellektuellen, die der Iran seinerzeit aufbieten konnte. Chefredakteur war Hassan Taqizadeh, eine der schillerndsten Figuren der jüngsten iranischen Geschichte. Er wurde später Abgeordneter, Minister, Diplomat und Botschafter, aber auch ein anerkannter Wissenschaftler, Publizist und Universitätsprofessor. Taqizadeh versammelte in seiner Berliner Redaktion Männer um sich, die alle später die iranische Politik und Geisteswelt bleibend prägen sollten: etwa Mohammad Ali Dschamalzadeh, der Vater des modernen iranischen Romans, oder Mohammad Ghazvini, später Begründer der modernen Literaturforschung an der später gegründeten Teheraner Universität.

Abb. 12: *Kopf des Titelblatts der Erstausgabe von Kaveh vom 24. Januar 1916.*

Mit spitzer Feder nahmen diese fähigen Autoren von Berlin aus die Rückständigkeit des Irans und der iranischen Mullahs aufs Korn. Besonders Taqizadeh war nicht nur ein Meister der Feder, er wusste auch sehr gut, wovon er sprach: Bis zum zwanzigsten Lebensjahr selbst ein Mullah, kannte er sich im Islam bestens aus. Über die Zeitschrift sprach im Iran bald jeder, der lesen und schreiben konnte. *Kaveh* war niveauvoll und verständlich zugleich. Ihr Einfluss war so bedeutsam, ihre Texte so geschliffen, dass sie später selbst zum Forschungsgegenstand wurde: Dutzende Literatur- und Geschichtsstudenten schrieben über diese Zeitschrift ihre Doktorarbeiten. Jeder, der über deutsche Iranpolitik forscht, kennt sie. Und noch immer schreibt und forscht man über *Kaveh*.

Mit *Kaveh*, diesem Produkt einer Berliner Druckerei, das der deutsche Staat finanzierte, identifizierte sich damals fast jeder, der den Zerfall des Iran verhindern wollte. Und die Hinwendung zu Deutschland war dabei inklusive.

Kaveh spiegelte eine patriotische Stimmung wider, die bald Wirkung zeigen sollte. Als in Berlin der fünfte Jahrgang der Zeitschrift gefeiert wurde, marschierte ein Offizier der iranischen Kaukasier-Brigade mit seiner Truppe in Teheran ein und forderte die dahinsiechende Monarchie heraus – Reza Khan. Er wurde erst Verteidigungsminister, dann Ministerpräsident und schließlich als Reza Schah Pahlavi der neue König des Iran. Die Berliner Redaktion um Taqizadeh hatte ihr politisches Ziel erreicht. Das Land, das kurz vor dem Zerfall stand, war gerettet, mehr noch, der neuen Herrscher hatte eine moderne Vision. Fast alle Redaktionsmitglieder kehrten damals in den Iran zurück.

Der einstige *Kaveh*-Chefredakteur wurde zum wichtigsten Berater des späteren Königs. Auch die anderen Redaktionsmitglieder unterstützten den neuen Herrscher, dessen Vorbild Kemal Atatürk gerade dabei war, das Nachbarland Türkei von Grund auf umzugestalten. Als König trieb Reza Schah die Modernisierung des Iran energisch voran. Er schränkte die Macht der Geistlichkeit ein und versuchte, außenpolitisch neutral zu bleiben.

Die Blütezeit der Deutschen

Während seiner Regentschaft und bei allen Projekten, mit denen Reza Schah das Land umgestalten wollte, standen die Deutschen an erster Stelle. Bei der Gründung der Universität, die im deutschen Architekturstil errichtet wurde, dem Umbau der Verwaltung, dem Straßenbau oder dem Gesundheitswesen: Überall bevorzugte Reza Schah die Deutschen. Legendär ist das Projekt der transiranischen Eisenbahn, die zwischen 1927 und 1938 gebaut wurde und Teheran mit dem Persischen Golf im Süden und dem Kaspischen Meer im Norden verband. Für den Bau dieser langen Bahnstrecke gründeten deutsche Firmen eigens ein Konsortium, in dem fast die gesamte deutsche Industrie vertreten war: von Julius Berger über Philipp Holzmann bis hin zu Siemens. Und auch die deutschen Banken waren natürlich mit von der Partie.

Die Zeit Reza Schahs (1925–1941) war *die* Epoche der deutschen Präsenz im Iran schlechthin. Die Weimarer Republik ebenso wie die Nazis und später die Bundesrepublik konnten auf den Grund aufbauen, den Waßmuß im Süden des Iran und die intellektuellen Exil-Iraner in der Berliner *Kaveh*-Redaktion bereitet hatten: Zwischen Iran und Deutschland kam es zu einer engen Kooperation. Ein Vorteil der Deutschen dabei war, dass sie im Gegensatz zu Briten und Russen keine koloniale Vergangenheit im Iran hatten, keine marodierenden Soldaten durch Städte und Dörfer zogen.

Mehr als Autos und Eisenbahnen

Im Gegensatz zu anderen Mächten trafen die Deutschen also nicht mit Armeeverbänden ein. Dennoch brachten sie viel mehr mit als alle anderen, im Guten wie im Schlechten: nicht nur Eisenbahnen, Autos und Universitäten, sondern auch den faschistischen Bazillus und sogar die Freimaurerei.

Auch die Ideen eines Karl Marx und warum man sich für den Kommunismus begeistern sollte, haben die Iraner aus Deutschland importiert. Taghi Arani, Urvater des iranischen Kommunismus und Gründer der kommunistischen Tudeh-Partei, hatte in Berlin Chemie studiert. Als er 1928 seinen Professoren seine Doktorarbeit über Pyro-phosphorsäure vorlegte, hatte Arani in der Weimarer Republik noch mehr gelernt. Er war es, der nach seiner Rückkehr in den Iran marxis-tische Bücher ins Persische übersetzte und eine Kaderpartei nach dem deutschem Vorbild KPD ins Leben rief. Auch die Mehrheit des Zentral-komitees dieser Partei hatte deutsche Hochschulen besucht. Und als die Partei im Iran nach dem Coup d'état von 1953 verboten wurde, flüchtete die Parteiführung – ins deutsche Leipzig.

Auch diese Seite der iranisch-deutschen Beziehung ist bis in die neuere Zeit auf deutschen Straßen zu greifen: etwa am 2. Juni 1967, als iranische und deutsche Linke in Berlin gemeinsam gegen den Besuch von Schah Mohammed Reza Pahlavi protestierten, den Sohn des 1941 ins Exil getriebenen Reza Schahs. Dabei wurde der deutsche Student Benno Ohnesorg erschossen – mit den bekannten Folgen für die 68er-Bewegung bis hin zur RAF.

7   Israel und Iran: eine junge Feindschaft

Der ultimative Grund für das Ende der vielfältigen Verbindungen zwischen Iran und Deutschland war die Katastrophe, die die Hamas am 7. Oktober 2023 vom Zaun brach. An diesem Tag entstand nicht nur ein neuer Naher Osten, praktisch endete auch das deutsche Lavieren gegenüber der Islamischen Republik. Auf dramatische Weise wurde den Deutschen vor Augen geführt, was Khameneis radikaler Israelhass anrichten kann. Die politische Klasse Deutschlands, die die Sicherheit Israels als Staatsräson begreift, realisierte an diesem Tag, dass die regelmäßigen Aufrufe zur Vernichtung Israels, die seit über vierzig Jahren fast täglich aus Teheran zu hören sind, kein Maulheldentum sind.

Schon Khomeini hatte in der ersten Stunde seiner Machtübernahme Israel aus dem offiziellen Vokabular seines Staates getilgt und das Wort durch „das Besatzungsregime in Palästina" ersetzt. In die Reisepässe der Iraner ließ er eintragen: „Dieses Reisedokument gilt nicht für die Reise in das besetzte Palästina". Sein Nachfolger Khamenei beließ es nicht bei verbalen oder schriftlichen Verkündigungen. Er schritt von Anfang an planmäßig zur Tat. Der Kampf gegen Israel ist seine Lebensmission. Für die Erfüllung dieser heiligen Aufgabe nutzt er als mächtigster Mann des Staates nahezu alle Ressourcen, die ihm als Führer eines relativ reichen Landes zur Verfügung stehen. „Strategische Tiefe" nennt er das Konzept, den Iran auch weit außerhalb der Landesgrenzen zu „verteidigen". In den vier Dekaden seiner Herrschaft hat er dafür unter anderem Milizen rund um „das besetzte Palästina" aufgebaut.

Ob Khamenei bzw. seine engste Entourage in die Einzelheiten der Terroraktion vom 7. Oktober eingeweiht war, ist noch nicht vollständig geklärt. Darüber gibt es unterschiedliche Informationen, Analysen und Untersuchungen, allerdings überwiegend auf Grundlage von Geheimdienstberichten – vieles lief im Geheimen. Deshalb ist es ungewiss, ob die Zukunft die ganze Wahrheit ans Licht bringen wird. Unbestreitbar ist aber, dass Khamenei der wichtigste Finanzier, Freund und Förderer des eigentlichen Kopfs des Massakers war: Yahya Sinwar.

Sinwars erste Auslandsreise nach seiner Freilassung aus 23-jähriger israelischer Haft 2011 führte ihn in den Iran. Sein Gastgeber Qassem Soleimani, der legendäre General der iranischen Revolutionsgarden, brachte ihn zu Ali Khamenei. Welche Einzelheiten bei diesem wichtigen Treffen verabredet wurden, ist nicht bekannt; bezeichnend war aber, dass nach Sinwars Rückkehr aus Teheran in Gaza die Raketenproduktion massiv ausgeweitet und der Tunnelbau ausgedehnt wurde. Zehn Jahre später, auf dem Höhepunkt seines Aufrüstungsprogramms, sagte Sinwar vor Hamas-Funktionären: „Ohne Iran wären wir heute nicht da, wo wir sind."[27]

Darüber, wie umfangreich die iranische Unterstützung für die Hamas war und auf welchem Weg Geld aus Teheran nach Gaza kam, gibt es verständlicherweise keine offiziellen Angaben. Trotzdem sickerten oft aufschlussreiche Informationen durch. Mahmud Az Zahar, einst Hamas-Außenminister, erzählte beispielsweise am 27. Dezember 2020 dem arabischen TV-Sender *Al Alam* folgende Geschichte:

> „Nach meinem ersten Treffen mit Qassem Soleimani und Ayatollah Khamenei in Teheran erhielt ich 22 Millionen US-Dollar. Unsere Delegation bestand aus neun Personen. Jeder von uns hatte einen Koffer mit 40 Kilogramm Kapazität – mehr konnten wir also leider nicht mitnehmen. So blieb es bei den 22 Millionen, obwohl Soleimani angewiesen hatte, man solle uns mehr geben."[28]

Abb. 13:   *Hamas-Führer und späterer Architekt des Massakers vom 7. Oktober 2023, Yahya Sinwar, trifft auf Khamenei, 12. Februar 2012.*

Auf solchen und ähnlichen Wegen flossen über die Jahre Millionen nach Gaza. Jede Angabe zum Umfang der iranischen Unterstützung für die Hamas kann nur eine Schätzung sein. Das US-Außenministerium stellte 2020 in einer Studie fest, die jährliche Unterstützung Irans für die Hamas belaufe sich auf einhundert Millionen Dollar. Andere Quellen sprechen von anderen, oft viel höheren Zahlen.[29]

Khameneis Affinität zu Russland mag politisches Kalkül sein, eine pragmatische Position, die sich gegebenenfalls auch ändern könnte. Doch seine tiefe Feindschaft gegenüber Israel ist etwas Wesentliches, fast Unabänderliches, etwas, das mit seiner Person, seiner Erziehung, seiner religiösen Bildung und seinem Werdegang eng verwoben ist. Es ist die heilige Mission eines Gottesmannes. Maßlos und irrational hört sich diese Feindschaft an, so dass man geneigt sein könnte, sie als bloße Propaganda abzutun. Doch das ist sie keineswegs. Im Kampf gegen Israel scheinen Khamenei alle und alles willkommen zu sein, gläubige Muslime ebenso wie kriminelle Rockerbanden oder andere obskure Gestalten.

Höhepunkt der antiisraelischen Propaganda ist alljährlich der sogenannte Al-Quds-Tag, der letzte Freitag im islamischen Fasten-monat Ramadan. Unmittelbar nach der Revolution 1979 hatte Khomeini alle Muslime der Welt aufgefordert, an diesem Tag für das baldige Ende Israels auf die Straße zu gehen. Deshalb gab er diesem Tag den Namen „Quds", Jerusalem. Seit 45 Jahren begeht man diesen Tag im Iran als „Tag Gottes" (*Yom Aleh*).

„Bitte gehen Sie am Al-Quds-Tag nicht zu Picknicks, verzichten Sie auf unterhaltsame Aktivitäten", warnt jährlich die jüdische Gemeinde von Teheran auf ihrem Kanal beim Messenger-Dienst Tele-gram. Immerhin 7.000 Mitglieder hat diese Gemeinde der iranischen Hauptstadt. Im ganzen Land leben heute schätzungsweise noch 8.000 Jüdinnen und Juden. Vor der Revolution waren es 80.000.

Israels „Restzeit-Uhr" läuft ab

In Teheran beginnt der Marsch am Al-Quds-Tag alljährlich am Palästi-naplatz, der vor der Revolution Schlossplatz hieß. Hier residierte einst die israelische Handelsmission, die wie eine Botschaft funktionierte. Der Schah, mit dem Israel noch diplomatische Beziehungen pflegte, und sein Schloss gehören seit nunmehr 44 Jahren der Geschichte an. Heute läuft hier eine elektronische Uhr ab: die „Restzeit-Uhr" Israels. Die makabre Installation soll die verbleibenden Tage bis zum Unter-gang Israels anzeigen. Abgelaufen sein wird sie im Jahr 2040: Bis dahin soll Ali Khameneis Prophezeiung Wirklichkeit geworden sein.

Abb. 14:   *Die „Restzeit-Uhr" am Palästinaplatz in Teheran zeigt am 18. Oktober 2024 noch 5.817 Tage bis zur Zerstörung Israels.*

Es war der 9. September 2015, als Khamenei sein „prophetisches Orakel" zum Untergang Israels in die Welt setzte. Wenige Wochen zuvor war das Atomabkommen zwischen den Westmächten und dem Iran unterzeichnet worden, das als Kunststück der Weltdiplomatie gefeiert wurde. Das Aufatmen in vielen Hauptstädten der Welt war unüberhörbar. Die Gefahr eines großen militärischen Konflikts schien vorüber, viele hofften auf eine wirkliche Wende, auf die Rückkehr Irans in die Normalität. Doch diese Rechnung hatte man ohne Khamenei gemacht. An besagtem Tag nahm er auf seine Art zu dem Abkommen Stellung und sorgte für Klarheit darüber, was im Zentrum seiner Regional- bzw. Weltpolitik steht – Atomabkommen hin oder her:

„Nach Abschluss der Atomverhandlungen hörten wir die Zionisten im besetzten Palästina sagen: ‚Mit diesem Abkommen müssen wir uns in den nächsten 25 Jahren keine Sorgen mehr wegen des Iran machen.' Ich möchte ihnen antworten: Ihr werdet, ab heute gezählt, die nächsten 25 Jahre nicht mehr erleben! Durch Gottes Gnade und Segen wird das zionistische Regime in 25 Jahren gar nicht mehr existieren."[30]

Seit dieser Rede läuft Israels „Restzeit-Uhr". Der Kampf gegen Israel, so die Botschaft, dürfe kein Ende nehmen, bevor der Staat nicht ausgelöscht ist.

Aufschlussreich für sein Verhalten ist auch, seit wann Khamenei bei seinen öffentlichen Auftritt ein Palästinensertuch trägt. Es ist eine Geschichte mit beängstigender Konsequenz. Wir befinden uns am Anfang des Mai 1997, es stehen Präsidentschaftswahlen an. Die Wahl des reformorientierten Mohammad Khatami ist unabwendbar, er genießt die Unterstützung von mehr als 80 Prozent der Bevölkerung, weil die Menschen sich nach Jahren der Enge von ihm ein wenig Erleichterung und Öffnung erhoffen. Khamenei wittert Unheil: „Eine Verschwörung kündigt sich an!" Er werde ab sofort nur noch mit Palästinensertuch auftreten, zitiert ihn später sein Militärberater Sardar Schirazi, den er in diesen Tagen besucht.[31] Dieser symbolische Akt zeigt, dass Khamenei hinter allem, was seine Macht gefährdet, eine „zionistische Verschwörung" vermutet. Auch wenn es sich dabei um den Präsidenten der eigenen Republik handelt. Khatami, der Reformpräsident, der eine Islamische Republik mit menschlichem Antlitz anstrebte, hatte sich stets an die offiziellen Sprachregeln gehalten, sprach nie vom Israel, sondern stets vom „zionistischen Besatzungsregime".

Die Feindschaft zu Israel hat Khamenei so tief kultiviert, dass er sie wie einen Generalschlüssel zum Umgang mit all seinen Konflikten einsetzt. Sein Israelhass ist auch ein Werkzeug. Immer, wenn er sich einen Gegner vornimmt, rückt er ihn in die Nähe Israels. Rhetorisch geschickt fabuliert er erst ein Gebäude voller Verschwörungen zusammen, um dann seine Gegner darin zu platzieren.

Alle, selbst kriminelle Rocker sind willkommen

Der Kampf gegen Israel ist Khameneis Lebensaufgabe. Und alle sind aufgerufen, bei diesem Kampf mitzumachen. Die eingeschüchterten Juden im eigenen Land sollen dabei sein, ebenso wie Angehörige anderer Religionen. Ja, sogar Kriminelle aller Couleur sind willkommen.

Seine Geheimdienste sind erfinderisch, vor allem die sogenannte Quds-Brigade der Revolutionsgarden, die direkt Khamenei untersteht, hat er hauptsächlich, ja ausschließlich auf den Kampf gegen Israel zugeschnitten. Und diese Truppe lässt sich allerlei einfallen, um seine Ideen in die Tat umzusetzen. Bei der Wahl der Mittel kennt sie offenbar keine moralischen oder religiösen Grenzen.

Beispiele dafür gibt es zuhauf: Ein Deutsch-Iraner namens Ramin Yektaparast wird seit Dezember 2022 wegen Mordes sowie einer Reihe von Anschlägen auf jüdische Einrichtungen in Nordrhein-Westfalen von der Polizei gesucht. Auf seinem Instagram-Account hatte der Gesuchte 211.000 Follower. Hier präsentierte sich der Kraftprotz mit seinen diversen Sportwagen und machte sich über die deutsche Polizei lustig. Seine Schmähungen und Beleidigungen sollten dem iranischen Leser den Eindruck vermitteln, in Deutschland sei die Polizei eine jämmerliche Truppe. Yektaparast bedeutet im Persischen „Monotheist". In Mönchengladbach geboren, stieg er im Rockermilieu von Nordrhein-Westfalen zu einem der ganz Großen auf. Im Februar 2014 soll er einen Clubbruder ermordet haben. Der Mord war ein Paradebeispiel der Brutalität. Laut Anklage wurde das Opfer zunächst erschossen und anschließend zerstückelt; die Leichenteile wurden später gefunden. Polizei und SEK stürmten am 28. Juli 2016 Yektaparasts Wohnung, fanden ihn aber nicht vor. Er setzte sich in den Iran ab.

Man wundert sich, welche Personen und Charaktere bar jeglicher religiöser oder politischer Motivation für antisemitische und antiisraelische Terroraktionen eingespannt werden. Entscheidend scheint der Kampf selbst, alles andere – Ideologie oder Glaube – ist unwichtig.

Tarnungen, die Bände sprechen

Verwunderlich ist auch, mit welchem Aufwand, welchen diffizilen Überlegungen, Planungen und Täuschungen manche Terroraktionen geplant und ausgeführt werden, selbst wenn es diametral allen Grundsätzen des Glaubens widerspricht.

Ein weiteres Beispiel: Ende Januar 2012 kommen sechs iranische Touristen, eine Frau und fünf junge Männer, auf der thailändischen Insel Phuket an. Sie wohnen in unterschiedlichen Hotels, die Männer amüsieren sich tagelang in Bars, holen Prostituierte auf ihre Zimmer, verbringen ihre Zeit an Stränden und in Vergnügungsvierteln. Doch das ist nur Tarnung, sie sollen den Eindruck erwecken, ganz normale Touristen zu sein. Schließlich reisen diese „Touristen" weiter nach Bangkok, wo ein Vorauskommando bereits Wohnungen und Utensilien für den Bombenbau besorgt und die Ziele ausgespäht hat. Am 14. Februar 2012 erschüttern schließlich drei Explosionen das Bangkoker Diplomatenviertel. Fünf Menschen werden verletzt, ein Polizist getötet, einer der Attentäter verliert bei der Explosion eines der Sprengsätze beide Beine.

Die thailändische Polizei verhaftet drei iranische Staatsbürger und stellt später fest, Ziel dieser Terroraktion seien israelische Diplomaten und israelische Touristen gewesen. Bilder und Dokumente des wenig gottesfürchtigen Aufenthalts der Iraner in Thailand werden vor Gericht präsentiert und in den sozialen Medien verbreitet. Schließlich werden sie schließlich zu lebenslanger Haft verurteilt. Doch am Ende sollen sie nur acht Jahre im Gefängnis bleiben.

2018 wird im Iran die australische Islamwissenschaftlerin Kylie Moore Gilber verhaftet, die sich auf einer Forschungsreise befindet. Fast drei Jahre sitzt sie im Gefängnis, die meiste Zeit in Isolationshaft. Energisch setzt sich der damalige australische Ministerpräsident Scott Morrison für die inhaftierte Wissenschaftlerin ein, bietet sich als Vermittler zwischen Iran und Thailand an und erreicht schließlich 2020 einen Deal: Die Wissenschaftlerin kommt im Austausch gegen die in Bangkok inhaftierten Terroristen frei. Auf dem Teheraner Flughafen werden die Attentäter feierlich von einer offiziellen Delegation empfangen, angeführt vom iranischen Vizeaußenminister. Das Bild des Beinamputierten mit verdecktem Gesicht, der als Zeichen der Dankbarkeit seine Hand am Herz hält, wird in der virtuellen Welt verewigt.[32]

Dieser pathologische Hass gegen Israel, den man in der gesamten Führungsriege der Islamischen Republik trifft, ist beispiellos und rätselhaft zugleich. Warum Revolutionsführer Khomeini die ewige Israelfeindschaft schon am ersten Tag nach dem Sieg der Revolution zur Staatsräson seiner „Republik" machte, darüber ließe sich lange philosophieren. Er betrachtete seine Revolution als ein universelles Projekt. Für ihn war stets das Interesse der *Umma* entscheidend, das der islamischen Weltgemeinschaft, nicht das der iranischen Nation. Politische Parteien und Gruppierungen, die für eine nationale Politik eintraten, ließ er als Gotteslästerer verbieten.

Iran des Cyrus

Dabei hatte der Iran einst die größte jüdische Minderheit in der Region. Ein Massenpogrom gegen Juden gab es im Iran nie. Städte mit einst großen jüdischen Gemeinden haben noch heute große Synagogen. Die Juden sind aus der iranischen Geschichte nicht tilgbar. So sehr ist das Judentum im Iran verwurzelt, dass die Islamische Republik auch den Juden – genauso wie den Christen und Zoroastriern – das Recht zugestehen musste, einen Abgeordneten ins Parlament zu entsenden. Dass die Machthaber die Juden in diesem „Parlament" akzeptieren müssen, ist ein Imperativ der Geschichte, ein Selbstverständnis.

Denn auch die Mullahs wissen genau, welches Land sie beherrschen: Ein Land, dessen Herrscher Cyrus einst das jüdische Volk aus der babylonischen Gefangenschaft befreit hatte, damit es in Jerusalem ein Gotteshaus baut. Das höchste jüdische Fest Jom Kippur und das jüdische Neujahr Rosh ha Shana gehen auf dieses Ereignis zurück und sind im Buch der Bücher dokumentiert. Auch Khamenei hält übrigens die Bibel wie alle Muslime für ein heiliges Buch und sogar für das Wort Gottes. Im Buch Esra des Alten Testaments heißt es:

„Der Herr erweckte den Geist des Cyrus, des Königs von Persien, dass er in seinem ganzen Königreich mündlich und auch schriftlich verkünden ließ: Der Herr hat mir befohlen, ihm ein Haus zu Jerusalem in Judäa zu bauen. Wer nun unter euch von seinem Volk ist, mit dem sei sein Gott, und er ziehe hinauf nach Jerusalem in Judäa und baue das Haus des Herrn, des Gottes Israels; das ist der Gott, der zu Jerusalem ist." (Esra 1,1)

Die Bücher Daniel, Esra, Nehemia, das zweite Buch der Chronik und Ester beziehen sich unmittelbar auf das Leben von Juden in Persien. Die jüdische Königin Esther beispielsweise war eine persische Prinzessin und mit König Xerxes I. vermählt. Ihr Grab und das ihres Cousins Mordechai liegen in der iranischen Stadt Hamadan.

Auf dem Hintergrund dieser Geschichte, begreift man, warum es für die Juden immer zwei Iran gegeben hat: das Land von Cyrus und das von Khomeini. Iran war das erste islamische Land, das Israel praktisch anerkannte. Der erste israelische Gesandte in Teheran sagte mir einmal, kein Israeli werde je die Hilfe der iranischen Bevölkerung bei der Rettung der aus dem Irak geflohenen Juden vergessen.

Noch in den 1920er Jahren machte die jüdische Bevölkerung Bagdads gut ein Fünftel der Bewohner aus. Tür an Tür lebten dort seit Jahrhunderten Juden und Muslime zusammen. Doch dann brach im Kriegsjahr 1941 etwas über die jüdische Gemeinde herein, das niemand kommen sah: der Farhud. Am 1. und 2. Juni tobte über 30 Stunden ein Mob im jüdischen Viertel Bagdads, plünderte Geschäfte, vergewaltigte Frauen, tötete mindestens 130 Menschen, manche sprechen von mehreren Hundert. Dann begann die Flucht und Iran war der sichere Ort, den die Menschen ansteuerten. In Tel Aviv kann man heute in einem Museum, das die iranischen Juden gegründet und dem sie den Namen „Heritage" gegeben haben, zahlreiche Fotos von Hotelabrechnungen, Bustickets und anderen Dingen besichtigen, die diese Flüchtlinge auf ihrem Weg nach Teheran aufbewahrt haben.

Es gibt nur zwei Welten: jüdisch und nichtjüdisch

Trotz dieser historischen Tatsachen müssen die jüdischen Abgeordneten im iranischen Scheinparlament akzeptieren, dass die Feindschaft gegen den jüdischen Staat Raison d'être ihres Landes ist. Für die Verbreitung dieser aberwitzigen Idee scheuten Khameneis Propagandisten keine Mühe.

In der philosophischen Fakultät der Teheraner Universität hängt ein Plakat mit dem Spruch: „Meine Zeit wird kommen, übermorgen wird sie sein". Der alte Mann auf dem Plakat, der diesen Spruch verkündet, sieht erschöpft, verschwitzt, freundlich und weitgereist aus. Wie es der Ostad, also der Meister bzw. Guru auf dem Plakat prophezeit, befindet sich die Welt oder zumindest Khameneis Kosmos an der Schwelle zu diesem Übermorgen. Das Bild mit dem dazugehörigen Satz ist für ihn Programm, Politik, Glaube und Bildung zugleich.

Übersehen kann man das Plakat nicht, es beherrscht die Szene. Der Name des längst verstorbenen Mannes ist kalligrafisch signiert und gut lesbar: Ahmad Fardid. Er war lange Zeit ein wichtiger Philosoph und sorgte unter jenen Intellektuellen für Furore, die einer weltlichen Form des Antisemitismus anhängen. Fardid war ein bekennender Antisemit oder besser gesagt: ein notorischer Juden-Hasser, hielt sich für den größten Heidegger-Interpreten Irans. Heidegger will er in den 1940er Jahren sogar persönlich getroffen haben, in Frankreich verkehrte er im universitären Milieu der Nachkriegszeit. Welchen akademischen Titel Fardid in Europa erlangte, ist nicht bekannt. Trotzdem schaffte er es, Universitätsdozent zu werden. Mit seiner 30-jährigen Professorentätigkeit an der Universität Teheran hat er eine ganze Generation iranischer Philosophen und Intellektuellen beeinflusst.

Mit Gründung der Islamischen Republik, vor allem seit Khameneis Herrschaft, war der Professor plötzlich *en vogue*. Kabinettsmitglieder, einflussreiche Revolutionsgardisten und selbst Mullahs aus der heiligen Stadt Qom gehörten zu Fardids gelehrigen Schülern. Viele Funktionäre, die heute in Fragen der Kultur und Propaganda etwas zu sagen haben, sind mit dessen Gedankenwelt sehr vertraut. Nach seinen einfachen, einfältigen Ideen werden im heutigen Iran Filme produziert, Schulbücher geschrieben, Vorlesungen gehalten, Holocaust-Konferenzen abgehalten oder die aktuellen Weltprobleme analysiert – das iranische Atomprogramm eingeschlossen.

Seine Lehre lässt sich so zusammenfassen: Es gibt nur zwei Arten von Weltsichten, die den Gang der menschlichen Geschichte letztlich bestimmen – die jüdische und die nichtjüdische. Erstere hatten etwa Spinoza, Marx, Adorno, Freud oder Max Weber, deren Ideen für Fardid pauschal und ausschließlich, unabhängig davon, was sie wann gesagt haben, im Judentum wurzelten. Der eigentliche Grund für alle sozialen und politischen Katastrophen dieser Erde liege in diesen „jüdischen" Ideen: ob nun Marxismus, Psychoanalyse oder Weber'sche Kapitalismus-Theorie. Der Schlimmste von ihnen ist für manche der Jude Karl Popper. Gegen ihn und seine Ideen wird im akademischen Betrieb viel geredet und geschrieben. Mit Poppers Theorien gingen die Anhänger des westlichen Liberalismus hausieren, lehrte einst der Meister Fardid. Der Titel einer seiner Ringvorlesungen lautet: „Der westliche Liberalismus ist ein zionistisches Projekt."

Was Khamenei und seine „Kulturarbeiter" von Fardid gelernt haben, ist nicht Faschismus im klassischen Sinne – mit rassistischen Zutaten –, sondern ein Weltbild, das mit ihrer Endzeitperspektive kompatibel ist. Khamenei wartet auf den Messias, den Mahdi, den zwölften Imam der Schiiten, der seit dem Jahr 941 im Verborgenen lebt: Mit seinem Wiedererscheinen werde nicht nur der Zionismus verschwinden, auch die Gerechtigkeit auf die Erde kehre dann zurück. Vorher aber komme Armageddon – oder eben das „Übermorgen", um mit Fardid zu sprechen. In der Zwischenzeit vertritt die „Gelehrtenherrschaft" diesen verborgenen Imam, so heißt es in der Verfassung der Islamischen Republik.

Ob die Kulturarbeiter der Islamischen Republik alles glauben, was sie propagieren, ist eine Studiensphäre für sich. Unabhängig von dieser Frage aber werden im Iran alle Mittel, alle offiziellen Medien, die Freitagsgebete, Schulbücher und Universitätsvorlesungen genutzt, um solche Absurditäten allen Schichten der Bevölkerung einzutrichtern. Koste es, was es wolle. Kein Wunder, dass das Säbelrassen zwischen Teheran und Tel Aviv manchmal beängstigende Ausmaße annimmt. Friedens- nobelpreisträger Schimon Peres sagte einmal: „Wenn Khamenei glaubt, Israel zerstören zu müssen, sollte er wissen, dass dann auch der Iran mit Sicherheit vernichtet wird."

Iran hat ein ausgeprägtes antiisraelisch-antisemitischen Milieu. Hier trifft man religiöse Neudenker und Reformer ebenso wie Marxisten, Nationalisten oder Freigeister. Oft sind diese Leute zugleich Khameneis erklärte Kritiker bzw. Feinde. Khameneis Sprache und Argumente gegen Israel bzw. Juden mögen also besonders grobschlächtig und derb sein, er mag durch seine Machposition mehr Möglichkeiten haben, seine Ideologie zu verbreiten und in die Tat zu setzen, doch er ist keineswegs der Einzige, der in diesen trüben Wassern fischt.

Wollten die Iraner in dieser Frage je eine andere Haltung erreichen, werden sie sich mit dem gesamten antiisraelischen Milieu ihres Landes auseinandersetzen müssen. Dazu gehören etwa jene religiösen Exil- Gelehrten, die sich als Reformer präsentieren und sogar die Grundsätze des schiitisch-iranischen Islam infrage stellen. Männer, deren fachliche Autorität unbestreitbar ist, die in regem Kontakt mit dem schiitischen Lehrbetrieb in der Heimat stehen. Ihre Ansichten sind teils radikal und modern: Sie scheuen sogar ketzerische Thesen nicht wie die, der Koran sei kein Gotteswort, sondern ein erzählter Traum des Propheten. Doch wenn es um Israel und Juden geht, sind sie plötzlich doch wieder mit Khamenei auf einer Linie. Nach der Katastrophe, die die palästinensi- sche Hamas am 7. Oktober 2023 auslöste, wurde evident, dass diese islamischen „Neudenker" in Wahrheit gar nicht neu denken: Sobald es um Israel geht, bleiben sie befangen und gefangen in ihrer Erziehung, Bildung und Biografie.

Der bekannteste unter ihnen ist Abdolkarim Sorusch. Manche nennen den fast 80-Jährigen den Martin Luther des Islam, für das *Time*

Magazine gehörte er einst zu den 100 einflussreichsten Persönlichkeiten der Welt. Bis zu seinem unvermeidlichen Exil vor mehr als zwanzig Jahren war Sorusch *der* Philosoph der Islamischen Republik. Republikgründer Khomeini lobte seine Bücher und berief ihn zum Mitglied des „Stabs für die Kulturrevolution". Dieser Stab hatte die Aufgabe, die Universitäten ideologisch zu säubern und nichtlinientreue Hochschullehrer zu identifizieren. Solange er im Iran war, hielt Sorusch nicht nur an den modernen Universitäten Vorlesungen, sondern auch für die Ayatollahs. An westlichen Fakultäten schreiben Studenten der Islamwissenschaft über seine Thesen ihre Abschlussarbeiten, sein Denken ist Gegenstand der Forschung. Und die Adressaten seiner aufrüttelnden Thesen sind Exil-Iraner ebenso wie die schiitischen Geistlichen in der Heimat, deren Sprache und Denkweise er bestens kennt. Sorusch ist nicht nur Philosoph, sondern auch promovierter Chemiker und Poet, hat einen eigenen Schreibstil, hantiert grundsätzlich viel mit Reimen und Alliterationen.

Nach der Hamas-Terroraktion am 7. Oktober 2023 stellte dieser polyglotte Denker all sein Können in den Dienst der palästinensischen Sache. Mit einem wortreichen gereimten Gedicht widmete er der Hamas und anderen bewaffneten Gruppen eine lyrische Hommage. Außerdem verfasste er einen langen, kritischen Essay, in dem er den deutschen Philosophen Jürgen Habermas und den israelischen Schriftsteller Noah Harari bezichtigt, Netanjahus Verbrechen zu verteidigen. Drei lange Sitzungen seiner Philosophiekurse, die er online anbietet, widmete er dem Krieg im Gaza. Hier ritt er nicht als Denker und Philosoph auf, sondern als purer Propagandist. „Besatzer, die schlachten, und Schlächter, die besetzen", mit solchem Vokabular greift Israel an und ähnlich wortreich würdigt er Hamas. Die israelischen Geiseln in den Händen der Hamas nennt er Kriegsgefangene, für die Israel den notwendigen Preis zahlen müsse. Die Auftritte in seinem YouTube-

Kanal, bei denen er mal als Philosoph, mal als Dichter oder Kanzelredner erscheint, verfolgen Hunderttausende.[33]

Nun kann sich Sorusch nicht auf den Koran berufen, um diese radikale Haltung zu begründen – er ist schließlich derjenige, der ihn nicht
für Gottes Wort, sondern für Mohammeds Traum hält. Er stützt sich
nur auf Religion im Allgemeinen. Doch andere einflussreiche schiitische
Neudenker, die wie Sorusch aus dem Exil agieren, zitieren den Koran,
um die „Heldentaten" der Hamas zu glorifizieren. Da wäre z. B. Mohsen
Kadivar, ein renommierter, hochrangiger Ayatollah mit Gefängniserfah-
rung im Iran, der nach seinem erzwungenen Exil unter anderem an der
Harvard Law School, der University of Virginia und der Duke University
lehrte. Kadivar zitiert für seine Verteidigung der „Freiheitskämpfer" in
Gaza Koranverse, in denen von Jerusalem und der Al-Aqsa-Moschee die
Rede ist. Von dieser Moschee aus beginnt Mohammed seine *Miradsch*,
die Himmelfahrt, bei der ihn der Erzengel Gabriel bis zum siebten
Himmel begleitet hat. Das belegt für Kadivar die Heiligkeit dessen,
wofür die Hamas und andere Palästinenser eintreten.[34]

Das leidenschaftliche, religiös untermauerte Engagement der
Reformer und Neudenker demonstriert deutlich, welchen Stellenwert
der palästinensisch-israelische Konflikt bei allen Muslimen besitzt
– einerlei, ob sie Fundamentalisten oder Reformer sind, ob sie in der
Heimat leben oder im Exil. Ihre emotionale Anteilnahme am Schicksal
Palästinas ist eine religiöse Verpflichtung, eine Mission zur Verteidigung
einer symbolträchtigen Heiligkeit. Menschenrechte oder die Rechte
der Muslime sind dabei nur zweitrangig: Wie Khamenei schweigen die
Reformer über das Schicksal der Glaubensbrüder in anderen Teilen der
Welt, sei es in Tschetschenien, Myanmar oder China.

Zum Thema Israel entspricht ihre Grundhaltung dem, was
Khamenei propagiert. Auch wenn sich Ton und Sprache unterscheiden
mögen, das Wesen, der Inhalt bleibt gleich. Auch für sie ist „das zionis-

tische Regime" ein künstliches Gebilde, das der islamischen Welt von außen, von den Kolonialmächten aufoktroyiert worden sei. Interessanterweise entsprechen ihre Ansichten damit in Grundzügen auch der kommunistischen Geschichtserzählung: hier die unterdrückte islamische, dort die imperialistisch-kolonialistische Welt. So ist in der Israelfrage im Laufe der Jahrzehnte eine gemeinsame Weltsicht entstanden, fest verankert und unveränderlich. Zwei sonst gegensätzliche, ja feindliche Haltungen treffen hier zusammen. Diese Kombination hat sich zu einem allgemeinen Geist entwickelt, zu einer Gesinnung, die man in allen islamischen Gesellschaften und Gemeinden antrifft. Das ist der eigentliche Grund, warum ein echter, dauerhafter Frieden im Nahen Osten nahezu unmöglich erscheint, der Grund, warum man allen bisherigen Friedensverträgen zwischen Staaten zum Trotz von einem echten Frieden zwischen den Menschen weit entfernt ist.

Gibt es Hoffnung auf einen Frieden im Nahen Osten?

Der 14. September 1993 bleibt für mich ein unvergessliches Datum. Vierundzwanzig Stunden zuvor war das hoffnungsvolle, weltbewegende Bild entstanden: Israels Ministerpräsident Jitzhak Rabin im dunklen Anzug und Palästinenserführer Jassir Arafat in olivgrüner Uniform mit Palästinensertuch inmitten der ausgebreiteten Arme von US-Präsident Bill Clinton. Ein Handschlag. Davor eine Unterschrift. Das Fundament eines Friedens zwischen beiden Völkern und bald beiden Staaten sollte es werden.

Auf dem Weg zurück nach Tel Aviv machte Rabin an diesem Tag in Begleitung seines Außenministers Schimon Peres und fast hundert Journalisten sowie Sicherheitsleuten eine Zwischenlandung in Rabat. Er war gekommen, um sich beim marokkanischen König Hassan zu bedanken, der im Hintergrund viel für das Zustandekommen des Friedensvertrags getan hatte. Es war eine überraschende Reise, denn zwischen Marokko und Israel gab es keine diplomatische Beziehung.

Ein Kollege von der Nachrichtenagentur *Reuters* hatte erfahren, dass Rabin in Rabat für mitreisende israelische Journalisten eine Pressekonferenz abhalten wolle. Er und ich als ARD-Korrespondent waren die einzigen, die als nicht-israelische Journalisten dabei sein durften. Wir kamen in einen kleinen Saal am königlichen Hof und sahen, wie Rabins und Peres' Gesichter von Reisemüdigkeit und der Spannung der letzten Tage geprägt waren. Peres begann. Er lobte den historischen Vertrag und beschrieb, welche blühende Zukunft die Palästinenser, die gesamte Region, ja die Welt zu erwarten hätten. Ausführlich beschrieb er seine Pläne für den Gaza-Streifen, wo künftig der Hauptsitz Arafats sein sollte.

Die geopolitischen Vorzüge des schmalen Streifens am Mittelmeer, der hohe Bildungsgrad der Palästinenser sowie das Kapital der Golfstaaten würden aus Gaza ein zweites Singapur oder Malaysia machen. Und alle, vor allem Israel, würden davon profitieren. Peres war euphorisch über das, was gerade in Washington erreicht worden war, er schien in seiner Beschreibung der rosigen Zukunft kaum zu bremsen. Zumindest bis Rabin ihn mit den Worten „Halt, Schimon!" unterbrach. Rabin erwähnte dann sehr knapp die Schwierigkeiten und Unwägbarkeiten für einen echten Frieden, die auf beiden Seiten existierten. Die Pressekonferenz endete mit den üblichen kurzen Diplomatenantworten auf die Fragen der mitreisenden Journalisten. Die Geschichte sollte Rabin auf tragische Weise recht geben. Zwei Jahre später wurde er auf einer Friedenskundgebung von einem rechtsgerichteten Israeli ermordet.

Jassir Arafat ging mit dem Friedensvertrag taktisch, halbherzig und doppelzüngig um. Ein Jahr nach der Zeremonie auf dem Rasen des Weißen Hauses durfte er in Gaza landen. Hier sollte er als Staatspräsi-

dent eine tragende Rolle für eine bessere Zukunft spielen. Noch war die Welt voller Hoffnung. Meine Korrespondentenzeit in Rabat war inzwischen zu Ende. In Deutschland fragte mich die Heinrich-Böll-Stiftung, ob ich bereit wäre, nach Gaza zu gehen und *Radio Gaza* bei der journalistischen Begleitung des Wegs zu einem wirklichen Frieden beratend zur Seite zu stehen. Die Grünen befanden sich im Aufwind, und sie wollten alles tun, den großen Frieden zu befördern. Wenig später kam Rot-Grün an die Macht und Joschka Fischer wurde Außenminister.

Beratender Radioredakteur in Gaza – eine interessante Aufgabe, für die ich um Bedenkzeit bat. Zunächst wollte ich vor Ort herausfinden, ob ich einer solchen Tätigkeit überhaupt gewachsen wäre. In Gaza suchte ich als erstes Dr. Eyad Sarraj in seiner Praxis auf. Sarraj war ein liebenswürdiger, sehr bekannter Psychiater, der zwei Bücher über die traumatisierten Kinder Palästinas und über Selbstmordattentäter geschrieben hatte, die damals weltweit beachtet und von vielen, die sich für den Nahen Osten interessierten, gelesen und gewürdigt wurden. Er war für westliche Journalisten ein unschätzbar wertvoller Gesprächspartner; immer, wenn in Gaza etwas passierte, rief man ihn an, und er informierte freiwillig und wahrheitsgemäß.

Als ich ihm erzählte, welche Aufgabe ich künftig bei *Radio Gaza* übernehmen könne, fragte er mich, ob ich vergessen hätte, dass ich Iraner und Schiit sei. Iraner ja, aber Schiit nicht mehr, antwortete ich. Ob ich von *Taghiyeh* wisse, was bei Schiiten Gottesgebot sei? Ja, antwortete ich, *Taghiyeh* bedeutet, nicht die Wahrheit sagen zu müssen, wenn es dem Islam helfe oder wenn Gefahr im Verzug sei. Daraufhin sagte er mir, hier übten alle *Taghiyeh*. „Warst du gestern bei Arafats Pressekonferenz, hast du gehört, wie blumig er den Friedensvertrag lobte?", fragte er mich. Das war ich, und ich erklärte Dr. Sarraj, wie sehr mich Arafats Worte beeindruckt hatten. Daraufhin sagte er: „Das war alles auf Englisch und für euch westliche Journalisten. Wenn Du wissen willst, wie er über den Frieden denkt, höre ihm heute Nachmittag zu. Er soll im *Radio Gaza* eine Ansprache halten."

Sarraj sollte recht behalten. Der Arabisch sprechende Arafat war eine andere Person als jene, die sich tags zuvor charmant den westlichen Journalisten präsentiert hatte, nicht nur sprachlich, sondern auch inhaltlich. Auf Arabisch sprach er nicht nur von ganz Jerusalem als ewiger Hauptstadt Palästinas, sondern wiederholte den berühmt-berüchtigten Slogan der Hamas: „vom Fluss bis zum Meer" (*min alnahr aly albahr*). An diesem Nachmittag war meine Mission in Gaza beendet. Zurück in Deutschland sagte ich der Böll-Stiftung ab. Den Grund nannte ich nicht: Ich wollte nicht den Pessimisten spielen.

Fast dreißig Jahre später sitze ich in der Küche eines Frankfurter Freundes. Der 7. Oktober 2023 ist gerade zehn Tage her. Wir diskutieren über die Hamas und die Autonomiebehörde sowie über seine Erfahrungen in Palästina. Als hochrangiger Gesandter Deutschlands leitete er mehrere Jahre lang deutsche Wiederaufbauprojekte im Westjordanland; seine Kinder gingen einige Jahre dort zur Schule. Als ich ihm sage, dass Netanjahu im Grunde genommen keinen echten Frieden mit den Palästinensern wolle, beschreibt er seine jahrelangen Erfahrungen in Palästina in einem einzigen Satz: „Nie habe ich in all den Jahren, in denen ich mich unter Palästinensern aufhielt, die Überzeugung gewinnen können, dass die Mehrheit von ihnen Israel innerlich akzeptiert hätte." Ich schwieg, aber es war ein Schweigen der Zustimmung.

Der iranische Schindler

Khameneis Israelhass ist das Produkt seiner sehr beschränkten Weltsicht. Dieses Universum, in dem sich alles um den Antizionismus dreht, hat weder mit der komplexen Wirklichkeit des heutigen Iran zu tun noch mit der vielschichtigen und widersprüchlichen Geschichte dieses sehr alten Landes.

Denn auch Menschen wie Abdol Hossein Sardari sind Iraner. Sadari war 1942 iranischer Konsul in Paris und wird von vielen Juden in der ganzen Welt ähnlich geehrt wie der Deutsche Oskar Schindler. Seine Lebensgeschichte ist Stoff für eine spannende Erzählung und zugleich ein Mosaikstein deutscher Geschichte. Darüber, wie er sein Leben riskierte, um Hunderte, ja Tausende iranische und nicht-iranische Juden zu retten, gibt es zahlreiche Dokumente, mehrere Bücher und auch einen Dokumentarfilm.

Sardari stammte aus einer adligen Familie. Er studierte in der Schweiz Rechtswissenschaften und begann eine Laufbahn im diplomatischen Dienst. Seine wohl wichtigste Station sollte die iranische Botschaft in Paris werden. Dort leitet er den konsularischen Dienst, als die deutsche Armee 1940 Frankreich besetzt. Die iranische Botschaft wird nach Vichy verlegt, an den neuen Sitz der französischen Regierung, die mit Hitler kollaboriert. Sardari aber bleibt in Paris und errichtet ein neues Konsulat.

Zu dieser Zeit gibt es in Paris eine große Gemeinde iranischer Juden. Nun galten zwar nach nationalsozialistischer Auffassung Iraner wie Deutsche als Arier. Entsprechend hatte das Dritte Reich mit Iran eine Vereinbarung geschlossen, alle iranischen Staatsbürger von Verfolgung und Vernichtung auszunehmen. Aber was war mit iranischen Juden? Sardari behauptete den Deutschen gegenüber kurzerhand, die eigentlichen Juden Irans seien bereits 538 v. Chr. von Cyrus II. aus der babylonischen Gefangenschaft befreit worden und nach Jerusalem ausgewandert. Die heutigen iranischen Juden seien rassisch gesehen Iraner bzw. Arier, sie würden sich nur zur mosaischen Lehre bekennen. Für diese Gruppe prägte Sardari den Begriff der „Djuguten" – im Gegensatz zu den „Jahuden". Die deutsche Besatzungsverwaltung akzeptierte das Argument, und so galten alle iranischen Juden als Arier und waren sicher vor der Deportation. Zunächst hatte noch Adolf Eichmann interveniert und „Djuguten" als eine Erfindung Sardaris bezeichnet. Doch Sardari wandte sich an Friedrich Werner Graf von der Schulenburg, den er aus dessen Zeit als Gesandter in Teheran gut kannte. Er ließ sich von Schulenburg bestätigten, dass die Djuguten eine islamische Sekte mit mosaischen Traditionen seien. Schulenburg empfahl, die Sache nicht weiter zu verfolgen, um diplomatische Probleme mit dem Iran zu vermeiden.

Sardari war ein klassischer Diplomat alter Schule, ein Lebemann, der viele Freunde hatte. Er lud auch deutsche Diplomaten in seine Residenz ein, bewirtete sie mit französischem Champagner und persischem Kaviar. Er nutzte seine engen Beziehungen zu den Deutschen, um das Leben vieler Juden zu retten. Doch nach der anglo-sowjetischen Invasion in den Iran im August 1941 wurde die iranische Regierung gezwungen, ihre Botschaften in den Ländern der Achsenmächte und im besetzten Frankreich zu schließen. Sardari bekam die Dienstanweisung, in den Iran zurückkehren, kam dem aber nicht nach. Obwohl er seinen diplomatischen Status verloren hatte, kam er auf die listige Idee, seine konsularische Arbeit unter dem Schutz der Schweizer Botschaft fortzusetzen. Die Schweiz vertrat damals kommissarisch die diplomatischen Interessen Irans, ihre Botschaft verfügte unter anderem auch über alle verbliebenen iranischen Pässe, die sich in der einstigen iranischen Botschaft befunden hatten. In diesen Pässen gab es seinerzeit keinen Platz für den Eintrag einer Religionszugehörigkeit; so war der Passinhaber und mit ihm seine ganze Familie schlicht Iraner und damit Arier. Und diese Pässe stellte Sardari auf alle Juden aus, die sich an ihn wandten: auf Iraner ebenso wie Nicht-Iraner. So konnte er schätzungsweise zwei- bis dreitausend Leben retten.

Der weitere Werdegang dieses iranischen Schindler ist auch ein Spiegelbild der jüngeren iranischen Geschichte. Nach dem Ende des Zweiten Weltkriegs wird Sardari zunächst Geschäftsträger an der iranischen Botschaft in Belgien. Als 1952 Mossadegh, der Held der iranischen Nationalisten, Ministerpräsident wird, beruft sein Außenminister Fatemi Sardari in den Iran zurück, lässt ihn verhaften und wegen der unerlaubten Ausstellung iranischer Pässe während der Zeit der deutschen Besatzung in Frankreich vor Gericht stellen. Nach Mossadeghs Sturz kommt Sardari frei, wird vollständig rehabilitiert und wieder in den diplomatischen Dienst aufgenommen. Sein letzter Auslandseinsatz führt ihn nach Bagdad, an die iranische Botschaft im Irak. Als es am 14. Juli 1958 zum Sturz der Monarchie im Irak kommt, verlässt er Bagdad und kehrt dem diplomatischen Dienst den Rücken. Ende 1958 wird er als Repräsentant der iranischen Erdölgesellschaft nach London entsandt, wo er bis zu seiner Pensionierung bleibt. Doch nach der Islamischen Revolution 1979 droht Sardari erneut die Verhaftung. Die Islamische Republik konfisziert seinen gesamten Besitz, seine Rente wird gestrichen. Eine Zeitlang wohnt er völlig verarmt in einem Zimmer im Londoner Stadtteil Croydon, später zieht er vermutlich nach Nottingham, wo er 1981 in großer Armut verstirbt.

In ihrem Dokumentarfilm *Sadari's Enigma* portraitiert die iranische Filmemacherin Mahdieh zare Zardiny Sardari als typischen Iraner, der keinen Unterschied aufgrund der Religion eines Menschen macht. Auch eine Biografie würdigt den mutigen Diplomaten. „Hier haben Sie es mit einem muslimischen Iraner zu tun, der alles tut, sein Leben riskiert, auf jeden Fall seine Karriere, sein Eigentum und alles andere, um seine jüdischen Landsleute zu retten. Es gibt keinen Unterschied: ‚Ich bin Muslim, er ist Jude' oder was auch immer", sagt Autor Fariborz Mokhtari im Interview mit der BBC.[35] Das humanitäre Engagement

Sardaris wurde erstmals 2004 vom Simon-Wiesenthal-Center in Los Angeles geehrt.

8 Was ist die Islamische Republik?

Seit 36 Jahren ist Ali Khamenei das religiöse und politische Oberhaupt der Islamischen Republik Iran. In der internationalen Rangliste der Langzeitdespoten belegt der 86-Jährige damit den fünften Platz. Doch Irans geopolitische Bedeutung ist nicht mit derjenigen Bruneis, Äquatorialguineas, Kameruns oder Ugandas zu vergleichen. Zudem hält sich Khamenei für einen visionären Gottesvertreter, der die Weltordnung umkrempeln will, ein Ziel, das er unermüdlich verfolgt. Seine Islamische Republik ist einmalig, ein beispielloses Herrschaftsgebilde. Für viele Beobachter ist dieses „Gebilde" mit seinen konkurrierenden Parallelinstitutionen und diversen Machtzirkeln gar kein Staat im herkömmlichen Sinne. Und man könnte eine ganze Bibliothek mit Büchern, Artikeln oder Ansprachen füllen, in denen die Theoretiker dieser „Republik" begründen, warum Iran keine übliche Republik sein dürfe, könne oder werde.

Nach dem Revolutionssieg hatte Khomeini für seine neue Ordnung diesen höchst widersprüchlichen Namen gewählt. Eine bis dahin völlig neue Ordnung, die keine Republik gleichberechtigter Menschen sein und deren Schlüsselpositionen die schiitische Geistlichkeit innehaben sollte. Die Gründe, warum seine „Republik" anders sein werde, erklärte er von Anfang an wiederholt, unmissverständlich und sehr klar und bestimmt. Als Mehdi Bazargan, der erste nachrevolutionäre Premierminister dieser neuen Republik, vorsichtig vorschlug, man möge ihr doch zumindest das Adjektiv „demokratisch" voranstellen, lehnte Khomeini dies in einer scharfen Rede brüsk ab und verkündete: „Islamische Republik, kein Wort mehr oder weniger". Der Satz wurde zur Kampfparole seines Verfassungsreferendums: „Ja" oder „Nein" stand auf dem Wahlzettel, mehr nicht. Die Verfassung wurde mit 98 % Ja-Stimmen angenommen.

Khomeinis Revolution war im Grunde eine Gegenrevolution. Die Herrschaft des Rechtsgelehrten, die er als ewiges Fundament in der Verfassung festschrieb, war ein Backlash, eine Reise zurück in die Zeit vor der Verfassungsrevolution in Iran 150 Jahre zuvor. Er wollte all jene Errungenschaften eines modernen Staats beseitigen, die man mit viel Mühe und Opfern zu verwirklichen versucht hatte. Die Gewaltenteilung als Grundpfeiler der Verfassung hob er auf. Die Gerichtsbarkeit sowie wichtige staatliche Institutionen wie Rundfunk und Fernsehen, Geheimdienste und Sicherheitskräfte wurden dem obersten Rechtsgelehrten unterstellt, der ein Ayatollah, eine „Quelle der Nachahmung" zu sein hatte. Die islamische Rechtslehre, die Scharia, wurde zum Grundprinzip jeglicher Rechtsprechung. In der Verfassung hat der Führer nahezu unbeschränkte Macht und in jeder Angelegenheit das letzte Wort. Er wird auf Lebenszeit von einem Gremium aus Geistlichen gewählt, das direkt bzw. indirekt vom (vorherigen) Führer selbst bestimmt wird.

Die „Islamische Republik" trägt den eigenen Existenzkonflikt bereits im Namen. Und je älter dieses Kind wurde, umso schwieriger, chronischer und unheilbarer wurde sein Geburtsfehler. Es will ein religiöser Staat sein, an dessen Spitze ein quasi heiliger Gottesmann mit großer Machtfülle steht. Zugleich soll das Volk einen Präsidenten und ein Parlament wählen. Für diese Konstruktion berief sich Khomeini auf den Koran und andere göttliche Botschaften. Der Kernkonflikt zwischen den Staatsorganen wie auch das ständige Misstrauen zwischen Volk und Führer waren so vorprogrammiert – einem Führer, der trotz all seiner irdischen Macht oft wie ein unnahbares, ja unbeteiligtes Wesen über allem schwebt.

Manch Geburtshelfer dieser Ordnung, der heute im Exil lebt oder sein Dasein im Gefängnis bzw. unter Hausarrest fristet, bittet um Vergebung für seine Naivität. Heute gestehen sie alle, dass es unmöglich war, eine solche Republik zu gründen, dass diese Ordnung von Anfang an weder islamisch noch republikanisch gewesen sei. Und doch ist dieses inzwischen 46-jährige Kind, das auf zwei inkompatiblen und unvereinbaren Beinen steht, weiterhin ein revolutionärer Mitspieler auf der Weltbühne.

Ist Irans politische Ordnung also eine Diktatur, an deren Spitze ein Mann nach Belieben schaltet und waltet, also eine Art Ein-Mann-Betrieb von Ali Khamenei? Sind iranische Präsidenten- und Parlamentswahlen nichts als Alibiveranstaltungen einer Diktatur, wie wir sie aus anderen Autokratien kennen? Das kann man so nicht sagen, aber Wahlen, wie wir sie aus westlichen Demokratien kennen, sind es auch nicht. Die Sache ist viel komplizierter.

Richtig ist: Nicht jeder darf in der Islamischen Republik bei Präsidenten-, Parlaments- oder Gemeindewahlen kandidieren. Die Maschinerie, Wahllisten durchzusieben und missliebige Kandidaten auszusortieren, funktionierte in all den Jahren sehr gut. Die gesamte Wahlprozedur steht unter der Kontrolle von siebzehn Geheimdiensten und etlichen Überwachungsorganen, die alles im Detail bestimmen, selbst das, was während des Wahlkampfes gesagt werden darf – und was nicht. Ist zum Beispiel bei einer Präsidentenwahl die komplizierte und raffinierte Auslese der Kandidaten erst einmal abgeschlossen, beginnt ein kurzer, höchstens zweiwöchiger Wahlkampf, dessen Themen im Grunde vorherbestimmt sind, auch wenn es mitunter zu einigen unvermeidlichen Tabubrüchen kommt. Allen Beschränkungen zum Trotz geht es dabei neben der Ideologie auch um irdische Macht und Privilegien, also darum, wie das Erbe der Revolution am besten bewahrt werden kann. Und diese Revolution ist keineswegs zu Ende. Im Iran gibt es weiterhin Revolutionsgerichte mit eigenen Staatsanwälten, die sehr aktiv sind. Zahlreich und zum Teil unkontrollierbar sind zudem konkurrierende, ja verfeindete Zirkel und Gremien, die sich alle berechtigt und berufen fühlen, den wahren Islam zu verteidigen.

Ein vielgespieltes Drama mit immer neuer Besetzung

Die Präsidentenwahlen wecken bei der Bevölkerung oft Hoffnungen. Für die Kandidaten aber können sie lebensgefährlich sein, sogar nach dem Urnengang. Ein kurzer Abriss der Präsidentenschicksale dieser „Republik" verdeutlicht das Wesen des genannten Urkonflikts zwischen Präsident und Revolutionsführer: Der erste Präsident, Abolhassan Bani Sadr, floh nach knapp anderthalb Jahren Amtszeit (1980–1981) ins französische Exil. Der zweite, Mohammad Ali Radschai, fiel wenige Wochen nach der Amtsübernahme einem Attentat zum Opfer (02.–30.08.1981). Der dritte war Ali Khamenei (1981–1989). Als einziger erlebte er nach seiner Wahl bessere Tage. Die ersten drei Präsidenten hatten eine vorwiegend repräsentative Funktion, an der Spitze der Regierung stand zusätzlich ein Premierminister. Seit 1989 sind diese Ämter vereint. Der erste Präsident mit der neuen Rolle war Akbar Haschemi Rafsandschani (1989–1997), die eigentliche graue Eminenz der revolutionären Macht, ein Mann, der das volle Vertrauen Khomeinis genoss. Auch er lebte am Ende seiner Präsidentenjahre weitgehend isoliert und verfemt. Schließlich starb er, wie erwähnt, unter mysteriösen Umständen, von einem Mord mit radioaktivem Material war die Rede.

Dann kam der Reformpräsident Mohammad Khatami (1997–2005), der mehr Demokratie wagen und einen „Islam mit menschlichem Antlitz" schaffen wollte. Er scheiterte auf ganzer Linie. Später begründete er das mit dem legendären Satz: „Alle neun Tage hat man mir eine neue Staatskrise besorgt." Wer ihm diese Krisen „besorgte", sagte er nicht – doch jeder wusste, dass Ali Khamenei gemeint war.

Der Reformer von einst darf sich heute nicht mehr in der Öffentlichkeit zeigen, Medien dürfen seinen Namen nicht erwähnen, keine Fotos von ihm drucken. Trotzdem wird Khatami von seinen Fans weiterhin als Ikone der Reformer verehrt. Doch die Zeit des inzwischen 84-Jährigen geht zu Ende, nicht zuletzt aus Altersgründen.

Auf ihn folgte der Populist Mahmud Ahmadinedschad (2005–2013). Zunächst galt er als Favorit des Führers und wurde mit viel Lärm ins Amt gehievt. Anfänglich zeigte er auch noch die verlangte Untertänigkeit, leugnete in allen internationalen Auftritten den Holocaust und begeisterte so Khamenei. Doch die Zuneigung währte nicht lange. Die Streitereien zwischen Führer und Präsident eskalierten schließlich so sehr, dass Ahmadinedschad in seiner zweiten Amtszeit versuchte, sich als Gegner Khameneis zu profilieren. Heute ist er praktisch verschwunden, darf keine Veranstaltungen besuchen oder sich für ein politisches Mandant bewerben. Auch zwei namhafte Präsidentschaftskandidaten von 2009 – Mir Hossein Mussawi und Mehdi Karrubi – fristen ihr Dasein seit über 16 Jahren in strengem Hausarrest. Beide sind Revolutionäre der ersten Stunde, gehören zu den Geburtshelfern der politischen Ordnung. Mussawi galt als Lieblingspremier von Ayatollah Khomeini, Karrubi saß zwei Legislaturperioden lang dem Parlament vor und leitete zudem dutzende wichtige Machtorgane.

Ahmadinedschads Nachfolger Hassan Rohani (2013–2021) war angetreten, um in der Atomfrage einen Kompromiss mit der Obama-Administration zu erzielen. Donald Trump zerriss dieses Kompromisspapier später in aller Öffentlichkeit in Stücke. Rohani lebt heute machtlos und isoliert, auch er ist aus der Öffentlichkeit nahezu verschwunden.

Ibrahim Raissi (2021–2024), der auf Rohani folgte, war der einzige Präsident, der sich Khamenei gegenüber unterwürfig genug, wie ein gelehriger Schüler verhielt. Trotzdem konnte selbst er seine erste Amtszeit nicht beenden. Er kam im Frühjahr 2024 bei einem ungeklärten

Hubschrauberabsturz ums Leben. Bei den multiplen Krisen des Landes offenbarte sich seine Inkompetenz und Überforderung; als er starb, war der Gaza-Krieg sechs Monate alt und die Rolle Irans stand im Mittelpunkt der Debatte über das Hamas-Massaker in Israel vom 7. Oktober 2023. Doch bei all diesen existenziellen Problemen schien der Präsident unbeteiligt und abwesend, niemand nahm ihn ernst.

Seit Ahmadinedschads Amtszeiten war die Wahlmüdigkeit der Bevölkerung kontinuierlich gewachsen, immer mehr Iraner blieben den Urnen fern. Raissi hatte alle Negativrekorde noch einmal geschlagen, mit seinem Tod schien das Wahltheater endgültig vorbei zu sein. Selbst nach offiziellen Angaben hatten nur ungefähr 35 % der Wahlberechtigten für ihn gestimmt, und diese Zahlen sind kaum glaubwürdig. Für die folgende Wahl rechneten viele Beobachter mit einem noch größeren Debakel, mit einer Wahlbeteiligung von unter 15 %. Der Sommer 2024 war keine Zeit für einen neuen Hardliner wie Ahmadinedschad oder Raissi. Ali Khamenei brauchte nun jemanden, der glaubwürdig und geschmeidig Gesprächsbereitschaft signalisierte – der eigenen Bevölkerung gegenüber ebenso wie dem Feind draußen.

Da tauchte Masud Peseschkian als Präsidentschaftskandidat auf, ein kaum beachteter Abgeordneter aus der Provinz Aserbaidschan, ein Herzchirurg, der keinem der bekannten Zirkel oder Gruppierungen der Islamischen Republik angehörte – jemand, der sich als „ehrliche Haut", als mittel- und machtlos präsentierte, als bescheidener Mann, der immer seinen Idealen treu geblieben sei, nur die Wahrheit sagen wolle und sofort zurücktreten würde, sollte er seine Versprechen nicht verwirklichen können. In religiösen Texten wohl bewandert, galt Peseschkian auch vielen der verbliebenen Reformern als Hoffnung auf eine gewisse Veränderung im Inneren sowie das Ende der internationalen Isolation. Doch seine Startbedingungen waren miserabel: Der Gazastreifen lag in Trümmern, die Hamas-Führung war zum großen Teil tot, Israels Angriff auf die libanesische Hisbollah stand kurz bevor, und in den USA schien Trumps Wiederwahl sicher zu sein. Schlechter konnte eine Ausgangslage kaum sein. Außerdem war und ist die Frage offen, ob und wie Israel gegen Iran vorgehen will. Zu solchen und anderen existenziellen Fragen konnte und durfte der gewählte Präsident sich bislang nicht positionieren.

Noch immer fragen sich viele, welche Rolle die Offiziere der iranischen Revolutionsgarden bei dem Massaker vom 7. Oktober 2023 spielten, was sie zur Planung und Finanzierung dieser historischen Terroraktion, was sie zur Ausbildung der Terroristen beigetragen haben. Doch vor allem steht die Kardinalfrage im Raum, was Ali Khamenei wann von dem Ausmaß dieses spektakulären Terrorakts wusste. Mit diesen heiklen, gefährlichen Fragen hatte Peseschkian von seinem ersten Amtstag an zu tun – im Verborgenen, versteht sich.

Zu seiner Vereidigung hatte Irans neuer Präsident Hamas-Chef Ismail Haniyah als Ehrengast eingeladen. Nur wurde wenige Stunden nach der Zeremonie wurde er in Teheran getötet. Es war eine ausgeklügelte, präzise geplante Aktion in einem der bestgeschützten Häuser der iranischen Hauptstadt. Von Anfang an bestand kein Zweifel: Hinter diesem raffinierten Coup konnte nur der Mossad stecken. Tatsächlich brüstete sich wenig später Netanjahu mit dieser Tat und kündigte weitere Aktionen an: eine maßlose Erniedrigung für den gesamten Sicherheitsapparat der Islamischen Republik, für Peseschkian eine Demütigung. Israel hatte dem neuen Präsidenten schon am Tag seiner Amtsübernahme eine drastische, beschämende Warnung gesandt.

Dennoch ließ Peseschkian sich nicht beirren. Er sei zuversichtlich, bald Verhandlungen mit den USA aufzunehmen sowie die Internet-Zensur und Kleidervorschriften für Frauen in Iran aufheben zu können. Anfang Februar 2025 erklärte auch Donald Trump seine Bereitschaft für einen Dialog. Er wolle, dass Iran bessere Tage erlebe, die Iraner seien

„großartige Leute". In Iran schöpften all jene Hoffnung, die dem einfachen Arzt geglaubt und das Ende der Isolation erwartet hatten. Doch die Freude währte nur eine Woche. Am Jahrestag der Revolution war die Zuversicht zu Ende. An diesem Tag gewährte Ali Khamenei einer Gruppe Offiziere eine Audienz, im Mittelpunkt seiner Rede stand wie immer Amerika. Seine Botschaft war unmissverständlich: Ein Gespräch mit den USA sei weder rational noch ehrenhaft, zudem löse man mit damit keine wirtschaftlichen Probleme. Mehrmals wiederholte er diesen Satz in seiner halbstündigen Rede in leichten Variationen. Damit war das Ende des Dialogs besiegelt. Für einen tiefgläubigen Präsidenten ziemt es sich nicht, ehrlos zu sein. Nur wenige Stunden später zog deshalb auch Peseschkian öffentlich seine Dialogbereitschaft zurück, benutzte dabei Khameneis Worte und kritisierte, ja beschimpfte Trump und Netanjahu im selben Atemzug. „Der Führer hat das letzte Wort", mit diesem Schlusssatz gestand der Präsident seine Machtlosigkeit ein. Die war zwar immer ein offenes Geheimnis gewesen, aber an diesem Tag zeigte sich die Ohnmacht des Präsidenten drastisch und schmachvoll. Peseschkian ließ sich nichts anmerken.

Kaum hatte der Präsident seine Rede beendet, stellte auf dem Teheraner Basar der Kurs des iranischen Tuman einen neuen Negativrekord auf: 94.000 Tuman für einen Dollar. Beim Sieg der Islamischen Revolution hatte der Dollarkurs noch bei 1 : 8 gelegen, fast 12.000-fach niedriger als heute. Ältere erinnern sich noch und Jüngere haben davon gelesen oder gehört. Tatsächlich ist das Alltagsleben der Iraner noch immer viel enger mit dem US-Dollar verknüpft, als Ali Khamenei es sich wünscht. Unter dem strengen Sanktionsregime, das seit vier Dekaden das Alltagsleben bestimmt, müssen Iraner für fast alles, vor allem aber für Importwaren den Weltmarktpreis zahlen, manchmal noch mehr. Daher ist der Dollar auf dem iranischen Markt praktisch die Leitwährung, zumal das Erdöl, das wichtigste Exportgut des Landes, ebenfalls in Dollar berechnet wird. Weder Khameneis Hinwendung zu Moskau und Peking noch seine ständige Aufforderung, sich vom Dollar zu lösen, konnten etwas dagegen ausrichten. Im Gegenteil: Der Dollarkurs auf dem Teheraner Basar ist zu einem Stimmungsbarometer für das ganze Land geworden.

Peseschkians Aufstieg und schneller Fall ist wie ein häufig aufgeführtes Bühnenstück, wie ein Szenario mit absehbarem Ende. Und Khamenei ist Direktor, Regisseur und Bühnenbildner in einem. Was sich bei den jeweiligen Aufführungen ändert, ist nur der Moment, an dem das Drama seinen Höhepunkt erreicht: Die Bühne ist dann reif für ein neues Gesicht.

Die Präsidenten der Islamischen Republik sind nur auf dem Papier Chefs der Exekutive, die eigentliche Macht liegt nicht nur faktisch, auch bereits gemäß der Verfassung beim Obersten Rechtsgelehrten. Khameneis Macht kennt nur wenige Einschränkungen, er entscheidet über beinahe alles, außenpolitisch ebenso wie innenpolitisch. Trotzdem muss die Fassade seiner hybriden Herrschaft gewahrt bleiben: hier der Ayatollah, das „Zeichen Gottes", der sich wie ein Volksvater gibt und nur Gott gegenüber verantwortlich ist, dort – vom Volk gewählt – Parlament und Präsident, die für die praktische Politik zuständig sind, sich um den Alltag kümmern müssen. „Religiöse Volksherrschaft" (*mardam salari dini*), so nennt Khamenei sein System.

Khamenei, der oberste Führer

Die irdische Macht, das Kräfteverhältnis und die Machtgrenzen der verschiedenen Organe sind in der Verfassung genau definiert. Der Ayatollah bestimmt die Richtlinien der Innen- und Außenpolitik. Er trifft in zentralen Bereichen sämtliche Personalentscheidungen, ernennt und entlässt nicht nur die Kommandeure der Streitkräfte wie auch der

Polizei, sondern auch die Chefs der Justizbehörde und von Rundfunk und Fernsehen. Er bestimmt außerdem direkt die sechs Theologen, indirekt die anderen sechs Mitglieder des Wächterrats, ein vor allem mit Vetorechten ausgestattetes Organ, das u. a. Kandidaten prüft und das Parlament überwacht. Seine Funktion ist grob zwischen einem Senat und einem Verfassungsgericht angesiedelt, manche sprechen auch von einem islamischen Politbüro. Khamenei hat außerdem das Recht, den gewählten Präsidenten zu entlassen und das Parlament aufzulösen. Zu den ungeschriebenen Regeln zählt, dass vier Schlüsselposten im Kabinett – die Minister für Geheimdienste, für Bildung, für Inneres und für „islamische Führung" – zu Khameneis persönlichem Aufgabenbereich zählen. Dies hat er mehrmals öffentlich betont. Es mag verwunderlich klingen, aber all das genügt Khamenei offenbar nicht. Er will die totale Kontrolle. Dabei ist er nach der Verfassung bereits ein Alleinherrscher. Er ist – und er fühlt sich – so mächtig, dass er bei Bedarf sogar jemandem wie Peseschkian erlauben kann, auf die Wahlbühne zu treten. Khamenei kennt sich in seinem eigenen System bestens aus, er weiß, wann und für welchen Zweck er wen ins Rampenlicht holen sollte.

Wie schafft er all das? Wie managt ein 86-jähriger Mullah ohne moderne Bildung, ohne Kenntnis einer Fremdsprache, der sich nie im Ausland aufgehalten hat, diesen Berg von Zuständigkeiten, Befugnissen und komplexen Aufgaben?

Auch in der digitalen Welt muss er präsent sein, denn dieser Greis ist ein Despot des 21. Jahrhundert. Die virtuelle Welt ist für seine Macht existenziell, sie gilt es zu kontrollieren. Längst hat sie sich zum wichtigsten, ja einzigen Sammelplatz seiner Gegner entwickelt; und auch im Iran bestimmt oft das Virtuelle das Reale. Wichtige Posten und Institutionen muss er minutiös und vertrauenswürdig überwachen lassen, einerlei, wo sie sich befinden und was ihre Tätigkeiten sind. Iran ist ein großes, verstädtertes Land mit einigen ethnischen Minderheiten. Auch die muss er im Blick behalten und kontrollieren. Die riesige Ölindustrie hält er zumindest halbwegs am Laufen und umgeht seit vier Dekaden erfolgreich die härtesten Sanktionen, die je gegen ein Land verhängt worden sind. All das dient dem eigentlichen Staatsziel, der Bekämpfung des Zionismus. Für sein Fernziels, nämlich Israel in seiner jetzigen Form von der Landkarte zu tilgen, muss er sich zu alldem auch um sein Konzept der „strategischen Tiefe" kümmern: um alle jene Milizen in den Nachbarländern, die er mit finanziellen, militärischen und personellen Mitteln unterstützt und ausrüstet.

Wie bewältigt Khamenei diese ständig krisenhafte, hochkomplexe Politik in ihren großen Linien, aber auch in ihren Einzelheiten? Wo, wann und wie kommt er diesen Riesenaufgaben nach, in der analogen ebenso wie in der digitalen Welt?

Khamenei residiert in Teherans Mitte, so jedenfalls ist der allgemeine Eindruck. Darüber, ob er sich immer dort aufhält und wie sein Tagesablauf aussieht, gibt es nur Vermutungen. Den engen Gassen und kleinen Straßen, die seine Residenz in einer Nebenstraße der einstigen Schah-Straße umgeben, darf sich ein Normalsterblicher kilometerweit nicht nähern. Weiträumig ist das Viertel abgesperrt, eine spezielle, effektive Luftabwehr ist in ständiger Einsatzbereitschaft. Ob Khamenei seinen Sitz je verlässt, wann er das tut und zu welchen Anlässen, ist ein Geheimnis erster Güte. Seit Jahren gibt es keinen offiziellen Bericht darüber, dass er seine Residenz verlassen hätte: Alles kommt zu ihm, sogar Technik-, Bücher- und Militärausstellungen. Am Abend sieht man dann im Fernsehen, wie Khamenei angeblich an einem Messestand steht und mit Experten plaudert. Es ist jedoch auffällig, dass nie eine große Messehalle gezeigt wird.

Die Geschichte seiner Leibgarde ist exemplarisch für seine Herrschaftsmethode. Nach der Zunahme von politischen Attentaten in den ersten turbulenten Revolutionsjahren gründete man aus den Reihen der Revolutionsgarden eine neue „Armee" mit dem Namen „Armee der Mahdi-Treuen" (*Sepah Ensar Olmehadi*). Der Revolutionsführer gilt offiziell als Stellvertreter des Mahdi, des letzten Imams der Schiiten. Solange Khomeini lebte, schützte diese Armee alle Mächtigen. Khamenei hingegen baute bereits in den ersten Wochen seiner Führerschaft seine eigene Schutztruppe auf, die nur ihm persönlich ergeben ist. Ihr Kommandeur ist ein alter Bekannter von ihm. 12.000 Mann stark ist diese Leibwächter-Truppe, die sich „Armee des Befehlshabers" (*Sepah Vali Emr*) nennt. Ihre Mitglieder rekrutieren sich aus den Reihen der besttrainierten Revolutionsgardisten, sie kommen aus verschiedenen Waffengattungen und sind stets in der Nähe von Khameneis Residenz stationiert.

Wer zu Khamenei will, ob in kleiner oder großer Gruppe, muss sieben Kontrollposten passieren. Bei öffentlichen Audienzen werden die ersten Reihen des Publikums stets mit Leibwächtern und ausgesuchten Gästen besetzt. Khamenei ist einer der bestgeschützten Männer der Welt, und das „Haus des Führers" (*Bit Rayabri*) ist ein stehender Begriff, furchterregend und respektheischend zugleich. Dieses Haus ist der Nukleus, auf den sich Struktur und Hierarchie der Islamischen Republik gründen. Der Führer ist ein absoluter irdischer Herrscher, der zugleich eine göttliche Mission zu erfüllen hat. Die Intensität und Akribie, mit der er für den schiitischen Glauben wirbt, übertrifft bei weitem die Propaganda für den Marxismus-Leninismus in den kommunistischen Staaten. In dem Universum, in dem Ali Khamenei als Verkünder religiöser Wahrheit auftritt, ist eine öffentliche Opposition gegen ihn kaum vorstellbar – wie leise sie auch sein mag. Khamenei kann, er darf keine öffentliche Gegenrede dulden. Denn der Rechtsgelehrte verkündet stets Gottes Wort, er handelt in seinem Namen. Ihm zu widersprechen, kommt beinahe einer Auflehnung gegen Gott gleich.

Experten, Berater und Intellektuelle

Die Zahl der Personen, die in Khameneis Haus ein- und ausgehen, gehört zu den Staatsgeheimnissen Irans; von mehr als 30.000 Bediensteten ist die Rede. Das Haus ist nicht etwa nur ein Staat im Staat – es ist mächtiger als die Summe aller Institutionen, die sich „Staat" nennen, wichtiger als der Präsident und seine Ministerien, das Parlament und seine Abgeordneten sowie alle kulturellen und wirtschaftlichen Einrichtungen im gesamten Land zusammen.

Einzelheiten über die Fachleute und Spezialisten, die in diesem Haus arbeiten, werden nicht veröffentlicht, doch klar ist: Ohne ihre Fähigkeiten gäbe es diese „Republik" nicht – oder jedenfalls nicht in dieser Form. Die polyglotten Politologen, Soziologen, Atomphysiker, IT-Fachleute oder Mediziner, die Khamenei beraten, sind hauptsächlich Absolventen westlicher, meist US-amerikanischer Hochschulen. In der Herrschaftszentrale dieses großen, strategisch wichtigen Landes sind sie tagtäglich beispielsweise damit beschäftigt, seine verwinkelte, gefährliche Außenpolitik zu entwerfen, inklusive Geiselnahmen, Terroraktionen und Waffenschmuggel. Seit über vierzig Jahren suchen sie täglich nach Wegen zur Umgehung der internationalen Sanktionen – ein mühsames, umfangreiches, ja weltumfassendes Unterfangen, das in völliger Geheimhaltung ablaufen muss. In der bunten Armee der Ja-Sager um Khamenei sind diese „Experten" Grundpfeiler des Systems, ja, der gesamten Herrschaft. Khamenei bezeichnet seine Fachleute als „auserwählte, verantwortungsbewusste und tiefgläubige Elite".

Hier tut sich ein weites Feld voller interessanter Fragen auf: Warum stellen diese Akademiker ihr im Ausland erworbenes Wissen, das sie der Aufklärung und der westlichen Moderne verdanken, ausgerechnet einer religiös-mittelalterlichen Clique der Geistlichkeit zur Verfügung? Was haben sie an westlicher Bildung erfahren, dass sie sich ausgerechnet einem Despoten unterwerfen, der antimodern, antiwestlich und extrem rückständig ist? Was führt sie zu Khamenei, welche Motive und Erwartungen haben sie – geht es ihnen um Geld, Macht, Ruhm? Spannende Fragen, auf die man oft verblüffende, unvermutete Antworten hört. Eine einzige, allgemeingültig Antwort gibt es nicht. Das Streben nach Macht kann es eigentlich nicht sein, das sie zu Khamenei geführt hat, denn in diesem Haus ist die große Machtfrage längst geklärt. Und wer in den nachgeordneten Machtpositionen ist, muss im Verborgenen agieren, was Ruhm und Prestige nicht gerade zuträglich ist. Wer so naiv ist zu glauben, die Ausbildung an einer westlichen Hochschule gehe über die Vermittlung von Fachwissen hinaus, diese Akademien seien auch Orte der Bildung im weitesten aufklärerischen Sinne, wird durch die Experten, die im „Haus des Führers" ein- und ausgehen, jedenfalls widerlegt.

Ohne „weltliche Elite" hätte die Islamische Republik nie das Licht der Welt erblicken können. Nie hätten die Mullahs ein so großes, diverses und komplexes Land wie Iran allein auf Basis der islamischen Tradition beherrschen können, die sie über die Jahrhunderten geschlagen hatten. Als die Revolution vor 46 Jahren siegte, war Iran ein relativ modernes Land, weit entwickelter als alle seine Nachbarstaaten, mit einer höheren Industrieproduktion, einem höheren Pro-Kopf-Einkommen als mancher europäische Staat. Um eine solche Gesellschaft zu regieren, braucht es weitaus mehr als religiöse Texte und schiitische Seminare. Und so besteht die „Elite", die sich in Khameneis Haus versammelt, aus Fachmännern für bessere Zensur, effektivere Propaganda und neueste Technik zur Kontrolle der Öffentlichkeit. Kann, darf man diese Leute „Elite" nennen, nur weil sie Absolventen westlicher Universitäten sind?

Ohne den Einfallsreichtum solcher Intellektueller, ihre Sprachkenntnisse und ihre internationale Vernetzung wäre schon Khomeinis Machtübernahme undenkbar gewesen. Unterschiedlich ist ihr Werdegang, vergleichbar und dramatisch das Ende jener Intellektuellen, die für den Sieg der Revolution kämpften und später Diener der „Republik" wurden. Nicht alle bekamen nach der Machtübernahme Positionen und Posten. Sie waren effektive Geburtshelfer der neuen Ordnung, doch kaum einer von ihnen überlebte diese.

Der wichtigste von ihnen starb wenige Monate vor dem Revolutionssieg im Londoner Exil: Ali Schariati war einer der einflussreichsten Intellektuellen Irans im 20. Jahrhundert. Fünf Jahre älter als Ali Khamenei und wie dieser aus Maschhad, war Schariati ein Kind des persischen Coup d'état von 1953 (▶ Kap. 3) – und viel wichtiger, auch der rebellischen Jahre von Paris in den 60ern. Schon in jungen Jahren schrieb er für die Zeitungen seiner Heimatstadt, wurde Gymnasiallehrer und gründete eine islamische Studentenvereinigung, Schließlich erhielt er ein Stipendium der Sorbonne. Die Pariser Jahre machten aus ihm einen intellektuellen Aktivisten, einen Antiimperialisten, Antikolonialisten. Hier gesellte er sich zu jenen Intellektuellen, die das gesamte Weltelend durch eine antikolonialistische Brille betrachteten. Er lernte Jean-Paul Sartre kennen, arbeitete mit der algerischen Nationalen Befreiungsfront zusammen und beschäftigte sich intensiv mit Frantz Fanon, dem Vordenker der Entkolonialisierung. Eine Anthologie von Fanons Werken übersetzte er später ins Persische.

1964 kehrte Schariati in den Iran zurück, wurde wegen subversiver politischer Aktivitäten kurzzeitig verhaftet und fand später trotzdem eine Stelle an der Universität Maschhad. Auch im Iran waren die 1960er und 1970er die roten Jahrzehnte, vor allem die Hochschulen durchlebten in diesen Jahren eine Epoche der Rebellion. Schariati suchte Ruhm und Einfluss, ging nach Teheran, wo er in der Ershad-Moschee im wohlhabenden Teheraner Norden wöchentlich seine legendären Reden hielt: eine Art Ringvorlesung, nicht wie ein Mullah auf der Kanzel, sondern auf dem Stuhl mit Krawatte und Blume am Revers. Sprachlich und inhaltlich hatten Schariatis Ansichten kaum etwas gemein mit dem, was Khomeini propagierte. Er bot einen bunten Strauß von Politik, Psychologie und Religion. Seine Auftritte waren Kult, Tausende Studenten strömten allwöchentlich zu ihm, und auch in der wohlhabenden Mittel- und Oberschicht fanden seine „Vorlesungen" begeisterte Anhänger. Er wurde zu einer rebellischen Mode und zur Marke für Selbstfindung. Vor allem bei linken Muslimen und all jenen, die die Pahlavi-Monarchie durch eine koloniale Linse betrachteten, fanden Schariatis Worte Gehör. Als er erneut verhaftet wurde, war seine Fangemeinde bereits so groß, dass man ihn freilassen musste. Den Iran musste er allerdings verlassen, er starb 1977 in London. Seine Leiche ist in Syrien neben Zaynab, der Enkelin des Propheten Mohammed, beigesetzt.

Schariati war ein überaus produktiver Schreiber, hatte einen bissigen Sprachstil und vertrat aufregende Thesen; er bestimmte die offenen und heimlichen Debatten dieser entscheidenden Jahre. Seine außerordentliche Leistung bestand in der Wiederbelebung der revolutionären Strömung des Schiismus im intellektuellen Milieu Irans. Ohne diese Kernarbeit wäre der Sieg der Revolutionäre kaum vorstellbar. Seinen „roten Schiismus" stellte er dem privaten, konservativen „schwarzen Schiismus" gegenüber. Seine Rolle ist mit derjenigen der katholischen Befreiungstheologen in Südamerika vergleichbar, etwa der des Peruaners Gustavo Gutiérrez oder des Brasilianers Leonardo Boff. Das System, für das er lebenslang eintrat, sollte moralisch sauber sein, was für ihn ein islamisch-schiitisches System bedeutete: ein religiöser Staat, der die Menschen in umfassenden Sinne „leitet". Doch die tatsächlichen schiitischen Seminare und die verschiedenen Institutionen der Geistlichkeit waren für ihn nicht mehr als ein bürokratisches Apparat. So kämpfte er zwar für eine islamische Revolution, strebte aber einen Schiismus ohne Geistlichkeit an. Gegen die Mullahs schrieb er bissige Bücher, blieb dabei jedoch im Allgemeinen, bei einer Fundamentalopposition gegen das Bestehende. Nie hat er ausgeführt, wie sein schiitischer Staat ohne Geistlichkeit aussehen würde.

Als einer, der sich hauptsächlich auf schiitische Krieger und Märtyrer konzentrierte statt auf wissenschaftliche Debatten und Mystik, war er der ultimative Ideologe der Islamischen Revolution. Schariati wurde nur 44 Jahre alt, verfasste aber rund zweihundert Aufsätze, darunter Artikel, Seminararbeiten und Vortragsreihen, und schrieb mehr als einhundert Bücher. Daneben übersetzte er viel, unter anderem Jean-Paul Sartres *Qu'est-ce que la littérature?* und Che Guevaras *Guerilla Warfare*. Im Revolutionsjahr 1978/79 war sein Porträt das dominante Bild der Revolutionsmärsche und Proteste im Iran, man dichtete ihm sogar eine Hymne. Heute ist Schariati eine vergessene Figur, kaum jemand beschäftigt sich mit ihm, seinen Gedanken, Taten und Utopien, die das Land so umfassend veränderten; ignoriert werden auch die Bücher, in denen seine eifrigen, enthusiastischen Schüler ihre Naivität von damals bedauern, belächeln und zu begründen versuchen. Wäre Schariati noch am Leben, er säße heute im Gefängnis oder wäre im Exil, so meinen zumindest Kritiker der Islamischen Republik. Schariati war in erster Linie ein versierter Intellektueller der revolutionären Stimmung. Sein Handwerk waren Rhetorik, Theorie und Verallgemeinerung, praktische Vorschläge, wie sein künftiges System auszusehen hätte, waren nicht seine Sache; sein früher Tod bewahrte ihn vor vielem.

Aber auch das Schicksal der politischen Praktiker ist lehrreich, jener Intellektuellen und islamischen Neudenker aus der Praxis, die glaubten, aus Khomeinis „Republik" ein akzeptables, vorbildliches System machen zu können. Lang ist ihre Liste, tragisch ihr Ende. Sie waren ebenfalls Absolventen westlicher Hochschulen, hatten Schlüsselpositionen inne und glaubten, sukzessiv den Vormarsch der Mullahs stoppen zu können.

Die ersten und zugleich wichtigsten unter ihnen waren Mehdi Bazargan, Abolhassan Bani Sadr und Sadegh Ghotbzadeh – ich hatte sie bereits erwähnt. Bazargan, erster Premierminister der Republik, kämpfte Zeit seines Lebens für einen aufgeklärten Islam, er war Fachmann für Thermodynamik, Absolvent französischer Hochschulen, und Autor Dutzender Bücher, in denen er Naturwissenschaft und Islam verbinden wollte. Vor der Revolution war der Universitätsprofessor politischer Aktivist und zeitweilig auch im Gefängnis, eine berühmte Persönlichkeit mit beachtlichem Ansehen. Mit seiner Ernennung zum Premierminister wollte Khomeini der Welt mitteilen, seine „Republik" sei eine inklusive politische Ordnung. Doch das Versprechen hatte nur wenige Monate Bestand. Mit der Besetzung der US-Botschaft und der Geiselnahme der Diplomaten war Bazargans Zeit abgelaufen. Er trat zurück, seine engsten Mitarbeiter wurden verhaftet, öffentlich konnte und durfte er nicht mehr auftreten. Für seine anekdotenhafte Sprache und seinen Witz bekannt, prägte er den legendären Satz: „Wir beteten für den Regen, es kam die Sintflut."

Wenige Monate später trat auch der erste Staatspräsident Abolhassan Bani Sadr zurück, auch er ein islamischer Neudenker, der zwei Jahrzehnte im Pariser Exil gelebt hatte. Bani Sadr und Ghotbzadeh hatten Khomeini in Paris betreut, ihn der Weltpresse als moderaten Gottesmann präsentiert und bei seiner triumphalen Rückkehr nach Teheran – beim berühmten „Revolutionsflug" – begleitet. Wie erwähnt, musste Bani Sadr bald untertauchen und unter dramatischen Umständen wieder ins französische Exil fliehen. Dort starb er im Oktober 2021. Für seinen Außenminister Sadegh Ghotbzadeh, dem Khomeini viel verdankte, endete es noch dramatischer. Ghotbzadeh hatte Khomeini wenige Monate vor dem Sieg der Revolution in seinem irakischen Exil aufgesucht und ihn zur Übersiedlung nach Paris überredet, die er schließlich nach Ausweisung aus dem Irak vollzog. Die beiden hatten eine Art Vater-Sohn-Beziehung. Am Ende wurde Ghotbzadeh in einem Schauprozess mit fadenscheinigen Begründung des Putschversuchs bezichtigt und hingerichtet.

Zu erwähnen ist in diesem Kontext noch der Pharmakologe Ebrahim Yazdi, ein Freund und engster Mitarbeiter Bazargans, sein Stellvertreter und zeitweilig sein Außenminister. Auch er war ein wichtiger Kopf der islamischen Neudenker. Yazdi hatte in den USA studiert und strebte stets eine Normalisierung der Beziehung mit Amerika an. Nach Abdankung seines Chefs verlor er praktisch alles, politisch wie materiell. Seine Organisation wurde verboten, er wurde zu einem der Geduldeten. Schließlich landete er trotz eines Bauchspeicheldrüsen-Krebses im Gefängnis. Mehrfach kam er frei, wurde aber wieder inhaftiert. Schließlich erlag er 2017 dem Krebs.

Von den einstigen, im westlichen Ausland ausgebildeten „Eliten", die sich der Islamischen Republik andienten, ist nicht viel übriggeblieben: Ihre erste Generation ist entweder im Exil, sitzt im Gefängnis oder ist verstorben. Khameneis persönlicher Arzt Dr. Marandi, der in den USA studierte und dessen Sohn Mohammad die amerikanische Staatsbürgerschaft besitzt, sind seine letzten Experten für Auslandsbeziehungen. Verblieben ist auch der Pädagoge Kamal Charrazi, ebenfalls ein Absolvent aus den USA. Er gehört einem Clan einflussreicher Geistlicher an, seine Treue und Unterwürfigkeit hat mit dieser familiären Bindung zu tun. Inzwischen aber züchtet, bildet und kultiviert das Regime vornehmlich seine eigenen „einheimischen Eliten". Die Universität, die diese islamischen Experten heranzieht, war einst eine Außenstelle von Harvard: eine Fakultät für Betriebswirtschaft und Management. Nach der Revolution wurde die private Hochschule enteignet, seitdem nennt sie sich Imam Sadiq University. Sadiq war der sechste Imam der Schiiten und gilt als Begründer der schiitischen Rechtslehre, die er vor 1.300 Jahren in Bagdad im eigenen Seminar verbreitet haben soll. Wie schon die Harvard-Fakultät, sollte auch die Sadiq-Universität privat finanziert werden; dafür nutzte man die konfiszierten Fabriken und Firmen ihrer Gründer und Beiräte, die ins Ausland geflüchtet waren oder im Gefängnis saßen. Die Entstehung, Verwandlung und Entwicklung der Sadiq-Universität ist ein Spiegel der Islamischen Republik. Nach der Enteignung der „Harvard-Männer" riss Ayatollah Mahdavi Kani die Hochschule an sich und machte sie zu einem Familieneigentum, an dem er seine weitverzweigte Sippe unterbrachte. Sie ist heute das Sprungbrett für alle, die im Außenministerium, in der Ölindustrie oder in Auslandgeschäften untergebracht werden sollen.

Kanis Clan und seine Universität sind Musterbeispiele dafür, wie die Günstlings- und Vetternwirtschaft funktioniert, mit der die heute herrschende Oligarchie ihre Macht sichert. Genaueres kann man in einer 853 Seiten umfassenden Studie mit dem Titel *Postrevolutionary Iran: A Political Handbook* nachlesen. Vierzehn Jahre lang haben der Politikwissenschaftler Mehrzad Boroujerdi und seine Forschungsgruppe von der Syracuse University an diesem Handbuch gearbeitet. Sie wollten herausfinden, wer den Iran tatsächlich regiert, wie seit der Revolution bestimmte Familien Macht und Reichtum untereinander aufteilen und wie eng allen Verwerfungen und inneren Machtkämpfen zum Trotz die verwandtschaftlichen Beziehungen zwischen ihnen sind. Die Forscher kommen zu dem erstaunlichen Schluss, dass weder Wahlen noch Säuberungen oder Clan-Konflikte diese Familienherrschaft gefährden konnten. Exemplarisch belegen sie an mehreren spektakulären Verhaftungen, Entmachtungen und Verbannungen, dass die Familienbande all das überstanden haben, wie weiterhin alles gut funktioniert. Man tauschte zwar Posten und Positionen, doch eine wirkliche Machtzirkulation fand in den vergangenen vier Jahrzehnten nicht statt. Die Studie ist nicht nur eine umfassende Datensammlung zum politischen Leben in Iran, sondern auch eine Analyse von 40 nationalen und kommunalen Wahlen. Sie seziert 400 unterschiedliche Organisationen und zeigt entlang der familiären Bindungen die oligarchischen Strukturen dieser „Republik" auf. Mit biografischen Skizzen von mehr als 2.300 politi-

schen Persönlichkeiten – von Kabinettsministern und Parlamentsab-
geordneten bis zu geistlichen, juristischen und militärischen Führern
– zeichnen die Autoren eine Karte der komplexen Machtstruktur durch
die gesamten Institutionen Irans.

Mögen sich manche in dieser Clique Oppositionelle, Reformer
oder Systemtreue nennen: Sie bleiben unter sich, einflussreich und
mächtig. Alle sind miteinander über eine oder mehrere Linien verwandt,
verschwägert oder verbunden. Was sich ändert, ist nur der Ort, an dem
sie ihre Macht ausüben.

Die Namen der wichtigsten Familienclans, die seit der Revolution in unterschiedlichen Funktionen wichtige Positionen innehatten,
kennt jeder Iraner und jede Iranerin: Khomeini, Khamenei, Khatami,
Charrazi, Tabatabai, Laridschani, Rafsandschani oder Alam Al Hoda.
Alle sind miteinander verwandt. Manche Paten der ersten Stunde sind
inzwischen verstorben, andere vergreist, doch ihre Nachkommen sind
weit und genug verzweigt, um weiterhin mächtig zu sein. Der bereits
genannte Kamal Charrazi etwa war acht Jahre lang Außenminister, zuvor
eine Dekade lang Chef der iranischen Nachrichtenagentur, nun nennt
er sich Leiter des Rates für Außenpolitik. Tatsächlich ist er einer der
wichtigsten außenpolitischen Berater Khameneis. Seine Schwester ist
mit einem der vier Söhne Khameneis verheiratet, sein Bruder Mohsen
sitzt im Expertenrat, der über Khameneis Nachfolge entscheiden wird.
Seine Kinder, Neffen und Nichten haben wichtige Posten inne, vor allem
im Außenministerium.

Will man die reale Islamische Republik kennenlernen, mit
ihr Kontakt aufnehmen, Geschäfte machen, ja sogar zusammen-
arbeiten, muss man die emotional-religiösen, wirtschaftlich-familiären
Bindungen berücksichtigen, die diese Oligarchie zusammenhält. Das
deutsche Außenministerium ist wahrscheinlich das beste Beispiel dafür,
wie man es *nicht* machen sollte. Das zeigt die Affäre um den deutsch-

iranischen Politikberater Adnan Tabatabai und die deutsche Iranpolitik. 2022 und 2023 waren die Jahre der iranischen Frauen (▶ Kap. 9). Es war eine aufregende, bewegende Zeit, in der die Weltöffentlichkeit, besonders auch die deutsche Öffentlichkeit, endlich mitbekam, dass es einen anderen, weitausinteressanteren Iran gibt als jenen, den die Islamische Republik und Ali Khamenei repräsentieren. Man wurde Zeuge, wie die Iranerinnen mit Mut und Phantasie das mittelalterliche System der Geistlichkeit herausforderten, und wie sich die Auslandsiraner mehrheitlich mit dieser einmaligen Bewegung in der Heimat solidarisierten – ihre größte Solidaritätsdemonstration fand immerhin in Berlin statt. Genau wie heute rätselte die Welt auch damals, was nun aus dem Iran wird.

Auf dem Höhepunkt der dramatischen Ereignisse brachte die *Bild*-Zeitung am 29. September 2023 eine Geschichte mit dem Titel: „So biederte sich der Baerbock-Berater den Mullahs an". Hinter dieser effekthascherischen Schlagzeile steht eine kleine investigative Geschichte über einen Mailverkehr zwischen Adnan Tabatabai, dessen Think Tank Carbo insgesamt 2,3 Millionen Euro vom Auswärtigen Amt für seine „Beratertätigkeit" erhalten haben soll. Laut *Bild* habe er dafür auch einen Ex-Revolutionsgardisten im iranischen Außenministerium zu „Besuchen" nach Deutschland eingeladen. Einen Skandal witterte die *Bild*. Wer sich nur ein bisschen mit dem Iran auskennt, wüsste freilich, dass hier nichts Überraschendes geschah: Tabatabai setzte lediglich eine Familientradition fort, die auch in Deutschland sehr gut bekannt ist – oder es sein sollte. Hätten die *Bild*-Macher gewusst, dass und wie der große Tabatabai-Clan die deutsche Iranpolitik seit Beginn der Revolution weitgehend bestimmt, hätten sie sich für ihre Geschichte andere, wichtigere Fakten vornehmen können als die Summe von 2,3 Millionen Euro für eine Consulting-Firma, was an sich noch gar kein Skandal ist. Beratung ist schließlich eine Dienstleistung und sie hat ihren Preis.

Schon skandalträchtiger ist die Frage, warum Deutschlands damalige Außenministerin Annalena Baerbock trotz ihrer feministischen Ansprüche für eine Kontinuität der deutschen Iranpolitik stand – nicht die Beratung ist das Problem, sondern das, was man aus ihr macht. Und Adnan Tabatabais Einfluss auf Frau Baerbock und die deutschen Politik war noch gering verglichen mit dem seines Vaters Sadegh. Der prägte, ja bestimmte in den langen Genscher-Jahren die deutsche Iranpolitik: Er war in Sachen Iran praktisch Genschers rechte Hand.

Für Hans-Dietrich Genscher, mit einer kurzen Unterbrechung deutscher Außenminister von 1974 bis 1992, war Sadegh Tabatabai entscheidend für seinen Zugang zum innersten Kern der Teheraner Macht, einen besseren Mann hätte er dafür nie gefunden. Sadegh verkörperte die islamische Oligarchie wie kein zweiter. Er war Sohn eines Großayatollah aus Qom und machte in dieser Stadt sein Abitur, bevor er 1961 zum Studium der Biochemie nach Deutschland kam. Seine Schwester heiratete Khomeinis Sohn Ahmad. Auch mit den mächtigen Schiiten-Clans im Libanon war er familiär eng verbunden, war ein Neffe von Imam Musa Sadr, dem legendären Schiiten-Führer im Libanon. Als er am 1. Februar 1979 mit Khomeini von Paris nach Teheran flog, hatte Sadegh Tabatabai einen Verfassungsentwurf der Islamischen Republik in der Tasche; er diente als Regierungssprecher, Vize-Innenminister und noch viel wichtiger: Er war Sonderbotschafter für Deutschland, eine Schlüsselposition in Khomeinis „Republik". In Deutschland sprachen Sadegh Tabatabai und Genscher über heikle Fragen: die Geiselnahme der US-Diplomaten in Teheran, die Terroraktionen und Flugzeugentführungen, die fast täglich nicht nur den Nahen Osten erschütterten. Genscher durfte als erster westlicher Außenminister in den nachrevolutionären Iran fliegen. Khomeinis „Republik" wurde damit international salonfähig. Doch am Ende erging es Sadegh nicht besser als vielen anderen Absolventen westlicher Hochschulen, die sich der „Herrschaft

des Gelehrten" andienten. Er wurde entmachtet, mit Anklagen über-
häuft und stand mit einem Bein im Gefängnis, als Khomeini persönlich einschritt. Seine letzten Jahre verbrachte Tabatabai isoliert und von
Krankheit gezeichnet in seiner Heimatstadt Qom.

Khamenei und die Revolutionsgarden

Ali Khameneis Leistung besteht darin, dass er in seiner gut 35-jährigen
Herrschaft Wege gefunden hat, diese Oligarchie an sich zu binden. Dabei
war er in einer sehr misslichen Ausgangslage gestartet, die Konsolidie-
rung seiner Macht als oberster Führer war kein einfaches Unterfangen,
es ging zunächst ums Überleben, politisch ebenso wie auch persönlich.
   Er war kein Großayatollah und stammte aus einer armen Familie,
ihm fehlten die üblicherweise notwendigen Netzwerke. Auch hatte er
weder Charisma noch war er sonderlich gelehrt, weder religiös noch
weltlich. Und doch gelang es ihm, sich gegen hochrangige Gelehrte
durchsetzen, die zudem reicher, einflussreicher und im ganzen Land
besser vernetzt waren als er. Es wirkt wie ein Ding der Unmöglichkeit,
dass jemand wie er zur alleinbestimmenden Spitze dieses Gottesstaates
aufsteigen sollte. Liest man das Buch seiner Herrschaft von hinten, ist
man erstaunt, wie kalkuliert, planmäßig und zielbewusst er auf seinem
Weg nach oben vorgegangen ist. Seine fehlende Kompetenz und sein
mangelndes Charisma musste er mit irdischen, profanen Mitteln
kompensieren, also griff er zu Gewalt, Zensur und Verfolgung.
   Zunächst musste er jene unter seine Kontrolle bringen, die die
eigentlich Mächtigen im Land waren und reale Gewalt ausübten: die
Revolutionsgarden. Das war kein Leichtes, war Khamenei doch für sein
gespanntes Verhältnis zu den Garden bekannt. Diese Spannung hat
ihre eigene, fast unglaubliche Geschichte. Die islamische Republik hatte
von Anfang an zwei Armeen; unmittelbar nach seiner Machtübernahme

hatte Khomeini den Befehl gegeben, eine „Armee zum Schutz der Islamischen Revolution" (*Sepah Pasdaran Enghalab Eslami*) zu gründen. Es gab viele Gründe, eine solche absolut loyale Truppe zu einzurichten. Sie sollte ein Gegengewicht zur klassischen Armee bilden, die er als reaktionär und putschbereit einschätzte. Auch wollte er eine Truppe mit ausreichend ideologischer Verbundenheit und Treue zur Islamischen Republik, um seine junge Republik umfassend vor internen wie externen Bedrohungen zu schützen. Es sollte völlig anders kommen. Am Beispiel der iranischen Revolutionsgarden kann man sehen, dass die Geschichte nicht planbar ist. Die Gardisten wurden zur Verkörperung der persischen Redewendung, „die Schlange im eigenen Ärmel züchten". So soll es der einst mächtige Rafsandschani in seinen alten Tagen gesagt haben, als er praktisch entmachtet war.[36]

Im Zuge der Neuordnung der Streitkräfte betraute Khomeini Khamenei mit der klassischen Armee; er sollte dort als „Berater" oder besser gesagt als Aufpasser Dienst tun. Solange Khomeini lebte, galt Khamenei als Beauftragter für eine Armee, deren oberste Offiziere entweder im Gefängnis saßen, geflüchtet oder hingerichtet worden waren. Als wenige Monate nach dem Sieg der Revolution Saddam Hussein die Islamische Republik angriff, brach die wahre Stunde der Garden an. Der Krieg mit dem Irak half ihnen dabei, ihren Einfluss, ihre Privilegien und Positionen innerhalb des neuen Staates zu vergrößern und zu verbreitern. Die Garden waren maßgeblich an der schnellen Mobilisierung gegen die irakische Invasion beteiligt und in den Frontkämpfen ebenso präsent wie bei der Unterdrückung von Unruhen im Inneren. Die Basidsch-Miliz, eine anfänglich freiwillige paramilitärische Truppe, die für die Unterdrückung Andersdenkender und die Erhaltung der öffentlichen Ordnung entstanden war, gliederte man in die Garden ein. Lange war die Arbeitsteilung an der Spitz der „Republik" eindeutig: hier der omnipotente Kriegsstratege Rafsandschani, der den

Oberbefehl über alle Streitkräfte hatte, dort Khamenei, der bei der kaltgestellten königlichen Armee die Funktion eines Aufpassers ausübte. Die Garden nahmen weder ihren Rivalen, die Armee, noch deren Beauftragten Khamenei ernst.

In den letzten Jahren dieses langen Stellungskriegs waren Khomeini und Rafsandschani zu der Einsicht gekommen, dass einem Land mit zwei Armeen ständig innere Konflikte drohen. Deshalb entschieden sie, beide Truppen bei der nächsten Gelegenheit zu fusionieren, und fast alle begrüßten diese Entscheidung. Doch kurz nach Kriegsende starb Khomeini und es sollte völlig anders kommen: Die Garden bewahrten nicht nur ihre Selbstständigkeit, sondern wurden, obwohl sie praktisch arbeitslos geworden waren, sogar noch mächtiger. Sie hatten sich in den Kriegsjahren genug Waffen, Macht und Respekt verschafft und wurden so zu dessen eigentlichem Sieger.

„Alleskönner" Rafsandschani fand nach Kriegsende eine Ersatzbeschäftigung für sie. Mit ihren schweren Geräten und Kriegsmaschinen sollten sie sich dem Wiederaufbau widmen, schlug er vor und warb dafür sogar beim Freitagsgebet. In Wahrheit war dies eine Einladung an die Garden, den Staat zu übernehmen. Ironie des Schicksals: Die Garden wurden später zu den schärfsten Kritikern, manche von ihnen sogar zu Feinden des Rafsandschani-Clans.

Khamenei griff Rafsandschanis Vorschlag auf. Die dezimierte, gedemütigte königliche Armee kannte er aus eigener Erfahrung; er hatte begriffen, wo die eigentliche Macht liegt. Wie ein guter Gastgeber lud er die Garden ein, sich im Staat wie zuhause zu fühlen, machte sie zur führenden Wirtschaftskraft, zum Monopolisten in allen zentralen Sektoren.

Eine Kommandozentrale für den Wiederaufbau

Der Vorwand dieser Einladung zur Übernahme des ganzen Landes war der Wiederaufbau der Infrastruktur nach dem Krieg mit dem Irak. Dafür gründeten die Revolutionsgarden die „Khatam al-Anbiya Kommandozentrale für Wiederaufbau". „Khatam al-Anbiya" bedeutet wörtlich: das „Siegel der Propheten". Das ist einer der wichtigsten Beinamen des Propheten Mohammed; denn das arabische Wort für Siegel ist mehrdeutig. Es bedeutet auch Krönung ebenso wie Ende und Ergebnis, will heißen: Mohammed ist der letzte und der beste, die Krönung aller Gottesgesandten. Vierzehn Jahrhunderte nach Mohammed begegnet man heute in Teheran also einem zweiten „Siegel der Propheten", das sich ebenfalls für die Krönung dessen hält, was islamische Macht je zu bieten hatte. Es ist kein einzelner Mensch, der diesen heiligen und gehaltvollen Namen trägt, sondern ein Konglomerat, das im besten und teuersten Stadtteil im Norden der iranischen Hauptstadt residiert. Diese Holding strahlt tatsächlich wie eine Krone und überragt in der Islamischen Republik alles und jeden: wirtschaftlich, politisch, wissenschaftlich und natürlich militärisch. Mit mehr als 900 registrierten Unternehmen innerhalb und außerhalb des Iran ist sie Empfänger von fast allen großen Regierungsaufträgen. Auf ihrer Webseite zählt der Riese exemplarisch Aufträge in verschiedenen Baubereichen auf, darunter Dämme, Wasserumleitungssysteme, Autobahnen, Tunnel, Gebäude, Schwerlastkonstruktionen, Offshore-Bau, Wasserversorgungssysteme sowie Wasser-, Gas- und Ölleitungen. Eines ihrer bekanntesten Projekte ist die Linie 7 der Teheraner Metro, eines Tochterunternehmens von Khatam.

Als Ali Khamenei 1989 diese „Kommandozentrale" ins Leben rief, war er sich der besonderen Namensgebung mit Sicherheit bewusst. Und wenn Khamenei eine solche Bezeichnung für eine Einrichtung wählt, dann hofft er, dass sie strahlend, herausragend und einmalig sein wird. 36 Jahre nach ihrer Gründung muss man einräumen: Khamenei hat seine Idee durchgesetzt, sein Ziel erreicht. Die Kommandozentrale ist, wie der Name andeutet, zunächst eine militärische Institution, folgerichtig wird sie von den Revolutionsgarden befehligt. Doch Khatam al-Anbiya ist mehr als ein militärischer Apparat, sie ist eine konkurrenzlose Technologieholding, die alle Bereiche der iranischen Wirtschaft fast vollständig kontrolliert. Sie ist ein Staat nicht im, sondern über dem Staat, hat sogar Verfassungsrang: Artikel 147 der iranischen Verfassung verpflichtet die Regierung, auch in Friedenszeiten das Personal und die technischen Mittel dieser Kommandozentrale einzusetzen: für Versorgung, Bildung, Produktion und natürlich für den Dschihad.

Und so ist wenig verwunderlich, dass diese Zentrale in all den genannten Bereichen heute eine unangefochtene Monopolstellung besitzt. Bei jedem staatlichen Projekt, groß oder klein, hat sie das entscheidende und letzte Wort. Und im Erdölland Iran ist fast alles staatlich, egal, ob es um den Bau von Straßen oder Krankenhäusern geht oder um Nahrungsmittel, Erdölförderung, Luftfahrt, Außenhandel und Mobilfunk: Überall sind die Garden mit ihrer Wiederaufbauzentrale präsent. In der Rüstungsindustrie und bei Waffenkäufen sind sie gänzlich unter sich und entscheiden allein.

Der Obererste Kommandant der Revolutionsgarden ist laut Gesetz auch der oberste Chef der Wiederaufbauzentrale. Einer seiner Stellvertreter, ebenfalls ein General, übernimmt die Funktion des Holding-Chefs vor Ort. „Von hier aus führen wir einen Krieg gegen die Großmächte, allerdings einen wirtschaftlichen", sagt Khamenei. Wie und von wem dieser „Krieg" geführt wird, zählt der Ex-Manager der Holding, General Ebadollahi, auf: „Wir beschäftigen 170.000 Fachkräfte, davon sind 35.000 Ingenieure, 5.000 private Firmen sind unsere ständigen Auftragnehmer". Einige seiner laufenden Großprojekte: die Phasen 15 und 16 des South-Pars-Gasfeldes, die tausend Kilometer lange Autobahn von Qom nach Maschhad, die Sadr-Autobahn in Teheran, der Bau von 21 Milliarden Kubikmetern an Wassertanks und die Fertigstellung von 730 Kilometern Tunnel für Bewässerung, öffentliche Verkehrssysteme sowie Öl- und Gastransporte. Es gibt kaum eine große oder kleine Baustelle, an der kein Schild der Wiederaufbauzentrale prangt, sei es für U-Bahnen oder Flughäfen, für Krankenhäuser oder Moscheen: „Ohne Khatam al-Anbiya kein Leben", liest man auf diesen Schildern. Das staatliche Fernsehen des Iran gewährte mehrmals Einblicke in unterirdische Raketenstützpunkte, die mithilfe von Khatam al-Anbiya gebaut worden sind.

Gholam Ali Raschid, der neue Chef dieses militärischen Wirtschaftsriesen, zählte zu den ersten jener zwanzig Generäle, die Israel im Juni 2025 schon in der ersten Nacht seines Krieges mit dem Iran tötete. Der 72-Jährige gehörte zu den engsten Vertrauten von Qassem Soleimani, beide prägten die Politik der Garden maßgeblich. Nur wenige Stunden nach Kriegsbeginn ernannte Khamenei General Ali Schadmani zum neuen Kommandanten der Zentrale, doch am vierten Kriegstag ermordete Israel auch ihn.

Dass die Militärs auch in der Wirtschaft mitmischen, ist keine iranische Erfindung. Auch die Armeen Pakistans oder Ägyptens beispielsweise betreiben das seit Jahrzehnten. Doch im Falle der iranischen Revolutionsgarden sind wir mit einer weltweit einmaligen Verquickung von Wirtschaft, Militär, Politik und Religion konfrontiert. Zwischen all diesen Bereichen gibt es praktisch keine Grenzen mehr. In Ministerien besetzen Funktionäre der Wiederaufbauzentrale die wichtigsten Posten, ihre Firmen zahlen keine Steuern und niemand darf sie kontrollieren. Als sich einmal ein Parlamentsabgeordneter die Frage erlaubte, ob sich die Volksvertreter diese steuerfreien Unternehmen nicht näher anschauen sollten, reichte die Wiederaufbauzentrale Klage gegen ihn ein. Seitdem redet keiner mehr von Aufsicht, Untersuchung, Überprüfung oder

dergleichen. Diese einmalige Situation versetzt die Wiederaufbauzentrale in die Lage, jeden Konkurrenten aus dem iranischen Markt zu
verdrängen, inländische ebenso wie ausländische. Genau besehen exis-
tiere im Iran gar kein Markt, sagt der Ökonom Mohssen Renani von
der Universität Isfahan. Ohne diese alles beherrschende Holding kann
kein Präsident, kein Minister oder Ayatollah eine langfristige Strategie
entwickeln. Die Wiederaufbauzentrale bestimmt nicht die Politik, sie ist
die Politik schlechthin.

„Wenn Sie Geld, Waffen, Geheiminformationen, Medien und
andere Machtsymbole in eine Hand legen, dann wird diese Hand mit
Bestimmtheit korrupt, selbst wenn sie einem Heiligen oder dem
Propheten selbst gehören sollte", sagte einmal der ehemalige Präsident
Rohani.[37] Wahrscheinlich kann niemand das besser beurteilen als er,
denn Rohani war zwei Dekaden lang Chef des Nationalen Sicherheitsrats. Rohani sprach diesen Satz auf dem Höhepunkt seiner Präsident-
schaft vor Armee-Offizieren aus, den heimlichen Rivalen der Garden
– provokanter geht es nicht. „Ich habe den Herrn Präsidenten zur Rede
gestellt, ob er damit die Revolutionsgarden gemeint hätte. Er sagte Nein
und damit ist die Sache beendet", sagte drei Tage später Aziz Dschafari,
damals Oberster Kommandant der Garden. Um die Gemüter zu besänftigen, versuchte am selben Tag Holding-Chef General Ebadollahi zu
beschwichtigen: „Wir übernehmen nicht alle Projekte, von Zeit zu Zeit
finden sich gewisse Aufträge, die wir anderen überlassen." Alle Projekte,
die unter 30 Millionen Dollar liegen, überlasse man dem freien Markt,
so der General.

Und es blieb nicht bei der Wirtschaft. Die Garden sind heute omnipräsent, sie bestimmen auch alles Politische. Im Kabinett stellen sie
wichtige Minister: Erdöl, Inneres, Verteidigung, Außenpolitik, Geheimdienste. Fast alle Botschafter kommen aus ihren Reihen, sie stellen alle
Provinzgouverneure sowie die Prediger der größeren Städte. Die Justiz-

behörde, deren Chef Khamenei auswählt, steht gänzlich unter ihrer Kontrolle, sie leiten die relevanten Gefängnisse des Landes. Revolutionsrichter, die politische Prozesse führen, sind entweder selbst Gardisten oder stehen unter deren Einfluss. Ehemalige Gefangene berichten, die sie vernehmenden Gardisten hätten ihnen während des Verhörs bereits das Urteil und dessen Begründung mitgeteilt.

Khameneis Revolutionsexport

Wegen seines gespannten Verhältnisses zu den Garden war Khamenei gezwungen, ihnen weitreichenden Avancen zu machen. Sein erstes Treffen mit der Spitze der Garden bot vielsagende Bilder, die noch heute im Netz zu finden sind. Wir befinden uns im Sommer 1989, Khamenei ist erst seit kurzem der neue Führer der Republik, das neue politische und geistige Oberhaupt des Landes und damit auch Oberbefehlshaber aller Streitkräfte. Doch sieht man während dieses Treffens bei den anwesenden Offizieren der Garde nichts – keine Geste, kein Verhalten, keinen Blick –, das als Respekt oder gar Achtung gedeutet werden könnte. Vielmehr erscheint Khamenei als einer unter vielen. Ein Uniformierter hebt im Gespräch mit ihm belehrend, ja fast drohend den Zeigefinger, andere Anwesende plaudern miteinander, einige lachen. Khamenei tritt wie ein Reuiger auf und erklärt, er sei von Anfang an strikt gegen eine Fusion von Garden und Armee gewesen; die Islamische Revolution bzw. die Republik sei ohne Garden nicht existenzfähig.

Was Rafsandschani vorgeschlagen hatte, nämlich den Garden den Weg in die Wirtschaft zu ebnen, setzt er in einer ganz neuen Dimensionen fort. Khamenei reorganisiert die Garden gründlich und setzt Offiziere seines Vertrauen an ihrer Spitze. Und er verschafft ihnen ein interessantes, wichtiges Kriegsfeld als Ersatz für die bisherigen Fronten: Khamenei, der kurz nach Kriegsende an die Macht gekommen war, widmet sich vorwiegend dem Revolutionsexport. Für seine so genannte „strategische Tiefe" baut er die Quds-Brigade auf, den Auslandsarm der Garden. Denn seine „Achse des Widerstands" benötigt keine großen Verbände. Für die Bewaffnung der Milizen der regionalen Guerillakriege sind andere Kräfte, andere Waffen, andere Taktiken vonnöten, kleine, bewegliche, gut ausgebildet Teams. Es ist diese Jerusalem-Brigade, die Sinn, Wesen und Ziel der islamischen Revolution verkörpert: nämlich eine globale, grenzübergreifende, pan-islamische Kraft zu sein.

Unter den Gründern der Garden gab es Kämpfer, die mit den islamistischen Bewegungen jenseits der iranischen Grenze sehr vertraut waren, Kontakte und Erfahrungen hatten. Sie hielten sich für intellektuelle Internationalisten, einige hatten ihre Exiljahre im libanesischen Bürgerkrieg verbracht. Sie wurden zum Nukleus dessen, was später als Quds-Brigade die Region prägte und veränderte. Was Ali Khamenei mit dieser Truppe vorhat, hatte Ahmad Vahidi, ihr erster Kommandant, bereits vorgelebt. Wer dieser Mann ist, was er alles angerichtet hat, erfuhr die breite Öffentlichkeit erst fast 35 Jahre später, als er im Herbst 2021 im Kabinett des „Blutrichters" Ibrahim Raissi Innenminister wurde: Nur wenige Stunden, nachdem das Teheraner Parlament seine Ernennung einstimmig bestätigt hatte, traf eine scharfe Protestnote aus Argentinien ein. Denn für argentinische Ermittler ist Vahidi der Drahtzieher jenes schweren Bombenanschlags, bei dem 1994 im jüdischen Gemeindezentrum Amia in Buenos Aires 85 Menschen ums Leben kamen. Dass er zeitweilig auf der „Red-Notice"-Liste von Interpol stand, verdankt er diesem und einigen anderen spektakulären Terrorakten in verschiedenen Ländern der Erde.

Vier Jahre nach diesem bis dahin größten Anschlag auf eine jüdische Einrichtung ernennt Khamenei Qassem Soleimani zum zweiten Kommandanten der Quds-Brigade. Damit war ein neues, blutiges Kapitel aufgeschlagen. 22 Jahre lang führte Soleimani die Brigade und verhalf ihr und der Islamischen Republik zu zweifelhaftem Weltruhm. Schließlich gibt US-Präsident Donald Trump im Januar 2020 den Befehl, ihn zu töten. Mit Soleimani begann im Iran bzw. im gesamten Nahen Osten die große Ära der Jerusalem-Brigade. Seine Jahre waren das Zeitalter des 11. September, des Irak- und Afghanistankrieges und des Islamischen Staats (IS). Es waren auch die Jahre des syrischen und iraki-schen Bürgerkriegs sowie des Aufstiegs der Hamas und der Hisbollah. Bei all diesen dramatischen, weltbewegenden Ereignissen ist Soleimani als führender Kommandant, als wichtigster Feldherr omnipräsent. Für Khameneis „strategische Tiefe" war er der richtige, kompetente und in jeder Hinsicht ideale Mann.

Vertieft man sich in Soleimanis Biografie, kommt man aus dem Staunen darüber nicht heraus, was eine Revolution aus einem Menschen machen kann, welche verborgenen Kräfte sie freisetzt. Soleimanis Dorf, Qanat Malek in der Provinz Kerman, fast tausend Kilometer von Teheran entfernt, liegt weitab jeglicher Urbanität. Der Flecken mit wenigen Bauernfamilien und einigen Walnussbäumen liegt in einem Gebirge am Rande der großen iranischen Wüste, die sich von Zentraliran bis zum Persischen Golf erstreckt; in der letzten offiziellen Statistik hatte das Dorf vierhundert Einwohner. Schon als Kind muss er auf Baustellen schuften, denn sein Vater ist tief verschuldet und viel zu arm, als dass er je auf den Gedanken kommen könnte, den Sohn in die nächste Ortschaft zur Schule zu schicken. Schließlich findet Qassem beim Wasserwerk der Provinzhauptstadt Kerman eine Stellung als Lehrling, absolviert nebenbei die Grundschule. Das sind Herkunft und Lebensbedingungen jenes „Helden", der 2017 auf der Liste der 100 einflussreichsten Persönlichkeiten der Welt des *Time Magazine* stand und über den ein ehemaliger CIA-Analyst schrieb: „Für die Schiiten im Nahen Osten ist er eine Mischung aus James Bond, Erwin Rommel und Lady Gaga."[38]

22 Jahre alt ist Soleimani beim Ausbruch der Revolution; wie andere Gleichaltrige an anderen Orten gründet er in Kerman ein Sicherheitskomitee aus Freiwilligen. Mit dieser Gruppe beteiligt er sich an der Unterdrückung der inneren Unruhen, die nach der Revolution in verschiedenen Teilen des Landes ausbrechen. Als im September 1980 der irakische Diktator Saddam Hussein den Iran angreift, sieht Soleimani seine Stunde gekommen und schließt sich samt seinem Komitee den gerade entstandenen Garden an. Was dieser Dorfjunge ohne richtige Schulbildung in diesem Krieg leistet, seinen Aufstieg innerhalb der Garden verdankt er seiner Intelligenz und seiner Lernfähigkeit – gepaart mit ausreichendem Karriere- und Machtbewusstsein. Er wird zum ersten und wichtigsten Mann Khameneis. Seine Rolle in dessen „strategischer Tiefe" kann man kaum überschätzen. Soleimani war stets und überall dabei, wenn Khamenei seinen Einfluss vergrößern oder Bedrohungen abwenden wollte. Ohne die zehntausenden Milizionäre, die er aus mehreren Ländern mobilisierte, wäre beispielsweise der syrische Diktator Baschar Assad viel früher gestürzt.

Im Frühjahr 2015, der Aufstand in Syrien ist bereits vier Jahr alt, sieht Soleimani ein, dass er Assad auch mit seinen zahlreichen Milizen nicht wird retten können. Er fliegt nach Moskau, spricht fast zwei Stunden mit Putin und koordiniert mit ihm den schnellen Einsatz der russischen Luftwaffe. Seine Milizen fungieren seitdem als Russlands Bodentruppen. Das massive, erbarmungslose Bombardement der russischen Kampfflugzeuge rettet Assads Macht einstweilen. Der mörderische Bürgerkrieg wird noch zehn Jahre dauern und weitere zehntausende Leben fordern.

Abb. 15:   *Khamenei und Soleimani im Jahr 2015.*

Mit seinem Trip nach Moskau habe Soleimani Assads Regime gerettet, schrieben iranische und westliche Presse damals unisono. Er muss sich wie ein Triumphator gefühlt haben, dem es gelungen war, fast die halbe Welt für Khameneis Ziele einzuspannen. Der Besuch bei Putin sei allein Soleimanis Entscheidung gewesen, sagt Irans Außenminister Dschawad Sarif später in einem langen Interview, in dem er beklagt, wie Russland nicht nur ihn als Außenminister, sondern das gesamte Land missachtet hat. Soleimani wird Sarif noch weiter demütigen, ihm zeigen, wer Herr im Hause ist.

Ein Bild der tatsächlichen Machtverhältnisse

Es ist der 24. Februar 2019. Seit fast vier Jahren bombardieren russische Kriegsflugzeuge fast täglich die syrischen Rebellen, und auf dem Boden leistet Soleimani mit seinen multinationalen Milizen ganze Arbeit. Die verabredete Koordination mit Putin funktioniert perfekt, Assad sitzt fest im Sattel. Als die Sonne in Teheran untergeht, gibt es aus der iranischen Hauptstadt Breaking News: Das Portal des Revolutionsführers Ali Khamenei meldet, der syrische Präsident sei vom „geehrten Führer" empfangen worden. Assad sei ein „Held der arabischen Welt" und der Iran sei stolz, ihm bei seinem Sieg gegen die Supermächte und Israel geholfen zu haben, liest man auf Khameneis Webseite.[39]

Auf dem Bild zu dieser Meldung ist Assad in einem schmucklosen und einfachen Raum zu sehen, begleitet nur von seinem Dolmetscher. Khamenei dagegen hat sieben Menschen um sich versammelt: Qassem Soleimani, den Kommandeur der Quds-Brigaden, Ali-Akbar Velayati, Khameneis außenpolitischen Berater, seinen Kabinettschef Golpaygani, der zugleich der Schwiegervater einer seiner Töchter ist, sowie drei wichtige und mächtige Mitarbeiter seines Büros. Das ist eine exakte Abbildung des iranischen Machtkerns, und das Bild verdeutlicht einmal mehr: Wenn es einen Sieg in Syrien geben sollte, sind dessen Väter weder Rohani, der zu dem Zeitpunkt amtierende Präsident, noch sein Außenminister Sarif.

Am Ende des Tages, kurz vor Mitternacht iranischer Zeit, dann der Paukenschlag: Über Instagram bittet der Außenminister für alle Unzulänglichkeiten in seiner Amtszeit um Verzeihung und entschuldigt sich beim iranischen Volk dafür, dass er sich nicht mehr in der Lage sehe, sein Amt weiter auszuüben. Sarifs Rücktritt erfolgt wenige Stunden, nachdem Assad Teheran verlassen hat, und mit seinen Sätzen offenbart Sarif nicht nur der eigenen Bevölkerung, sondern der ganzen Welt seine Ohnmacht.

Rohani und Sarif seien nur Schaufensterpuppen einer religiösen Mafia, reagiert sein US-Kollege Mike Pompeo auf den Rücktritt, und darin steckt mehr als ein Körnchen Wahrheit. Sarifs große, praktisch seine einzige nennenswerte Leistung war jenes Atomabkommen, das mit dem Austritt der USA unter Donald Trump wertlos wurde. Zusammen mit der Eilmeldung seines Rücktritts werden auch weitere Bilder des Treffens geliefert, zu dem er nicht eingeladen war: Man sieht darauf, wie Khamenei wie ein gütiger Vater Assad umarmt und dieser wie dankbarer Junge lächelt. Dieses Bild ist für US-Offiziere keine Überraschung: Denn sie wissen, welche Stellung Soleimani in Iran bzw. in regionalen Kriegen hat, und sie sind sicher, dass er es gewesen ist, der Assad zu Khamenei gebracht hat. Auch die Amerikaner sind seit Jahren in diesen Kriegen involviert und beobachten dabei tagtäglich Soleimanis bestimmende Rolle auf all diesen Kriegsfeldern. 2008, auf dem Höhepunkt des Irakkriegs, schreibt Soleimani an General David Petraeus, den Befehlshaber der US-Truppen: „Sie sollten wissen, dass ich, Qassem Soleimani, die iranische Politik steuere, was den Irak, den Libanon, Gaza und Afghanistan betrifft."[40] Und das war keineswegs übertrieben oder ein Zeichen von Größenwahn.

Mit seinem Befehl, Soleimani zu töten, hat Donald Trump den wichtigsten, unersetzbaren Kriegskommandanten Khameneis eliminiert. Doch selbst der tote Soleimani konnte Khamenei noch nützlich sein. Durch geschickte Propaganda wurde er zu einem Nationalhelden sondergleichen stilisiert. Sein Leichnam – oder das, was nach dem Angriff einer US-Rakete von ihm übrig geblieben war – wurde drei Tage lang durch den ganzen Iran transportiert und dabei von Hunderttausenden begleitet, beweint und betrauert, bevor er in seiner Heimatstadt Kerman beerdigt wurde. Bei diesen Trauerzeremonien kamen im Gedränge Dutzende Menschen ums Leben. Soleimanis Grab ist inzwischen zu einem großen Mausoleum, quasi zu einer heiligen Pilgerstätte ausgebaut worden.

Zeitlebens mischte Soleimani sich auch innenpolitisch ein, und zwar immer dann, wenn er merkte, dass Khameneis Macht wackelte.

2009 war die Zeit des Reformpräsidenten Mohammad Khatami; Zeitungen wagten vorsichtige Kritik, Studenten gewisse Grenzüberschreitungen, Filmemacher produzierten einen kritischen Streifen nach dem anderen und brillierten damit auf internationalen Filmfestivals. Kulturell schien vieles aus dem Ruder zu laufen. Für Khamenei keine einfache Situation; er konnte diese „Frevel" nicht verhindern, weil Khatami mit über 70 Prozent der Stimmen gewählt worden und seine Beliebtheit unbestreitbar war. Doch selbst diese zaghaften Reformen konnten Khameneis Macht ernsthaft gefährden – Soleimanis Autorität war gefordert. Sein Einschreiten war ganz im Sinne Khameneis: energisch, unmissverständlich und bedrohlich. In einem offenen drohenden Alarmbrief warnte er Khatami, er werde mit der geballten Macht der Garden eingreifen, sollte sich dessen Politik nicht ändern. Den Brief unterschrieben 24 weitere führende Offiziere der Garden, darunter Ismail Ghaani, der Soleimanis Nachfolger als Kommandeur der Quds-Brigaden werden sollte.

Auch Ghaani wurde schon in den ersten Stunden des israelischen Angriffs vom 12. Juni für tot erklärt. Wie genau die Israelis ihn ausfindig machen konnten, wissen wir nicht. Sollten jemals die Umstände ans Licht kommen, wie Israel ihn und anderen hochrangigen Generäle sowie Atomwissenschaftler in dieser Nacht nahezu zeitgleich in ihren Schlafzimmern eliminierte, könnten sie jeden Thriller übertreffen. Zwei Tage später zerstörte die israelische Armee auch die Kommandozentrale der Quds-Brigaden in Teheran.

Merkels Maschine im regionalen Krieg

Soleimanis Stellung im Inneren war sakrosankt, niemand traute sich, sich ihm in den Weg zu stellen, ihn anzutasten. Er hatte freien Zugang zu allen Finanzressourcen der „Republik", es existiert heute kein Kontrollorgan für die Garden mehr, weder das Parlament noch die Justiz oder Presse dürfen Fragen stellen. Und unter den Kommandanten der Garden war Soleimani *primus inter pares*. Mit dieser Stellung benutzte er beispielsweise nicht nur Iran Air, die zivile staatliche Fluggesellschaft, für Truppen- und Waffentransporte, sondern hatte auch Zugriff auf Privatflugzeuge ebenso wie auf Maschinen privater Fluggesellschaften, die sich zivile Airlines nennen.

Unter letzteren sticht Mahan Air besonders hervor, die in der Heimatprovinz Soleimanis ihre Basis hat. Auf dem Weltmarkt ist sie unbedeutend, doch regionale Kriege machten aus ihr eine für iranische Verhältnisse große Fluggesellschaft. Ihre Entstehungsgeschichte, ihr Werdegang und Agieren bilden die komplexen Machtstrukturen der herrschenden Oligarchie ab. Mahan ist eine kleine Stadt in der Provinz Kerman, eine Oase in der Wüste, beliebt für ihr angenehmes Klima. Hier liegt der Gründer des wichtigsten iranischen Sufi-Ordens begraben. Die „Blackbox" der Islamischen Republik, Rafsandschani, stammte ebenso aus dieser Provinz wie Khameneis Lieblingsgeneral. Und die Symbiose dieser beiden ist ein Paradebeispiel für die Teheraner Oligarchie.

Das Zivile an Mahan Air ist bloße Tarnung. Auf der Webseite der Fluggesellschaft liest man sonderbare Informationen darüber, wie sie das Licht der Welt erblickte. Wir schreiben das Jahr 1991 und alles beginnt mit einem Telefonat. In der Leitung ist ein ägyptischer Geschäftsmann, er sitzt in Dubai. Der Gouverneur der Provinz Kerman nimmt den Hörer ab. Er ist ein Cousin der Ehefrau Rafsandschanis, der damals Präsident des Iran ist. Der Gouverneur hört von dem Ägypter aus Dubai eine wichtige Frage: ob der Iran bereit sei, als Tilgung für Ägyptens Schulden aus der Schah-Zeit vier alte Flugzeuge zu akzeptieren. Kurz darauf ruft der Gouverneur den Präsidenten in Teheran an und erhält dessen Zustimmung, wenig später ist das Geschäft perfekt: Kerman wird zum Heimat-Flughafen von Mahan Air. Obwohl ihre ersten Flugzeuge zur

Abgeltung von staatlichen Forderungen gedacht waren, wird die neue Airline als private Fluggesellschaft aufgezogen; eingegliedert ist sie in eine religiöse Holding mit dem Namen „Herr der Monotheisten" (*Moli Almuhadin*), und die gehört – wenig überraschend – dem Rafsandschani-Clan. Und Mahan Air wächst. Die Airline besorgt sich auf dem legalen und illegalen Markt alte, aber noch brauchbare Maschinen – im Westen kauft sie Boeing, Airbus und britische BAE, in Russland Tupolew und Iljuschin. Insgesamt 55 Maschinen besitze sie heute, liest man auf der Webseite der Airline. Sie bietet Direktflüge in zwanzig Städte in Asien, Europa und Nahost; die EU-Staaten gehören derzeit jedoch nicht zu den Angeboten, „weil wir wegen unserer Zusammenarbeit mit den Garden unter Sanktionen stehen", gesteht Mahan Air offen.

Zur Flotte zählt kurioserweise auch eine ausgemusterte Merkel-Maschine, der Airbus „Theodor Heuss". Am 20. November 2011 meldet der *Spiegel*:

> „Zuletzt erwarb die Airline eine weiteres Flugzeug, der Airbus 310-304 wurde am 18. November von Kiew nach Teheran geliefert. Nur Kennern fiel der neue Zuwachs der Flotte schnell auf: Zum einen handelte es sich bei dem zweistrahligen Jet um eine sogenannte VIP-Maschine, zudem ist die Flugzeugkennung 10+22 sehr ungewöhnlich. Der Kauf könnte für die schwarz-gelbe Koalition von Bundeskanzlerin Angela Merkel ziemlich peinlich werden: Bei dem Flugzeug handelt es sich [...] um eine Maschine, die rund 20 Jahre im Dienst der Bundesregierung stand."[41]

Eine andere Maschine von Mahan Air, die im Auftrag von Venezuela flog und mehrere Wochen auf einem argentinischen Flughafen festsaß, beschäftigte im Sommer 2022 diverse Geheimdienste: Das Flugzeug war mit abgestelltem Transponder merkwürdige Routen geflogen und hatte Passagiere an Bord, die nicht auf der Passagierliste vermerkt waren; offenbar Gardisten. Das Flugzeug durfte schließlich nach intensiven diplomatischen Aktivitäten Argentinien Richtung Venezuela verlassen, die iranischen Passagiere aber nicht.

Soleimani bedient sich der Mahan-Air-Maschinen nach Belieben. Die „zivile, private" Fluggesellschaft steht vollkommen im Dienst der „strategischen Tiefe". Weil sie das erkannt hatten, setzten die USA 2011, unmittelbar nach dem Ausbruch des syrischen Bürgerkriegs, Mahan Air auf ihre schwarze Liste; alle Vermögenswerte der Gesellschaft in den Vereinigten Staaten wurden eingefroren und jegliche Geschäftsbeziehungen mit ihr untersagt. Mahan Air unterstütze die iranischen Revolutionsgarden bei Attentatsplänen, hieß es aus dem US-Finanzministerium. Als letztes europäisches Land verbot auch Deutschland 2019 jegliche Zusammenarbeit mit Mahan Air: aus Sicherheitsgründen und wegen „Gefährdung der außenpolitischen Belange der Bundesrepublik".

In den ersten Jahren war Mahan Air mit ihren wenigen Maschinen kaum beachtlich, bot keine Auslandsflüge an, organisierte hauptsächlich Politikerreisen. Es war der Syrienkrieg, der die Fluggesellschaft zum einem relativ wichtigen Player machte, denn sie wurde zum logistischen Arm der Garden. In den 14 Kriegsjahren konnten ihre Maschinen lange wie die einer ganz normalen zivilen Airline auch westliche Flughäfen anfliegen. In Deutschland scheint Düsseldorf ihr Heimatflughafen gewesen zu sein, auch wöchentliche Flüge nach München gehörten zum Programm. Als die Bundesregierung 2019 Mahans Flugbetrieb in Deutschland einstellte, berief sie sich auf US-Geheimdienste und sprach in ihrer Verbotsanordnung aus, was seit Jahren als offenes Geheimnis galt: Das Unternehmen stehe im Verdacht, Kämpfer und Waffen für die iranischen Revolutionsgarden zu befördern. Dass das kein bloßer Verdacht, sondern eine Realität war, hätte auch den deutschen Diplomaten längst klar sein müssen. Sie hätten wissen müssen, dass Mahan Air von den Garden gemanagt wird und dass deren Offiziere nicht nur bei allen Fluggesellschaften Schlüsselpositionen besetzten. Auch im Außenministerium führten sie Regie.

Diplomaten im Dienst der Garden

Hossein Alizadeh war 22 Jahre lang Diplomat, vertrat die Islamische Republik in mehreren Länder, zuletzt als Geschäftsträger in Finnland. Aus Protest gegen das brutale Vorgehen der Revolutionsgarden gegen Oppositionelle quittierte er 2010 den Dienst, setzte sich nach Europa ab und lehrte an der finnischen Universität Tampere. Es ist erhellend und lehrreich, was er über die Rolle der Garden im iranischen Außenministerium erzählt.[42] Über die Besetzung der Botschafterposten in Irak, Libanon, Syrien und Jemen hätten immer wie selbstverständlich die Quds-Brigaden bestimmt, der zuständige Außenminister komme nicht mal auf die Idee, Ansprüche zu melden, sagt Alizadeh. Auch bei allen anderen Botschafterposten sei die Zustimmung der Garden unabdingbar. Eigentlich seien diese Botschafter deshalb den Garden verpflichtet, müssten ihr Handel vor allem den Garden gegenüber verantworten. Es sei völlig normal, selbst Grundsatzentscheidungen am Minister vorbei zu treffen.

Dass Außenminister Sarif über die Visite des syrischen Präsidenten Assad in Teheran 2019 nicht informiert war, ist für Alizadeh insofern keine Überraschung, sondern der Regelfall: Seit Jahren würden die Revolutionsgarden im Außenministerium ein Büro unterhalten, alle Botschafter müssten regelmäßig dort erscheinen und Anweisungen entgegennehmen, was sie an ihren Dienstorten zu tun und zu lassen hätten. Sogar schriftlich bestätigen müssten sie das.

„Wenn etwa jemand als Botschafter nach Kenia entsandt wird, muss er sich schriftlich verpflichten, sich für die dort wegen Bombenanschlägen inhaftierten Gardisten mit allen Mitteln, der Hilfe krimineller Banden inklusive, einzusetzen; er muss auf jeden Fall versuchen, deren Flucht aus Kenia zu ermöglichen."

Für diese Spannung, in der jeder iranische Botschafter gefangen ist, einerlei, wo er seinen Dienst tut, prägte Ex-Außenminister Sarif ein bleibendes Begriffspaar: *„Meidan* und Diplomatie". *„Meidan"* hat im Persischen mehrere Bedeutungen: In erster Linie meint es einen Markt- oder Versammlungsplatz, dann aber auch ein Schlachtfeld und einiges mehr. Immer, so Sarif, habe der *Meidan* bestimmt, was die Diplomatie zu tun und zu lassen habe. Gemeint war Soleimani, der Kommandant der Schlachtfelder, und das wusste auch jeder Iraner. Aus seiner acht-jährigen Amtszeit hatte Sarif natürlich eine ganze Reihe einschlägiger Beispiele parat, wie, wo und mit welchen Mitteln die Gardisten ihm diktiert hatten, was er zu tun hatte. Heute gibt es zwischen Schlachtfeld und Diplomatie keine Spannung mehr. Der derzeitige Außenminister, Abbas Araghtschi, kommt nämlich selbst von den Quds-Brigaden. Er war im Stützpunkt Ramadan aktiv, bei einer Einheit der Garden, die sich seit dem Krieg mit dem Irak mit Auslandsaktivitäten beschäftigt.

Soleimanis Ende und die Zukunft der Quds-Brigaden

Mit dem Tod Soleimanis begann die Talfahrt der Quds-Brigade. Die „strategische Tiefe" erlebte nach dem Hamas-Massaker in Israel vom 7. Oktober 2023 ein Fiasko, von dem sie sich so leicht nicht erholen wird, jedenfalls nicht in absehbarer Zeit. Für Khamenei waren Syrien, Libanon und Irak Kernländer seiner Strategie, in denen Soleimanis Milizen tun und lassen konnten, was sie wollten. Doch heute hat sich die Lage in diesen Ländern komplett verändert. War es Soleimanis Personenkult, der alles zusammen hielt, war seine Person wichtiger als alle Milliarden, Manpower und Munition?

Die Kette der Ereignisse, die mit der Ermordung Qassem Soleimanis durch die US-Armee begann, war der Beginn der historischen Niederlage der Quds-Brigaden. Soleimani war für die Brigaden unersetzbar. Seine Raffinesse, seine logistische Fähigkeiten und seine persönlichen Verbindungen zu lokalen Warlords waren für diverse Stellvertreterkriege entscheidend. Nach seinem gewaltsamen Tod im Januar 2020 beschleunigte sich die Talfahrt. Dieses Fiasko hat viele Väter, über deren jeweilige Rolle man lange debattieren könnte. Für einige ist Benjamin Netanjahu der eigentliche, echte Vater, andere halten Donald Trumps Rolle für entscheidend, wiederum andere glauben, ohne den türkischen Präsidenten Erdoğan und den saudischen Kronprinzen Ben Salman im Hintergrund wäre der Supergau der Brigade unvorstellbar gewesen, vor allem was die Rolle der beiden letzteren beim Sturz Assads in Syrien angeht. Manche sehen die eigentliche Verantwortung für die historische Blamage bei Ismail Ghaani, Soleimanis inzwischen von Israel getötetem Nachfolger. Doch neben der offenen Frage nach der eigentlichen Ursache steht noch eine andere, bedeutendere Frage im Raum: Was wird Khamenei mit den Tausenden Milizionären dieser Brigade anfangen können, die nun aus seinen verschiedenen Bürgerkriegen heimgekehrt sind? Es sind überzeugte, gut trainierte und erfahrene Kämpfer, die ihr Leben in fremden Ländern für die „strategische Tiefe" riskiert haben.

Qassem Soleimani wurde am frühen Morgen des 3. Januar 2022 auf dem Flughafen von Bagdad durch eine US-Rakete praktisch in Stücke gerissen. Mit ihm im Auto saß sein Freund Abu Mehdi Mohandes, Chef der irakischen Milizen. Der Aktion hatte man den Namen „Blue Lightning" gegeben. Es ist genau Mitternacht, als ein Airbus 320 den Flughafen von Damaskus verlässt. Neunzig Minuten später landet die Maschine in Bagdad. Im Cargo-Bereich des Bagdader Flughafens herrscht seit mehreren Stunden große Anspannung, eine Art Ausnahmezustand; alles deutet auf einen hohen Gast hin, der gleich landen wird. Stark bewaffnete irakische Milizen sichern das Gelände und sollen ihm einen Empfang bereiten. Wenige Minuten nach der Landung nehmen Soleimani und Mohandes in einer großen Toyota-Limousine Platz, drei Leibwächter steigen mit ein. Das Auto setzt sich in Bewegung Richtung Bagdad, mehrere Begleitfahrzeuge mit bewaffneten Milizen folgen ihm. Fünfzehn Minuten später schlägt eine von einer Drohne abgeschossenen Rakete zu. Es sind keine blauen, sondern gelbe Flammen, die in dieser dunklen Nacht von dem völlig zerstörten, brennenden Auto aufsteigen. Es dauert circa eine Stunde, bis die Eilmeldung in der Welt ist.

Ungeklärt bleibt, wer die Idee zu dieser folgenreichen Aktion hatte. Mike Pompeo soll sich als erster für die Tötung ausgesprochen haben, noch zu seiner Zeit als CIA-Chef (2017/18). Doch andere US-Geheimdienste und das Pentagon sind dagegen, ein Plan kommt zunächst nicht zustande, Pompeos Idee gerät in Vergessenheit. Sie gewinnt jedoch an Aktualität, als am 20. Dezember 2021 ein US-Bürger auf einem amerikanischen Stützpunkt im Nordirak durch eine Rakete getötet wird; irakische Milizen bzw. Soleimanis Männer übernehmen die Verantwortung. Dann, am Silvesterabend dringen schiitische Demonstranten in die sogenannte „grüne Zone" von Bagdad ein, greifen die US-Botschaft an, entzünden Feuer und zerstören den Eingang des Gebäudes. Die Weltmedien sind präsent und übertragen die dramatischen Szenen rund um die diplomatische Mission direkt in die amerikanischen Wohnzimmer. Steht eine Besetzung der US-Botschaft bevor, so wie vor 43 Jahren in Teheran? Das ist ein immer noch nicht verarbeitetes Trauma der jüngsten amerikanischen Geschichte. Trumps Stunde hatte geschlagen, er ist in seinem Element.

Schnell wird die einst abgelehnte Überlegung Pompeos zum Aktions-plan. Israel, das Soleimani seit langem praktisch rund um die Uhr beobachtet, leistet für die Aktion ebenso Hilfe wie der Geheimdienst der kurdischen Autonomiebehörde im Nordirak. Israelische Agenten können den Amerikanern Soleimanis Bewegungen sekundengenau mitteilen, weil sie seine Handys ununterbrochen abhören und orten. So hilft es nichts, dass Soleimani sechs Stunden vor dem Abflug aus Damaskus dreimal sein Handy wechselt. Dem israelischen Geheim-dienst sind all diese modernen Handys bekannt, die Iran einige Monate zuvor für die leitenden Offiziere der Brigaden in den Golfstaaten geor-dert hatte. Israels Geheimdienst war es gelungen, sich in die Lieferkette einzuschalten und die Handys zu infizieren, ähnlich wie bei Tausenden Pagern der Hisbollah vier Jahre später.

Radio Teheran meldet Soleimanis Tod um sieben Uhr morgens. Und als ob es eine Welt ohne einen Kommandanten der Quds-Brigade nicht geben kann, ernennt Khamenei umgehend Ismail Ghaani zu seinem Nachfolger. Doch dieser 76 Jahre alte Mann war das genaue Gegenteil Soleimanis. Ghaani war kleinwüchsig, ohne Charisma und – für iranische Verhältnisse schlimm – kein guter Redner. Bis zu diesem Tag ist er für die breite Öffentlichkeit zudem ein unbeschriebenes Blatt. Ghaani stammte wie Ali Khamenei aus Maschhad. Beim Revolutions-sieg war er 21 Jahre alt und schloss sich sofort den Sicherheitskomitees der Freiwilligen an. Er war im iranischen Kurdistan ebenso dabei wie im Krieg gegen den Irak, wo er in Soleimanis Einheit diente; die beiden wurden Freunde. Als Soleimani 1998 Kommandeur der Quds-Brigade wurde, nahm er Ghaani mit.

Im syrischen Bürgerkrieg seit 2011 zeigt Soleimani seine militä-rische und strategische Fähigkeit – und auch Ghaani leistet Entschei-dendes. Weil er aus Maschhad im Nordosten Irans stammt, war er täglich mit Tausenden afghanischen Flüchtlingen konfrontiert, die der sowjetischen Kriegführung in ihrer Heimat entkommen waren und im Iran Zuflucht suchten. Er half ihnen, betreute sie – und organisierte sie für seine Ziele, die sich zunächst auf den Krieg gegen sowjetische Truppen im benachbarten Afghanistan konzentrierten. So wurde Ghaani Afghanistanexperte der Garden und kümmerte sich um die dortigen Schiiten. Als die Rote Armee Afghanistan verlässt, kehren viele dieser Flüchtlinge in ihre Heimat zurück, werden ein wichtiger Teil des Bürgerkriegs gegen die Taliban. In all diesen Bürgerkriegsjahren pendelt Ghaani zwischen Iran und Afghanistan. Und mit Beginn des syrischen Bürgerkriegs nimmt er ein erstes Team von afghanischen „Freiwilligen" mit dorthin. Soleimani ist begeistert und beauftragt Ghaani, eine ganze Armee aus solchen Afghanen zu gründen. Die sogenannte „Fatemiyoun-Brigade" entsteht, benannt nach Fatima, der Tochter des Propheten.

Von Freiwilligkeit kann allerdings keine Rede sein. Flüchtlinge aus Afghanistan sind im Iran praktisch rechtlos. Genehmigungen für Aufenthalt, Arbeit und Schulbesuch der Kinder gibt es nur für ausgewählte, politisch und religiös zuverlässige Flüchtlinge. Diese Zuverlässigkeit konnte man in der Quds-Brigade unter Beweis stellen. Das erste afghanische Team, das Ghaani für Syrien rekrutiert, bestand aus nur 22 Personen, doch je länger der Krieg dauert, umso zahlreicher wird diese Flüchtlingsbrigade. Am Ende kämpften mehr als 20.000 Afghanen in Syrien. Nachschubprobleme hatte Ghaani offenbar nicht, schließlich kamen immer mehr Flüchtlinge. Und so wurden die Afghanen zur wichtigsten Miliztruppe in Soleimanis Jerusalem-Brigade, sie kämpften in vorderster Front. Ali Khamenei lobte sie mehrmals in höchsten Tönen, es gab kostenlose Wohnungen und einen Sold von bis zu 1.000 US-Dollar monatlich – eine enorme Summe für iranische Verhältnisse. Zuverlässige Zahlen gibt es nicht, aber am Ende waren von den Afghanen, die sich in der Jerusalem-Brigade verdingen mussten, um die zehntausend gestorben und noch mehr verletzt.

Die Mobilisierung der afghanischen Schiiten für den Krieg in Syrien bleibt die wichtigste, manche sagen, die einzige Leistung von Ghaani, der seit dem gewaltsamen Tod seines Mentors das Kommando über die Quds-Brigade hatte. Die Quds-Brigade ist eine Sondertruppe, die Khamenei für besonders schwierige Missionen aufbaute. Sie soll „unkonventionell" handeln, noch wichtiger: Sie soll in verschiedenen Ländern irreguläre Truppen gründen, trainieren, betreuen, die als Stellvertreter Irans für dessen Ziele kämpfen. Dafür kümmerte Khamenei sich persönlich um ihre Finanzen, ihr Budget ist geheim und taucht weder im offiziellen Haushalt noch sonst wo auf. Jedes Land oder Gebiet der Welt hat eigene Vertreter der Jerusalem-Brigade, die islamischen Länder ebenso wie Afrika, Europa und Nordamerika. Die Brigade sitzt in fast allen iranischen Botschaften, hat dort Zugang zu allen Geheimakten und operiert selbstständig, keiner der großen und kleinen iranischen Geheimdienste darf ihr ins Handwerk pfuschen. In den großen Städte Irans wie Teheran, Täbris, Maschhad und Qom hat die Quds-Brigade Stützpunkte und Trainingslager, sie unterhält außerdem besondere Ausbildungscamps für irakische und libanesische Schiiten und türkische und irakische Kurden.

Das Massaker vom 7. Oktober 2023 war für alle Verantwortlichen ein Desaster, es brachte nicht nur die Zerstörung des Gazastreifens, die Neutralisierung der Hisbollah oder den Sturz Assads. Das sind nur die großen, sichtbaren Umwälzungen des Nahen Ostens. Ebenso dramatisch sind die Mikroveränderungen in all den Gruppen und Institutionen, die in Khameneis „strategische Tiefe" involviert waren, und zuallererst bei ihrer Mutterorganisation, der Jerusalem-Brigade. Die Präzision, mit der Israel leitende Offiziere der Quds-Brigaden in Syrien und Libanon getötet hat, die Umstände, unter denen Nasrallah in Beirut ums Leben kam, die Berichte in arabischen Portalen, engste Mitarbeiter seien Zuträger und Spürhunde Israels, sie hätten die israelischen Bomber „gelotst", die Nasrallah töteten – solche Berichte, Gerede und Gerüchte sorgen für Misstrauen, Argwohn und eine Spurensuche in den höchsten Rängen der Quds-Brigaden.

Als dann in der Nacht vom 12. auf den 13. Juni 2025 Israel durch präzisen Aktionen praktisch die gesamte Spitze der Revolutionsgarden tötete, war diese alte Vermutung für viele eine Gewissheit. Ohne hochrangige Spione wäre das, was Israel in dieser Nacht leistete, kaum denkbar.

Was wird die Islamische Republik mit all jenen anfangen, die nach Stellvertreterkriegen zu Tausenden aus Syrien, Libanon, Irak und anderen Teilen der Welt heimgekehrt sind? Vermutlich werden auch sie wieder an jenem üppig gedeckten Tisch Platz nehmen, den Khamenei ihnen zu Beginn seiner Führerschaft ausgebreitet hat. Diese kampferfahrene Gardisten sind aus Bürgerkriegen zurück, in denen sie ihr Leben für die Ziele der Islamischen Republik riskiert haben, nicht mehr und nicht weniger. Nichts kann ihre einmalige Stellung innerhalb des Machtapparats erschüttern, weder ihre Niederlagen an fast allen Fronten noch der ungeheure Verdacht, Israel habe Spione in ihrer Spitze. Was auch geschehen mag, die Quds-Brigade bleibt Khameneis Lieblingseinheit. Niemand bestreitet, dass die Heimgekehrten jahrzehntelang an der Seite der libanesischen Hisbollah, der irakischen Milizen und des syrischen Regimes gegen den „Weltzionismus" gekämpft und sich in all diesen Jahren für den wahren Islam geopfert haben, während die Daheimgebliebenen mit Wirtschaftsprojekten und Innenpolitik beschäftigt waren – alles zwar notwendig, doch kaum vergleichbar mit einer Aufopferung an diversen Fronten.

Und diese Kriegsveteranen haben ein sehr wichtiges, unverzichtbares Kapital: Sie verfügen über wertvolle Informationen, Kontakte und

Kampferfahrungen aus verschiedenen Ländern, mit unterschiedlichen Partnern. Mögen ihre Gegner auf diesen Schlachtfeldern verschiedene Namen gehabt haben – Al-Qaida, Islamischer Staat oder Salafismus –, sie alle, so die Auffassung, hätten letztendlich dem Zionismus bzw. dem „großen Satan" gedient. Was auch geschehen mag: Die Quds-Brigade bleibt eine Sondereinheit mit besonderen Rechten, sie besetzt in der Hierarchie der Garden längst einen Sonderplatz, höher, reicher und einflussreicher als alle anderen Abteilungen.

Schlägertrupps und Paramilitärs

Auch wenn sie vornehmlich eine Sondertruppe für Auslandseinsätze ist, war die Quds-Brigade auch immer dann mit ihrer ganzen Macht präsent, wenn es um die Eliminierung inländischer „Feinde" ging. Ihr General für Innenpolitik ist Sibaii Nejad. Seinen Nachnamen könnte man mit „von der Rasse der Ästhetik" übersetzen. Das muss in westlichen Ohren merkwürdig, ja sinnlos klingen, ist aber ein ganz normaler Nachname, über den sich kein Iraner wundert, ein rein persischer Name zudem, ohne islamischen Hintergrund oder eine Spur der arabischen Sprache. Der Mann, der vor 68 Jahren in Schiras das Licht der Welt erblickte, ist heute einer der mächtigsten Generäle der Islamischen Republik und Kommandant jener Truppe, die im Falle eines Falles in Aktion tritt – ein Mann für die letzten Stunden.

Inzwischen hat der Herr „von der Rasse der Ästhetik" seinen Namen geändert. Er nennt sich heute General Nedjat. Das ist ein arabisches Wort mit islamischer Konnotation und bedeutet „Rettung" oder auch „Erlösung" im religiösen Sinne – denn auch im Jenseits ist man „gerettet", im Paradies angekommen, wenn man „erlöst", der Hölle entkommen ist. „Nedjat" und „Nejad" klingen ja ähnlich. Wie auch immer, bei allen vorangegangenen Krisen zeigte sich der General jedenfalls bar jeder Ästhetik als jemand, der den islamischen Gottesstaat mit ausreichender Brutalität zu retten weiß. General Nedjat ist der oberste Soldat im Stützpunkt Sarallah („Blut Gottes"). Hier ist die wohl wichtigste Einheit der Revolutionsgarden für den Fall der Fälle stationiert: eine Sondereinheit, die im Notfall die Sicherheit der Hauptstadt Teheran und der umliegenden Städte mit ihren mehr als 30 Millionen Einwohnern gewährleisten soll. Sollte der Ausnahmezustand verkündet werden, mutiert dieser Stützpunkt zum eigentlichen Staat: Ihm unterstehen dann laut Statut alle Ministerien, sämtliche staatlichen Einrichtungen inklusive Rundfunk und Fernsehen und alle „gewählten" Organe.

General Nedjat ist kein Mann der leeren Propaganda. Er hat oft und mit einer trockenen, ja beängstigenden Rationalität erklärt, warum seine Truppe hart vorgehen muss; wie etwa im Herbst 2019, als nach der plötzlichen Verdreifachung des Benzinpreises in 120 iranischen Städten Massenaufstände ausbrachen. Zwei Tage lang durften sich die meist jungen Protestierenden auf den Straßen austoben, dann traten Sondereinheiten der Garde und der Polizei, genannt NOPO, auf den Plan und zeigten, wie weit sie gehen können. NOPO ist so etwas wie die GSG 9 der Islamischen Republik, die nur bei äußerst kritischen Situationen zum Einsatz kommt und mit ihrer militärischen Ausrüstung ein martialisches Erscheinungsbild bietet. Sie hat in den letzten Jahren bewiesen, dass sie bis zum Äußersten geht und niemand ihr eine Grenze setzen kann. Nach Recherchen der Nachrichtenagentur *Reuters* töteten sie damals innerhalb von drei Tagen mindestens 1.500 Menschen. Tausende wurden verhaftet, Unzählige verwundet, all das blieb der Weltöffentlichkeit zunächst weitgehend verborgen. Erst zwei Wochen später, als das Internet langsam wieder anlief, erahnte die Außenwelt, was sich in jenen Tagen auf den Straßen des Iran ereignet hatte. Es tauchten grausige Bilder auf, die einen beispiellos blutigen Abschnitt der jüngsten Geschichte des Landes dokumentieren.

Die Eskalationsstufen bei der Bekämpfung von Gegnern und Protestierenden im Inneren durchläuft mehrere Phasen: Als erstes erledigen „zivile" Gruppen die Drecksarbeit. Diese Gruppen, die eigene Gesetze haben und denen gegenüber sogar Polizisten machtlos sind, nennt man auf Persisch *Lebass Shachssi*: „Zivilgekleidete". Sie sind weder Militärs noch Polizisten oder Geheimdienstler, trotzdem sind sie ein effektiver Teil des Sicherheitsapparates. Dabei ist eigentlich kaum zu glauben, dass diese Gestalten sich für eine „heilige" Sache einsetzen würden: Es sind meist Halbstarke, Schutzgeldeintreiber, Berufsverbrecher und gewalttätige Bezirks- und Stadtteilgrößen, die um Moscheen und deren Vorbeter, religiöse Stiftungen oder eine der zahlreichen Propagandaorganisationen herumlungern. Bei Unruhen und Protesten werden sie mobilisiert und mit Motorrädern und Schlagstöcken ausgerüstet. Ironie der Geschichte: In dieser „Republik", die von einem Ayatollah, einem „Zeichen Gottes", geführt wird, ist dieses Lumpenpack für die Niederschlagung von Oppositionellen und Straßenaufmärschen viel effektiver und zuverlässiger als der klassische Sicherheitsapparat, der vertikal organisiert ist. Wie effektiv, das beschrieb der Vizekommandant der Quds-Brigade, Hossein Hamedani, der mithilfe dieser „Zivilisten" die Proteste nach den Wahlen im Jahr 2009 niederschlug. Hamedani war auch Kommandant der iranischen Truppen in Syrien, wo er im Oktober 2015 getötet wurde. Die Protestwellen nach den Wahlen von 2009 waren die bis dahin größte Krise der Islamischen Republik. Wochenlang dauerten die Unruhen; auf ihrem Höhepunkt marschierten vier Millionen Menschen schweigend durch die Straßen Teherans. Sie trugen Plakate, auf denen unter anderem stand: „Wo ist meine Stimme?"

„Ich organisierte etwa achttausend von diesen Halbstarken aus verschiedenen Stadtteilen, rüstete sie aus, postierte sie in den Schul- und Regierungsgebäuden sowie in den Moscheen. Dann gab ich ihnen den Befehl: Räumt auf, nichts soll sich mehr auf den Straßen bewegen.

Innerhalb von zwei Tagen war der Spuk vorbei. Denn sie kennen ihre eigenen Straßen bestens", erzählte Hamedani einer Zeitung seiner Heimatstadt Hamedan wenige Monate vor seinem Tod auf dem syrischen Schlachtfeld.

Diese „Zivilgekleideten" darf man nicht mit den paramilitärischen Basidschis verwechseln. Die Basidsch ist eine Armee der „Freiwilligen" mit eigener Tradition, so alt wie die Islamische Republik selbst. Sie geht zurück auf junge Freiwillige, die in den ersten Jahren der Revolution einem Aufruf Ayatollah Khomeinis folgten, sich am Krieg gegen den Irak zu beteiligen oder auf den Dörfern den Bauern zu helfen. Heute sind die Basidschis eine paramilitärische Kaderorganisation, die für besondere Aufgaben im Inneren eingesetzt wird. Sie unterstehen den Revolutionsgarden, elf Millionen Freiwillige und Reservisten stünden zur Verfügung. Militärisch aktive Basidschis beziehen Sold, die Freiwilligen erhalten Privilegien wie Studienplätze, Wohnungen oder Jobs. Jede staatliche Körperschaft, ob Schule, Krankenhaus, Universität oder Ministerium, hat eine eigene Einheit von Basidschis, die oft Schlüsselpositionen besetzen. Sie werden regelmäßig ideologisch geschult und sind bei allen Freitagsgebeten und anderen religiösen Veranstaltungen sowie staatlich organisierten Demonstrationen anwesend. Die bewaffneten Einheiten der Basidschis, die auf Motorrädern die Demonstranten bis in die letzten Gassen verfolgen, verprügeln und verhaften, sind bei Unruhen nahezu auf jeder Straße, an jeder Universität oder Schule zu sehen. Die „Zivilgekleideten" haben sie dann im Schlepptau.

Die „Freiwilligen", die Reserve-Basidschis, stammen meist aus ärmeren Schichten, sind gläubig, leben mit der Bevölkerung und teilen mit ihr mehr oder weniger den Alltag. Mit anderen Worten: Nicht alle Basidschis sind dagegen gefeit, vom „oppositionellen Virus" angesteckt zu werden. Das Lumpenpack der „Zivilgekleideten" ist dagegen in der Regel völlig apolitisch und für jeden Radau und Krawall zu haben. Es leistet die meiste Drecksarbeit. Die Stunde der eigentlichen Macht schlägt bei den nächsten Eskalationsstufen, wenn die Schlagstöcke der „Zivilisten" nicht mehr helfen oder die Zahl der Demonstranten so groß ist, dass die „Zivilen" die Lage nicht mehr kontrollieren können. Dann ist die Zeit der schwereren Waffen gekommen, dann schlägt die Stunde der Uniformierten. Dann sind die Revolutionsgarden mit der Quds-Brigade an der Spitze zu Vielem bereit, sogar zu einem Krieg gegen die eigene Bevölkerung wie in Syrien: Die Zerstörung Syriens ist auch ihr Werk. Welchen Islam die aus solchen Bürgerkriegen heimgekehrten Mitglieder der Brigade in der Heimat verteidigen wollen, wissen sie wahrscheinlich selbst nicht.

Ein Protokoll der Unzufriedenheit

Der 3. Januar 2023 ist ein markantes Datum. Drei Jahre sind seit der Tötung Qassem Soleimanis vergangen und seit drei Monaten tobt beinahe im ganzen Land eine kaum zu bändigende Protestbewegung, die unter der Bezeichnung „Frau, Leben, Freiheit" in die Geschichte einging (▶ Kap. 9). Khamenei hat an diesem Tag 58 Personen bei sich zu einer Krisensitzung versammelt, vier Stunden dauert die Sitzung. 45 von ihnen schildern ihre konkrete Erfahrung der letzten Monate: sechs Geistliche, drei Generalmajore, 23 Brigadegeneräle, fünf Sardars (ein allgemeiner Begriff für Generäle aller Art) und acht Oberste. Am Ende spricht Khamenei 40 Minuten lang. Das Protokoll dieser Sitzung liefert ein realistisches Bild des Zustands und der Stimmung im Machtapparat. Wie das brisante Dokument den Weg in die Öffentlichkeit fand, lässt sich im Einzelnen nicht aufklären. Es muss von einem Anwesenden der Sitzung durchgestochen worden sein. Über seine Echtheit wurde lang und ausführlich debattiert, am Ende sprach vieles dafür. Ein erster kurzer Bericht über das Treffen wurde am Tag danach von einem in Großbritannien lebenden Anwalt und Menschenrechtsaktivisten auf Twitter gepostet, fand aber zunächst kaum Aufmerksamkeit. Dann griffen *Iran International* und *Iran Wire* die Geschichte auf und veröffentlichten das vollständige Dokument. Auch das Washingtoner Institute for Near East Policy veröffentlichte es schließlich.

Sein Inhalt offenbart Unruhe im Staatsapparat. Abdollah Haji Sadeqi, Khameneis persönlicher Vertreter bei den Garden, wird mit den Worten zitiert: „Unseren Berichten zufolge befinden sich unsere Streitkräfte nicht in derselben Lage wie im letzten Jahr, die Moral ist offenbar gesunken." Mohsen Karimi, Kommandeur der Ruhollah-Brigade der Garden, die in der Nähe von Teheran stationiert ist, berichtet von der Festnahme einiger Soldaten nach den Protesten. Die Lage rund um die Stadt Arak, südwestlich der Hauptstadt, sei kritisch. Am Ende stellt er fest, der Glaube an das System sei um die Hälfte gesunken. Und Hassan Hassanzadeh, Chef des Mohammad-Rasulullah-Corps der Garden, berichtet, einige Soldaten hätte mit den Protesten sympathisiert und Befehle ihrer Vorgesetzten missachtet. Nichtsdestotrotz bestärken alle: Die Garden sind in der Lage und willens, alles zu tun, um das Regime an der Macht zu halten.

Das Wesentliche, was dieses Papier zeigt, ist jedoch, dass es in der Geistlichkeit eine große Unzufriedenheit mit Khameneis Herrschaft gibt, und zwar in ihrer Mehrheit. Mahmoud Mohammadi Schahrudi, Kommandeur der Basidsch bei den schiitischen Seminaren, zeigt sich besorgt über Zuname der Streitigkeiten in den Seminaren. Viele junge Mullahs legten ihre Roben ab, sagt er, einige haderten mit bestimmten Glaubensprinzipien und die Mehrheit von ihnen erlebe in der Öffentlichkeit Beleidigungen und Unsicherheit. „Ich glaube, dass für uns alle das Ablegen religiöser Kleidung durch junge Geistliche und der häufige Streit in den Seminaren eine große Überraschung ist." Damit spricht er eine Wahrheit aus, auch wenn Khamenei längst von diesen Problemen weiß, wissen muss. In der Islamischen Republik gibt es grob gesagt zwei Sorten von Geistlichen: die direkten Nutznießer des Systems und jene, die sich als Traditionalisten verstehen und Nähe zum Regime vermeiden. Erstere sind Funktionäre des Staates, man trifft sie an fast allen Machtstellen, als Richter, Lehrer, Minister, Geheimdienstler oder Verteidigungsexperten. Die zweite Gruppe besteht aus jenen, die vornehmlich mit der Exegese der heiligen Texte beschäftigt sind, die die „Herrschaft des Rechtsgelehrten" für eine Irrlehre halten und sich von weltlicher Macht fernhalten. Unter ihnen sind einige anerkannte Großayatollahs.

Diese traditionellen, wertkonservativen Geistlichen befinden sich in einer äußerst prekären Lage: Angst in der Gegenwart, Pessimismus gegenüber der Zukunft. Sie haben nicht vergessen, wie Büttel des Regimes mit den allseits anerkannten Großayatollahs Schariatmadari und Montazeri umgingen, zwei Geistlichen, die auch jenseits der iranischen Grenzen geachtet wurden. Letztlich mussten sie ihr Leben jahrzehntelang bis zum Tod unter strengem Hausarrest fristen, man verweigerte ihnen in ihren letzten Tagen sogar die medizinische Behandlung. Die Gnadenlosigkeit und Härte bei der Bestrafung der Geistlichen hat eigene Mechanismen, nimmt andere Formen an. Sie ist perfide, aber konsequent. Unter den Seminaristen, die die „Herrschaft des Rechtsgelehrten" ablehnen, herrscht wie bei der Mehrheit der Iraner Ratlosigkeit und Endzeitstimmung. Auch ein Regimewechsel würde ihnen wenig helfen, so die Befürchtung. Nicht allein die Zukunft der Geistlichkeit oder des Schiismus stünde dann zur Disposition, der Gottesglaube an sich wackelt.

Der Mullahs eigene Justiz

Welche Sprengkraft die Kombination von Schiitentum, Geistlichkeit und politischer Opposition in sich birgt, wusste niemand besser
als Ruhollah Khomeini, der Gründer der Islamischen Republik. Einer
seiner ersten Befehle nach der Machtübernahme war deshalb die Gründung des „Sondergerichts für Geistlichkeit" (*Dadegah Rohanit*). Denn
ein Mullah ist in der Islamischen Republik ein in jeder Hinsicht privi-
legiertes Wesen. Als offizieller Mittler zu Gott ist es für ihn undenkbar, je
vor einem „normalen" Richter und einem weltlichen Gericht zu stehen.
Nur Kleriker richten über Kleriker. Das häufigste, oft erste Urteil dieses
„Sondergerichts" ist die „Entkleidung", also das Verbot, in der Öffentlichkeit eine Kleriker-Robe zu tragen. Dann folgen abgestuft andere
Strafen und Verbote, etwa das Verbot, Seminare abzuhalten, schließlich
kommen Hausarrest, Verbannung, Haftstrafen und auch Todesurteile.
Diese sonderbare Justiz, die von niemandem kontrolliert werden darf,
kennt keine Verteidiger. Die Sondergerichte haben eine eigene Polizei,
eine eigene Prozessordnung, eigene Gefängnisse und sie urteilen nach
einem eigenem Strafkatalog. Die Straftaten, mit denen sie sich befassen,
sind keine übliche Kriminalität. Es geht ausschließlich um „Irrlehre",
Abweichung und Propaganda. Die oberste Instanz befindet sich in der
Pilger- und Seminarstadt Qom, untergebracht in einem imposanten
Gebäude, das mit modernster Technik ausgestattet ist. Das Gericht hat
überdies Zweigstellen in zehn Provinzen des Landes.

Geistlichkeit und Monarchie waren in der Geschichte des Iran stets
die zwei Säulen der Gesellschaft. Über die Jahrhunderte hatten sie einen
Modus gefunden, die Macht zu teilen, mal besser, mal schlechter, wie
auch immer. Seit 1979 gehört die eine Säule, die Monarchie, bekanntlich
der Geschichte an. Heute erlebt auch die zweite Säule, die Geistlichkeit,
in Scham und Schande ihren Niedergang. Wir sind Zeugen eines Jahr-

tausend-Ereignisses: des Verschwindens der letzten gesellschaftlichen Säule, die noch als moralische Stütze für die Gegenwart und mit ziemlicher Sicherheit auch für die Zukunft des Landes diente. Was das für die Zukunft heißt, ist ungewiss. Sicher ist, die Islamische Revolution war nicht nur gegen die Monarchie gerichtet. Revolutioniert wurden auch die Geistlichkeit selbst und ihre Seminare, ihre Organisation, Finanzierung, Hierarchie, Bildung und Lehre sowie ihre Gerichtsbarkeit.

Wie groß ein Ayatollah sein musste, bis er eine „Quelle der Nachahmung" wurde, das bestimmte vor der Revolution eine besondere, durch die Jahrhunderte bewährte Tradition innerhalb der Geistlichkeit. Das war einmal. Heute haben in Qom, dem Zentrum der Gelehrsamkeit, die Gardisten das letzte Wort und führen die Regie darüber, wer sich Großayatollah nennen darf. Und auch in diesem Betrieb der „Gelehrsamkeit" bestimmen nicht in erster Linie die „normalen" Garden, sondern die Quds-Brigade, die jahrzehntelang regionale Bürgerkriege managte.

Wer bestimmt über die schiitische Lehre?

Die Welt draußen, besser gesagt das virtuelle Dorf, tickt aber anders. Es spricht eine andere Sprache und denkt in anderen Kategorien. Längst stellen religiöse Gelehrte aus dem Exil die Grundsätze des schiitisch-iranischen Islams infrage. Ihre fachliche Autorität ist unbestreitbar. Und über das Internet stehen sie in regem Kontakt mit dem Lehrbetrieb der Seminare zuhause. Wie viral sich ihre Kritik unter den Seminaristen ebenso wie unter der normalen Bevölkerung verbreitet, kann man in einem kurzen Essay aus dem Jahre 2016 mit dem Titel *Reich ohne Himmel* lesen – eine religionshistorische Schrift, gerichtet an ein Fachpublikum. Erst in der Mitte des Textes erfährt der Leser, wo das besagte Reich liegt und warum ihm der Himmel abhandengekommen ist. Der Autor erzählt dort von einer persönlichen Begegnung: Kürzlich habe ihn ein Gelehrter aus Qom besucht und berichtet, dass inzwischen selbst dort viele Geistliche der Meinung seien, der Koran sei eine Traumerzählung des Propheten:

> „‚Nun auch die Gelehrten?‘, fragte ich entrüstet meinen Besucher und wollte von ihm wissen, wie sie das begründen würden. ‚Ganz einfach und nachvollziehbar‘, antwortete er: ‚Etwas zu sehen oder zu hören, was andere nicht wahrnehmen, ist bekanntlich eine Krankheit. Behauptet jemand, er höre oder sehe im wachen Zustand etwas, was andere nicht wahrnehmen können, schicken wir ihn höchstwahrscheinlich in die Psychiatrie. Wenn wir annehmen, dass Mohammed – Friede sei mit ihm – in wachem Zustand die Koranverse hörte, während andere das nicht konnten, dann liegt – Gott behüte – ein Fall von Halluzination vor. Dann wäre der Prophet geisteskrank – und welcher Gelehrte käme auf solch einen schwachsinnigen Gedanken?‘ "

Nach dieser Episode kehrt der Autor zum eigentlichen Thema seiner Abhandlung zurück, einem Philosophen aus dem 13. Jahrhundert. Zu lesen ist der Text auf der Webseite *Radio Zamaneh*.[43]

Der Autor, der hier von seiner Begegnung berichtet, heißt Nasrollah Pour Dschawadi und ist allen Theologen, Schriftstellern und politischen Aktivisten des Iran altbekannt. Der inzwischen fast 80-Jährige ist ein in den USA ausgebildeter Philosoph und Autor Dutzender Bücher über Religionsgeschichte und -philosophie. Seine Sprache und sein Schreibstil sind eigen, Pour Dschawadi ist auch Dichter. In den ersten Tagen der Revolution saß er in jenem Komitee, das auf Geheiß von Revolutionsführer Khomeini die Universitäten von „nicht-islamischen Elementen" säubern sollte. Später leitete Pour Dschawadi ein Institut, das Universitätspublikationen „beaufsichtigte". Es gab fast zweitausend Bücher für Hochschulen heraus. Doch diese Zeiten sind längst vorbei. Pour Dschawadi wurde entmachtet und in die vorzeitige Rente geschickt. Aber noch immer meldet er sich zu Wort, vor allem wenn es brennt. Pour Dschawadis Text beschäftigt sich mit einer Lunte, die schon fast zehn Jahre zuvor gelegt wurde und seither nicht erlöschen will. Im Gegenteil: Längst hat sie sogar, wie der Autor berichtet, das Herz der schiitischen Gelehrsamkeit in der heiligen Stadt Qom erreicht.

Wie kam Mohammed zum Koran, im Traum oder durch göttliche Eingebung in wachem Zustand? Ist der heilige Text Gottes Wort, wie Muslime weltweit glauben, oder ist er Mohammeds Traumerzählung? Grundsätzliche Fragen, über die sich auch ein einfacher Muslim ernsthaft Gedanken machen muss, denn sie kratzen an den Fundamenten des Glaubens. Für einen Gläubigen ist und bleibt der Koran *Kalam Allah*, „Gottes Wort", in arabischer Sprache vom Erzengel Gabriel überbracht und von Mohammed in wachem Zustand empfangen. Daran gibt es für Muslime eigentlich keinen Zweifel. Dennoch: Traum oder Eingebung, das ist ein Thema, mit dem sich sogar *BBC Persian* in zwei langen Diskussionsrunden ausführlich befasste. Dieser persisch-sprachige Sender wird von 70 Prozent der Iraner regelmäßig gesehen, das gab sogar Ezatollah Zarghami, einst Leiter des iranischen Staatsfunks zu. Auf der Webseite des britischen Senders sind Dutzende Beiträge zu diesem Thema zu lesen.[44]

Ist Mohammed also nur ein Träumer und der Koran nur seine Traumerzählung? Würden ein Atheist, ein Agnostiker, ein westlicher Orientalist oder ein Ex-Muslim eine solche Ungeheuerlichkeit in die Welt setzen, würde die schiitische Geistlichkeit es ignorieren oder höchstens achselzuckend zur Kenntnis nehmen. Denn von solchen Gegnern hätte man nicht anderes zu erwarten, und wollte man alles widerlegen, was derzeit weltweit und pausenlos gegen den Islam geschrieben und gesagt wird, bräuchte man eine Armee von Gelehrten und Autoren. Doch die These kommt von einer Seite, die man nicht ignorieren kann.

Deshalb ist die Idee vom Traum des Propheten für schiitische Gelehrte zu einem Albtraum geworden, mit ihr ist eine Unruhe entstanden, die sich nicht legen will. Niemand kommt daran vorbei, kein Philosoph, kein Theologe oder Gelehrter. Großayatollah Makarem Schirazi, der Gottesmann des Regimes, musste gar ein ausführliches Gutachten über diese „abtrünnige und feindliche These" verfassen. Und dennoch nimmt die Debatte kein Ende. Täglich sieht sich jemand berufen, mit einem neuen Argument etwas dazu beizutragen, ob dafür oder dagegen. Googelt man die Worte *Royaye Rassulaneh*, zu Deutsch: „prophetischer Traum", ahnt man, welche Unruhe und Unsicherheit vor allem innerhalb der schiitischen Geistlichkeit herrscht.

Die Kontroverse dreht sich immer weiter, weil diese These ursprünglich von Abdolkarim Sorusch stammt, der quasi eine Institution für religiöse Fragen ist. Für einen schiitischen Gelehrten ist das „Wer" stets wichtiger als das „Was". Bevor man sich dem Inhalt eines Lehrstücks zuwendet, muss man fragen, wer es geäußert hat. Daher ist die „Wissenschaft der Männer" (*Eilm Alrijal*) – die Lehre davon, über welche Kette von Männern uns die Botschaft eines Heiligen überliefert ist – Pflichtfach für jeden Geistlichen. Erst der Bote, dann die Botschaft: Das ist die Perspektive der „Wissenschaft der Männer", die sich im Laufe der Jahrhunderte zu einer geradezu religiösen Denkweise der schiitischen Gelehrsamkeit entwickelt hat. Sorusch aber ist ein glaubwürdiger Bote, den niemand ignorieren kann. Die Adressaten seiner aufrüttelnden Thesen sind weniger die Exil-Iraner als vielmehr die schiitischen Geistlichen in seiner Heimat, deren Sprache und Denkweise er bestens kennt. Soruschs Traumthese ist nicht die einzige Idee, mit der er an den Glaubensgrundsätzen der Mehrheit der Muslime rüttelt. Er geht weiter und schreibt:

> „Die Sprache des Koran ist rein menschlich und weltlich. Gott sprach nicht, er schrieb auch kein Buch. Es war ein historischer Mensch, der in Gottes Namen sprach. Und die göttliche Eingebung war nichts anderes als Mohammeds persönliche Erfahrung. Seine Beschreibung von Diesseits und Jenseits fußt ausschließlich auf seiner tribalen Erfahrung in Saudi-Arabien vor 1.400 Jahren."[45]

Nach Sorusch ist der Koran damit ein genaues Spiegelbild von Mohammeds psychischer Verfassung.

> „Wir begegnen im Koran Höhepunkten und Niedergängen. Wo der Prophet sich wohlfühlt, ist auch der Text erbaulich, erreicht seine bewundernswerte Sprachgewalt und Eloquenz. Und umgekehrt, wo er banal und oberflächlich ist, zeugt er von der Niedergeschlagenheit und Bedrücktheit seines Autors."

Mohammeds Wissen entspreche genau dem seiner Zeit, schreibt Sorusch, und zählt „die sachlichen Fehler des Korans" auf, über die man heute lachen könne: „Niemand glaubt heute noch, Meteoriten seien Teufelssteine, der Himmel besitze sieben Decken oder die Berührung des Teufels sei die Ursache von Wahnsinn." Diese Worte aus berufenem Munde sind für schiitische Seminare wie ein zerstörerisches Erdbeben.

Sorusch ist ein Ab- und Anwesender zugleich, wie viele andere bekannte iranische Theologen: etwa Mohammed Modschtahid Schabestari, Mohsen Kadivar oder Hassan Yussefi Eschkewari. Alle drei waren „Geistesgrößen" unter den Gelehrten, die nach und nach „entkleidet", verhaftet und ins Exil getrieben wurden. Doch dank des Internets sind sie alle dennoch im Iran präsent, werden dort gelesen und gehört. Und sie arbeiten emsig. Nach den Terrorakten 2015 in Paris schrieb Schabestari auf seiner Webseite:

„Niemand kann behaupten, dass die Anhänger des IS und deren Wortführer nichts mit dem Islam gemein hätten. Sie fasten, sie beten und sie vollziehen alle religiösen Rituale wie du und ich. Auch ihre abscheulichen Praktiken sind tief in der Scharia verwurzelt. Nur eine gründliche Revision aller islamischen Grundsätze kann uns vor weiteren Katastrophen bewahren."[46]

Die meisten dieser Exilanten waren im Iran geistliche Turbanträger. Heute nennen sie sich „religiöse Neudenker" oder Erneuerer und haben das traditionelle Mullah-Kleid längst abgelegt. Trotzdem könnte jeder von ihnen nach herrschender Definition ein Großayatollah sein, eine religiöse „Quelle der Nachahmung". Das dazu notwendige Wissen haben sie allemal. „Vor allem im schiitischen Lehrbetrieb werden wir sehr genau zur Kenntnis genommen, besprochen oder widerlegt, wir sind ihr täglich Brot", sagte mir Yussefi Eschkewari 2015 in einem Gespräch in seinem Bonner Exil. „Man kann uns deshalb nicht ignorieren, weil das Internet inzwischen zu den unverzichtbaren Lehrmitteln der iranischen Geistlichkeit gehört – und zwar ein Internet ohne Filter oder Zensur, denn man will nicht auch die schiitischen Lehrbetriebe zensieren", sagt Eschkewari über seinen Meinungsaustausch mit Gelehrten im Iran.

Die Vorstellung, dass die iranischen Mullahs verschlossen und abseits der Welt lebten, habe mit der Realität nichts zu tun, sagt der exilierte Religionsgelehrte und verweist auf die Stundenpläne der schiitischen Lehrbetriebe im Iran: „Sie studieren Wittgenstein, Freud oder Heidegger ebenso wie Fremdsprachen." Und alles, was die Exilanten schrieben, nähmen sie dank des Internets praktisch ohne Zeitverzögerung zur Kenntnis: „Die islamische Universität Mofid in der Stadt Qom etwa, deren Studenten und Lehrkräfte zum Klerus gehören, hat sich vorgenommen, vor allem unsere Ideen zu thematisieren – oder zu bekämpfen", erklärt Eschkewari und zählt die Namen bekannter Professoren dieser Hochschule auf, mit denen er ständig im Austausch stehe.

Woher aber kommen diese radikalen und wirkungsvollen intellektuellen Tabubrüche der Exilanten? Haben sie mit dem Aufenthalt im Westen und der Bekanntschaft mit westlichen Ideen zu tun? Ja, sagt Eschkewari: Alle, die in den vergangenen 150 Jahren im Schiitentum als Erneuerer aufgetreten seien, hätten eine Zeitlang im westlichen Ausland gelebt. Und er zählt Dutzende Namen auf – etwa Ali Schariati, Mehdi Bazargan oder Dschamal Aldin Assadabadi. Sie alle waren Tabubrecher und haben viel bewegt. Er gehöre zu jenen unerschütterlichen Optimisten, die überzeugt sind, das Schiitentum werde sich von Grund auf erneuern, sagt Eschkewari: „Und das wird das Werk der Exilanten sein.“

Hinter der Fassade

Den offiziellen Islam, den Ali Khamenei verkörpert, lehnt die überwiegende Mehrheit der Bevölkerung ab. Die Geistlichkeit hat es auch nach 46 Jahren Herrschaft nicht geschafft, aus dem Iran eine islamische Gesellschaft nach ihrem Bild zu machen. Nirgendwo in der islamischen Welt sind die Moscheen so leer wie in diesem Gottesstaat. Die Mehrheit iranischer Studierender ist weiblich, was viele einflussreiche Geistliche nicht wollen, aber hinnehmen müssen. Ein Fall des sogenannten Imperativs des Faktischen, eines von zahlreichen Beispielen in der Islamischen Republik, die zeigen, dass die Herrschenden viele moderne Phänomene widerwillig hinnehmen müssen.

Fast alle Iranerinnen entledigen sich ihres Kopftuchs schon auf dem Flug ins Ausland. Seit mehreren Jahren veröffentlicht das Amt für Statistik regelmäßig Zahlen, die zeigen, dass Irans Bevölkerung nicht mehr wächst; die Zahl der Geburten und Eheschließungen geht zurück, obwohl Khamenei unermüdlich zu mehr Geburten auffordert. Kondome sind verbotene Ware, Abtreibungen verfolgt und bestraft man wie einen

Kriminalakt und für mehr Kindergeburten werden hohe Prämien und Privilegien gewährt.

Als 2002 Jürgen Habermas in Teheran weilte und von Soruschs Diskurs und seinem inneren Ringen mit der hässlichen Realität erfuhr, stellte er in der *FAZ* fest, Sorusch wolle wie ein einheimischer Karl Popper erscheinen, ein iranischer Vater des „kritischen Rationalismus" sein.[47] Aus dem Iran zurückgekehrt, riet Habermas Sorusch und seinen Anhängern: „Das reflexiv Werden eines religiösen Bewusstseins", das sich im differenzierten Gehäuse der Moderne behaupten wolle, müsse sich „wie ein Prozess von innen heraus vollziehen." Will heißen: Zunächst musst Du die Moderne begreifen und wollen und sie dann verinnerlichen. Eine wohlwollende Empfehlung, mehr nicht. In seinem Reisebericht schrieb Habermas damals außerdem:

> „Man müsste genauer wissen, was in den Köpfen der jungen, vor allem akademisch gebildeten Frauen vorgeht. Mehr als die Hälfte der Studenten sind heute schon Frauen. Wie viele von ihnen würden ihr Kopftuch in der Öffentlichkeit ablegen, wenn sie dürften? Steckt in diesen Köpfen ein Sprengsatz, den das Regime der greisen Ayatollahs mehr zu fürchten hat als alles andere?"

Dies klang nicht nur, es war prophetisch, was Habermas damals schrieb. Zwanzig Jahre später hören wir die Antwort auf diese Fragen lauter denn je auf den Straßen Teherans und anderer Orte des Landes. Ja, unter dem Kopftuch war und ist ein Sprengsatz, von dessen Explosion mit Sicherheit auch Habermas inzwischen gehört hat. Die Lunte begann im September 2022, nach dem gewaltsamen Tod der kurdischen Studentin Mahsa Amini zu brennen – mal lichterloh, mal als kleine Flamme, doch entschärft ist dieser „Sprengsatz", wie manche glauben machen wollen, bisher keineswegs.

Auch an dieser Auseinandersetzung lässt sich wieder einmal feststellen, dass im Iran längst ein Generationenkonflikt, eine Kulturrevolution ausgebrochen ist, die alle schiitischen Theologen, Fundamentalisten ebenso wie Reformer, rat- und orientierungslos zurücklässt. Zwischen Oben und Unten ist ein beängstigender Graben entstanden, unüberwindbar tief und breit. „Diesen Graben zwischen uns und dem Volk müssen wir so schnell wie möglich schließen, unser bisheriger Weg war ein Irrweg", sagt in einer Videobotschaft Ayatollah Alavi Boroujerdi in Qom, wo das Herz der Geistlichkeit pulsiert.[48] Boroujerdis Großvater war der Gründer der Howseh, des Zentrums der schiitischen Gelehrsamkeit Irans. Alavi Boroujerdi ist ein Ostad, jemand, der in schiitischen Seminaren Rechtsfindung und Wege zur Fatwa lehrt, vereinfacht gesagt: Er bildet Großayatollahs, die „Quellen der Nachahmung", aus. „So etwas hat es in der Geschichte der Geistlichkeit noch nicht gegeben: Man überfährt in dieser Stadt, in Qom, absichtlich einen Turban tragenden Mullah, dann steigt der Fahrer aus und versucht sicherheitshalber noch, den Geistlichen zu erstechen. Aus fernen Städten bekomme ich Botschaften von manchen Geistlichen, die sich fürchten, ihre Häuser zu verlassen", beschreibt der Ayatollah die Situation seiner Zunft.

Ende April 2023 erschoss ein Wachmann in einer Bankfiliale am Kaspischen Meer den Großayatollah Soleimani. Der Geistliche gehörte dem iranischen Expertenrat an, jenem mächtigen 88-köpfigen Gremium, das über Khameneis Nachfolger entscheidet. Die Hintergründe der Tat blieben im Dunkeln, politische Motive habe es nicht gegeben, wiederholten die offiziellen Medien unisono. Bei einem bewaffneten Angriff wurden im Januar 2025 im Justizpalast von Teheran zwei hochrangige Richter getötet: Ali Razini, Vorsitzender der 39. Kammer, und Mohammad Moghiseh, Vorsitzender der 53. Kammer des Obersten Gerichtshofs. Den Ermittlungen zufolge war der Täter weder Kläger noch Besucher des Gerichts. Er soll sich nach dem Angriff das Leben genommen haben.

Die beiden Geistlichen waren wie alle andere Revolutionsrichter Teil des Sicherheitsapparats, sie urteilten so, wie Vernehmungsagenten ihnen diktierten, so jedenfalls die Berichte vieler Verurteilten. Interessant ist, sich die Biografie der beiden Getöteten vor Augen zu führen. Richter Moghiseh war bekannt für seine harte Vorgehensweise gegenüber politischen Gefangenen, insbesondere während der „Grünen Bewegung" nach den Präsidentschaftswahlen 2009. Aufgrund von Menschenrechtsverletzungen wurde er von der Europäischen Union und den Vereinigten Staaten sanktioniert. Laut Berichten des Atlas der Iranischen Gefängnisse hat Moghiseh in den vergangenen Jahren in 335 politische Fällen insgesamt 1.653 Jahre an Gefängnisstrafe verhängt. Richter Razini spielte eine zentrale Rolle bei den berüchtigten Hinrichtungen im Sommer 1988 (▶ Kap. 2), die zu den schwerwiegendsten Menschenrechtsverletzungen in der Geschichte der Islamischen Republik zählen. Razini hatte zahlreiche hochrangige Positionen inne, darunter als Leiter der Justiz in Teheran, als Präsident des Verwaltungsgerichts und als Vorsitzender des Sondergerichtshofs für Geistliche. Bereits 1999 war er Ziel eines Anschlags gewesen, bei dem ein Sprengsatz an seinem Fahrzeug angebracht wurde. Er überlebte damals schwer verletzt.

Es würde zu weit führen, wollte man alle Attacken, Schmähungen, Morde und Mordversuche im Einzelnen aufzählen und beschreiben, die die schiitischen Geistlichkeit derzeit über sich ergehen lassen muss. Die Mullahs des Regimes leben in Angst. Und jene Mullahs, die nicht zur Machtelite gehören wollen, sind unzufrieden, bleiben arm.

9   Die Zukunft des Iran

Will Khamenei buchstäblich bis zum letzten Atemzug herrschen? Was sagt uns sein Alltag über den Tag danach? Er ist nun 86, aber im Hier und Jetzt ist er so präsent wie jemand in der Lebensmitte. Anzeichen von Amtsmüdigkeit oder gar Senilität zeigt er keine – im Gegenteil.

Hinter allem, was er über seine Konflikte mit der Außenwelt sagt, sieht man eine gewisse Logik, einen roten Faden. Er verfügt noch immer über einen reichen Wortschatz, achtet sogar auf politische, religiöse und psychologische Nuancen. Stilistisch einwandfrei, propagandistisch geschickt und ohne in der gefährlich verworrenen Innenpolitik etwas preiszugeben, öffnet er manchmal ein ganz kleines Fenster, durch das später alle gehen, die zwischen den Zeilen lesen können. Dabei lässt er aber meist Raum für allerlei Interpretationen. Frei sprechend – manchmal bis zu 30 Minuten – erläutert, verteidigt er seine prekäre Situation im Inneren und seine verschlungene, komplizierte Außenpolitik. Ein solcher Mann kann, darf nicht an den Tod denken. Dafür hat er einfach keine Zeit. Das Diesseits hat ihn voll im Griff, das Jenseits muss warten.

Mohammad Kazemi, der Chef des Geheimdienstes der Revolutionsgarden, hat einmal gesagt: „Unser größtes Kapital, unsere eigentliche Stütze ist das Volk."[49] Deshalb provoziere der Feind Unruhen, schüre Unzufriedenheit und vergrößere den Graben zwischen Führer und Bevölkerung. Doch dieser Graben ist längst tief und kaum zu überbrücken. Ob dafür wirklich der „Feind" draußen verantwortlich ist oder nicht doch eher der „Freund" drinnen, ist eine andere, komplizierte

Geschichte. Jedenfalls könnte man eine lange, beinahe unendliche Liste von inneren Ursachen für diesen Graben zusammentragen.

Gottes unendliches Geschenk wird knapp

Nehmen wir etwa die landesweit andauernde Wasserknappheit, die das ganze Land umformt und das Leben von fast neunzig Millionen Menschen umkrempelt, wenn nicht gefährdet. Die etwa 12 Millionen Einwohner der iranischen Hauptstadt und ihrer Umgebung müssen im Sommer ihr Leben unter drastischer Wasserrationierung fristen. Und das droht ein Dauerzustand zu werden. Der zentrale Stausee Lar, entscheidend für die Wasserversorgung dieses Großraums, ist nur zu sieben Prozent gefüllt. Und betroffen ist nicht allein der Raum Teheran, das ganze große Land dürstet und kämpft gegen eine noch nie dagewesene Krise. Auf dem Land nehmen sowohl Häufigkeit wie auch Intensität der Dürren zu, Urbanisierung und Landflucht verschärfen die Lage zusätzlich. Die Niederschläge sind in den letzten Jahren kontinuierlich gesunken, landesweit um fast 50 Prozent. Präsident Peseschkian fleht, drängt und droht, aber eine konkrete Lösung kann er nicht bieten – dafür jedoch viele Koranverse. Doch ohne sofortige, grundsätzliche Veränderungen in sämtlichen Sektoren der iranischen Wirtschaft und Politik wird die Wasserversorgung Irans in den kommenden Jahren noch prekärer, ja unlösbar werden. Iran war immer mit Wasserknappheit konfrontiert, doch das, was momentan zu beobachten ist, hat eine andere, existenziell gefährliche Qualität.

Doch die Regenarmut ist nicht der eigentliche, alleinige Grund für diese Katastrophe. Am Beispiel des Urmia-Sees im iranischen Nordwesten kann man Ausmaß und Geschwindigkeit des Desasters beobachten; NASA-Aufnahmen lieferten im vergangenen Jahr ebenso genaue wie erschreckende Satellitenbilder. Der See war einst ein mächtiges Gewässer, die Ufer gesäumt von Eichen- und Wacholderbäumen. Doch die Bäume sind längst abgeholzt, der See ist inzwischen so salzhaltig wie das Tote Meer und die letzten Tümpel schwinden weiter. Mitte der 1990er Jahre war er 4.800 Quadratkilometer groß, neunmal so groß wie der Bodensee. Heute vertrocknet der Urmia-See vor den Augen der Bevölkerung, er hat bereits neunzig Prozent seiner Fläche verloren und ist zu einer riesigen trockenen Salzwüste verkümmert. Rund um den See sind bis zu 6,5 Millionen Menschen von den Folgen betroffen. Wahrscheinlich werden sie alle die Region verlassen müssen, weil der vom trockenen Seegrund aufgewirbelte Salzstaub die Atemluft zu Gift macht.

Abb. 16:   *Der Hafen von Sharafkhaneh war einst eine Touristenattraktion; inzwischen liegen die Schiffe auf Grund, der Urmia-See hat sich weit zurückgezogen.*

Der Urmia-See ist nicht mehr zu retten; er steht sinnbildlich für eine menschengemachte Wasserkrise. Hier kann man sehen, riechen und studieren, wie die Politik die Umwelt buchstäblich vernichtet. Die Zahl der Grundwasserbrunnen im Iran ist rasant angestiegen, ihr Wasser verschwendete man planlos. An fast jedem Fluss, klein oder groß, wurden Staudämme errichtet. Dieses Wasser nutzen, ja vergeuden die Bauern zur Bewässerung ihrer Felder, und weil Wassermanagement im Iran unbekannt ist, sinkt der Grundwasserspiegel stetig. Nun stehen fast neunzig Millionen Menschen vor einer ausweglosen Misere. Iran geht einer Umweltkatastrophe entgegen, die das einst relativ wohlhabende Land irreversibel verändern wird.

Issa Kalantari, einst Präsidentenberater in Sachen Wasser, spricht von einer bevorstehenden Fluchtbewegung von unbekanntem Ausmaß. „Geht es so weiter wie bisher, dann werden in absehbarer Zeit fünfzig Millionen Iraner keine Heimat mehr haben. Sie werden gezwungen sein, das Land zu verlassen." Der in den USA ausgebildete Agrarwissenschaftler leitete nach der Revolution selbst zehn Jahre lang das Landwirtschaftsministerium. Heute gesteht Kalantari, dass diese größte Umweltkatastrophe, die Iran je erlebt habe, mit der weltweiten Klimaveränderung nur am Rande zu tun habe und hauptsächlich von den Iranern selbst verursacht worden sei. Das Austrocknen des Urmia-Sees werde das Klima der Region vollständig verändern, so Kalantari weiter. Verschwendeten die Iraner weiterhin so viel Wasser, verspielten sie mit Sicherheit ihre eigene Zukunft.

Nur zwei Länder weltweit verbrauchen mehr als 40 Prozent ihres Grundwassers: Ägypten und Iran. Die Ägypter lägen bei 47, die Iraner aber bei 90 Prozent, so Kalantari. In den acht Jahren, in denen Mahmud Ahmadinedschad das Land regiert habe, seien 75 Milliarden Kubikmeter Wasser aus der Erde geholt worden, doppelt so viel wie in den 27 Jahren zuvor: „Wir haben das Grundwasser vollständig geplündert, mit der Folge, dass es keinen einzigen Binnensee mehr im Land gibt, vom Sumpfgebiet an der Grenze des Irak im Westen bis zum Hamun-See im Osten an der afghanischen Grenze. Sie alle sind ausgetrocknet." Gibt es für diese beispiellose Ausplünderung der Natur eine nachvollziehbare Begründung? Ja, sagt Kalantari und verweist auf Khameneis Bevölkerungspolitik. Seit Jahren trommelt der unaufhörlich für eine höhere Geburtenrate und wiederholt bei jedem sich bietenden Anlass, das Land könne bis zu 150 Millionen Menschen vertragen.

Dazu erzählt Kalantari eine aufschlussreiche Geschichte: Er habe Khamenei schriftlich wie mündlich eine detaillierte Wasserbilanz präsentiert, um ihm klarzumachen, welche Aufnahmekapazitäten das Land habe. Doch eine Woche später sei etwas Seltsames passiert. Der damalige Präsident Ahmadinedschad sei auf einen Berg im Norden Irans gestiegen, habe auf einen tosenden Wasserfall gezeigt und folgende Worte in die Kameras gesprochen: „Nachhaltigkeit ist ein aus dem Westen importierter Begriff. Hier ist das von Gott geschenkte unendliche Wasser. Pumpt ab, so viel ihr wollt." Nach dieser Rede seien Zigtausend illegale Brunnen im Land gebaut worden und das Parlament habe alle diese Bohrungen nachträglich legalisiert. „Die kommenden Generationen werden uns nie verzeihen", sagt Kalantari. Ob diese Misere auch mit der iranischen Verteidigungs- bzw. Atompolitik zu tun habe? „Eindeutig ja. Wir hatten immer eine Kriegswirtschaft, wollten Nahrungsmittelimporte reduzieren, Weizenanbau forcieren, zu welchem Preis auch immer. Dabei wären Weizenimporte nach Expertenmeinung zehnmal billiger gewesen als der Anbau im eigenen Land." Doch Khamenei wollte Subsistenz.

Spielen für ihn Klimakrise, Wohlstand oder Wirtschaft überhaupt eine Rolle? „Nein", sagte im vergangenen Jahr in einem Interview sehr offen Massud Rowghani Sandschani, einst Chef der Budget- und Wirtschaftsplanung Irans. Sein Zeuge für diese klare, knappe und bestürzende Antwort ist kein geringerer als Haschemi Rafsandschani. Einen Tag nach der sogenannten „Grünen Bewegung", der großen Protestwelle von fast drei Millionen Menschen im Frühjahr 2009, soll Khamenei in kleinem Kreis gesagt haben, Wohlstand und Komfort seien gefährlich, sie nagten am Glauben der Menschen, machten sie träge und schließlich zu Konterevolutionären. So jedenfalls notierte es der Vielschreiber Rafsandschani damals in seinem Tagebuch.[50] Khamenei hat andere Prioritäten, zahlreiche existenzielle Probleme; er kann sich nicht auch noch um das Klima kümmern.

„Frau, Leben, Freiheit"

Ein Problem, das sich inzwischen fast zu einem unlösbaren gemausert hat, ist die unbezähmbare Jugend Irans. Der Generationskonflikt rüttelt kontinuierlich und nachhaltig an den Grundfesten der Republik, mal laut, oft leise.

Ein scharfsinniger Beobachter hat einmal bemerkt, Iran sei das Land der Ungleichzeitigkeit: In einer Gasse treffe man einen, der Hegel in der Originalsprache lese und interpretiere, und nicht sehr weit davon entfernt pures und dunkles Mittelalter. Dieser übertriebene Plot taucht stets vor dem geistigem Auge auf, denkt man über den Generationskonflikt in der Islamischen Republik nach. Von Hegel und seiner komplizierten Sprache hat die iranische Jugend in ihrer Mehrheit mit Sicherheit nie etwas gehört. Doch das Gefälle, der Hass, ja, die Entfremdung, die sie von den alten Geistlichen an der Spitze trennt, sind tatsächlich groß, ein Graben so breit wie die Entfernung vom Mittelalter bis heute. Bei der letzten Präsidentenwahl blieben über 80 Prozent von ihnen den Urnen fern. Die eigentlich Mächtigen, die Garden, wissen, warum.

Wahrer Morgen (*Sobh Sadegh*) heißt eine philosophisch-politische Wochenzeitschrift der Revolutionsgarden, die neben vielem anderen auch ein Medienimperium sind, das nicht nur die Medienlandschaft des Iran beherrscht, sondern auch in zehn weiteren Sprachen und allen möglichen Formaten Medienerzeugnisse für die übrige Welt produziert. Dass diese omnipräsente Armee ihr theoretisches Organ *Wahrer Morgen* nennt, hat nicht nur mit der Vieldeutigkeit dieses Begriffs zu tun, es zeigt auch den totalitären Anspruch der Garden: Ein echter Muslim muss den wahren Morgen unbedingt kennen. Denn sowohl beim täglichen Frühgebet wie auch beim Fasten im Ramadan ist es nötig, den echten vom falschen Tagesbeginn unterscheiden zu können; der wahre Morgen ist in der Religion ein fester Begriff.

Und weil auch im täglichen Leben stets Irreführung drohe, fühlen sich die Herausgeber des *Wahren Morgens* der Klarheit und Konkretheit verpflichtet; so steht es jedenfalls im Impressum der Zeitschrift. In der Tat bemühen sich die Autoren oft um eine direkte und klare Sprache, sie vermeiden die übliche Propaganda und nennen sogar Probleme des Landes offen beim Namen. Ein kurzer Leitartikel, den die Zeitschrift eine Woche vor dem letzten Urnengang im Juli 2024 veröffentlichte, trug den Titel „Generation Z und die Zukunft des Irans".[51] In seinen ersten Zeilen liest man knappe, nüchterne Informationen, die ihren sorgenvollen Unterton doch nicht verhehlen können: Zur „Generation Z" gehörten jene, die zwischen Mitte der 90er und 2010 geboren sind. Diese Jahrgänge seien internetaffin, pluralistisch, sie interessierten sich mehr für Klimaveränderung und Menschenrechte als für Parteipolitik. In Iran habe man sich kaum mit dieser Generation beschäftigt. Die Leitung und Kontrolle derjenigen, die in den ersten zwanzig Jahren nach der Revolution geboren wurden, sei zwar schwierig, aber machbar gewesen. Doch die Generation Z, die heute Fünfzehn bis Dreißigjährigen, sei nicht mehr kontrollierbar: Man nenne sie die Protestgeneration. Und die Gründe dafür seien sattsam bekannt: Sie wüchsen als Einzelkinder oder höchstens mit einem Geschwister auf. Sie befänden sich mental und geistig in einer anderen Welt, seien die meiste Zeit in den sozialen Netzwerken unterwegs, interessierten sich nicht für im Iran gängige politische Kategorien wie „Prinzipientreue" oder „Reformer". Und sie seien pluralistisch eingestellt.

Kurzum: Sie hätten sich zu einer Bedrohung für die politische, kulturelle und sogar die religiöse Ordnung des Landes entwickelt. Und die rapide Technologieentwicklung vergrößere praktisch sekündlich den Graben zwischen dieser und den älteren Generationen; diese Jugend mache die Älteren für ihre Misere verantwortlich. Sie könnte eines Tages zu Taten schreiten, die das gesamte System aus den Angeln heben würden. „Vergessen wir nicht, dass diese Generation ihre überwiegende Zeit in jenen sozialen Netzwerken verbringt, die der amerikanische Feind produziert!": Mit dieser Warnung endet der Leitartikel des *Wahren Morgen*.

Eine Warnung ist es allerdings längst nicht mehr, vielmehr eine realistische Bestandsaufnahme der iranischen Gesellschaft. Über die Hälfte der fast 90 Millionen Iraner sind unter dreißig, sie gehören der „Generation Z" an. Das Licht der Welt erblickte die Mehrheit von ihnen zwei Dekaden nach der Revolution. Es sind diejenigen, die von der Wiege an unter ständiger Manipulation und Überwachung standen, sie kennen nur Ali Khamenei. Wer sie in Wahrheit sind, was sie wollen, offenbaren sie spektakulär im September 2022, als die Studentin Mahsa Amini von Sittenwächtern ermordet wurde, weil sie angeblich ihr Kopftuch nicht vorschriftsmäßig trug. Es begannen langanhaltende zivile Protestaktionen, die bis heute nachwirken. Der Iran kam an einen historischen Wendepunkt.

Wie die russische Oktoberrevolution war auch die Machtergreifung der Mullahs vor 46 Jahren zweifellos eine Weltrevolution. Die afghanischen Taliban, der Islamische Staat im Irak und Syrien, Al-Qaida, sogar die Islamisierung der Türkei durch Erbakan und Erdoğan, all diese Entwicklungen und Phänomene waren im Grunde sunnitische Antworten, politisch Gegenmodelle zur schiitischen Revolution im Iran. Doch die Mehrheit der Iraner sendet inzwischen vollkommen andere Signale in die Welt. Läutet die Generation Z vielleicht das Ende des politischen Islam ein?

Mahsas Tod jedenfalls veränderte das Land unwiderruflich; es ist keineswegs übertrieben zu sagen, es gäbe einen Iran vor Mahsas Tod und einen anderen danach. Das Ende des politischen Islam in seiner bisherigen Form rücke näher, mit weitreichend globalen Folgen, so der anerkannte Soziologe Azarkhsh Mokri. Wer die Menschen auf Irans Straßen sind, warum das Bild von Mahsa Amini zum Symbol eines vorrevolutionären Zustandes wurde, darüber las man viel Nützliches, Informatives und auch Banales. Hinter der Revolte standen und stehen unterschiedliche Menschen mit vielfältigen Motiven. Sie alle drücken ihre aufgestaute Wut über zahlreiche gesetzlich verankerte Diskriminierungen aus. Sie rebellieren gegen ein System, in dem Frauen, religiöse und nationale Minderheiten sowie all jene Menschen leiden, die eine andere Lebensvorstellung haben. Sie kennen nur diese eine Ordnung, in der sich unfähige und korrupte Herrscher mit Lügen, Brutalität und *Taghiyeh*, der schiitischen Verstellungskunst, an der Macht halten, koste es, was es wolle.

Mahsa war ein kurdisches Mädchen, die Parole „Frau, Leben, Freiheit" (*Zan, Zandegi, Azadi*) ging vom iranischen Kurdistan aus und fand im ganzen Land unüberhörbaren Widerhall – in anderen Regionen mit anderen Minderheiten, bei Belutschen, Arabern und Azeris. Eine Woche nach den landesweiten Unruhen las man in einer Untersuchung des Innenministeriums, drei Viertel der Bevölkerung gehörten zu den Unzufriedenen. Der Iran stehe vor einem sozialen Erdbeben, sagen selbst jene, die das Land regieren. Man mag sich wundern, warum die Mächtigen dieser Gesellschaft, die Berge von Problemen zu bewältigen haben, ausgerechnet die Frage des Kopftuchs zu einem Problem der nationalen Sicherheit erhoben haben. Oder müssen sie das tun, weil sonst die Sicherheit des Staates tatsächlich gefährdet ist?

„Der Hidschab ist die Berliner Mauer der Islamischen Republik", sagte Masih Alinejad zwei Monate nach Mahsas Tod und auf dem Höhepunkt der Frauenrevolte in Iran.[52] Als die bekannte iranisch-amerikanische Frauenrechtsaktivistin diesen Satz in New York aussprach, wusste sie nicht, dass gerade Auftragskiller versuchten, sie zu ermorden. Drei Jahre später befand ein Geschworenengericht, dass dieser Mordversuch ein Auftrag aus Teheran war. Drei gedungene Killer – mutmaßlich Mitglieder der russischen Mafia – sollten ihn für 500.000 Dollar erledigen. Es war bereits das zweite Mal, dass die Revolutionsgarden Alinejad mit der Hilfe krimineller Banden beseitigen wollten. Ihr erster Versuch ein Jahr zuvor war noch abenteuerlicher. Alinejad, die beim Revolutionssieg gerade einmal drei Jahre alt war, sollte gekidnappt, mit einem Schnellboot nach Venezuela entführt und von da nach Teheran gebracht werden.

Der enorme Aufwand für die Eliminierung der 50-Jährigen verdeutlicht, welche Gefahr sie für die Mächtigen darstellt, trotz der zehntausend Kilometer Distanz zwischen Teheran und New York. Alinejad war im Iran acht Jahre Parlamentsreporterin, sie kennt die sozialen Medien bestens und hat Millionen Follower. Und weil sie von ihrem amerikanischen Exil aus via Internet mehrere erfolgreiche Kampagnen initiiert hat, glaubten die Mächtigen, mit ihrer Beseitigung beendeten sie auch die Frauenproteste. Alinejad, geehrt mit vielen Preisen, appelliert in ihren Vorträgen unermüdlich an westliche Regierungen, den Kleiderzwang für Frauen im Iran aus Prinzip ernst zu nehmen. Vor Europaparlamentarierinnen kritisierte sie 2022 das Verhalten vieler europäischer Politikerinnen, sich bei Reisen in den Iran dem Kleiderzwang der Mullahs zu unterwerfen: „Tut das nicht – nicht unseretwegen, sondern euretwegen." Das sei keine Diplomatie; das Lächeln für die Mullahs sei schädlich, sagt sie und beruft sich auf viele Stimmen aus dem Iran. Eine iranische Soziologin aus Teheran schrieb zur gleichen Zeit in dem persischen Portal *Asoo*: „Wir haben es hier mit einer Art ‚New Orientalism' zu tun." Für eine zweifelhafte Realpolitik relativierten diese Politikerinnen ihre eigenen Werte, wenn sie nach Iran kämen. Der Schaden für die iranischen Frauen habe ein historisches Ausmaß.

Die damalige schwedische Handelsministerin und spätere Außenministerin Ann Linde beispielsweise gehörte einem Kabinett an, das sich als erste „feministische Regierung" der Welt bezeichnete. 2017 wurde ihr zweitägiger Besuch im Iran in den sozialen Medien als „Walk of Shame" bezeichnet: Mit Kopftuch marschierte sie an der Seite des iranischen Präsidenten durch die Teheraner Regierungsgänge. Ihr Bild ging durch die iranischen Medien als Bestätigung für die Richtigkeit der iranischen Gesetze zum Kleiderzwang. Zurück daheim rechtfertigte sich Linde mit dem Argument, sie habe sich an iranisches Recht gehalten. Mit dieser Begründung legitimierte auch die ehemalige EU-Außenbeauftragte Catherine Ashton ihre Unterwerfung, ebenso ihre Nachfolgerin Federica Mogherini. Mogherini ging sogar noch weiter und sorgte mit einem „Selfie der Schande" in den sozialen Medien für heftige Proteste.

Auch Claudia Roth tourte 2015 als Vizepräsidentin des Bundestags zwei Tage mit Kopftuch durch Iran, präsentierte sich mit ihrem berühmten Lächeln den iranischen Medien, ebenfalls umringt von Politikern, die damals dem Repressionsapparat angehörten und immer noch am Werk sind. Über Roths Reise waren nicht nur die mutigen Frauen der von Masih Alinejad initiierten Aktion „Meine heimliche Freiheit" empört, die es damals gewagt hatten, das Kopftuch abzulegen und Fotos davon ins Internet zu stellen. Sie schrieben Protestbriefe an Claudia Roth und alle anderen, die bei ihrem Iran-Besuch verschleiert und lächelnd neben Tschador-verhüllten Frauen posierten. Gesetzestreue, Achtung,

Respekt und Toleranz gegenüber Kulturen und Religionen waren und sind Schlagworte, mit denen Roth, Linde und andere Iranreisende ihr paradoxes Verhalten zu rechtfertigen versuchen. „Ist das Feminismus? Nein, es ist Heuchelei. Wenn die Feministinnen im Westen ihre Haltung gegenüber den Frauen im Nahen Osten nicht ändern, werden sie keinen Erfolg haben", sagt Alinejad dazu 2022 in einem Interview mit der *taz*.[53]

Das Kopftuch mausert sich in Krisenzeiten zu einem Banner der Veränderung, zu einer systemgefährdenden Heimsuchung. Härte, Einschüchterung und Verhaftungen nützen offenbar nichts; die Proteste nähmen immer neue Formen von zivilem Ungehorsam an und vervielfältigten sich ständig, sagt die Anwältin Nasrin Sotudeh. Sie muss es wissen. Die 60-jährige Juristin ist eine Ikone der iranischen Frauenbewegung. In ihrem Leben hat die Sacharow-Preisträgerin fast alles erfahren, was einer Frauenrechtsaktivistin in der Islamischen Republik widerfahren kann: Verurteilung zu elf Jahren Gefängnis, 20 Jahre Berufsverbot als Anwältin, Ausreiseverbot und viele Schikanen mehr – von täglichen Morddrohungen ganz zu schweigen. Seit Anfang 2025 sitzt auch ihr Mann Reza Khandan hinter Gittern. Doch Sotudeh lässt sich nicht einschüchtern. Die Verteidigung vieler der sogenannten „Mädchen der Revolutionsstraße", die 2018 an dieser zentralen Avenue in Teheran öffentlich ihr Kopftuch ablegten und es an einem Stock befestigt in die Höhe hielten, betreibt sie mit unermüdlichem Engagement. Regelmäßig informiert sie die Presse über die Situation ihrer Mandantinnen.

Abb. 17: *Junge Iranerinnen missachten im Alltag oftmals die Kleidervor-schriften, tragen ihre Schleier aber wie Schals um den Hals, um sie bei Bedarf schnell anlegen zu können, Teheran, März 2025.*

„Diese Jugend wird uns erziehen – und nicht umgekehrt", gestand einmal ein Freitagsprediger. Wie weit diese „Erziehung" gediehen ist, zeigt das Schicksal der brillanten iranischen Theologin Sadigheh Vasmaghi. Die Intellektuelle gilt in reformorientierten Kreisen als eine epochale Vordenkerin. Unerschrocken fordert sie die Mullahs heraus. Nach sechs Jahren im schwedischen Exil entschied sie, in den Iran zurückzu-kehren, obwohl sie in Abwesenheit zu fünf Jahren Gefängnis verurteilt worden war. Ist sie wirklich so gefährlich? Die Szene ihrer Verhaftung sagt darüber einiges aus. Es ist der 15. März 2024, fast 30 Monate nach Mahsas Tod, kurz vor Sonnenaufgang. Vier bewaffnete Geheim-dienstler verschaffen sich unbemerkt Zugang zu dem Appartement, in dem sich die „Gefahrenquelle" befindet. Wieder einmal eine nächtliche

Polizeiaktion mit Überraschungseffekt; eine bekannte, tausendfach praktizierte und deshalb bewährte Methode. Die zum Teil maskierten Männer werden an diesem Tag von einer ebenfalls bewaffneten Kollegin begleitet. Denn sie wollen eine Frau dingfest machen: eine 62-jährige, beinahe blinde Gelehrte. Nach dem üblichen Geschrei fesseln sie ihr „Objekt" und sammeln akribisch dessen persönlichen Sachen ein, einer von ihnen nimmt auch Vasmaghis Gehstock mit.

Über die „Gefährlichkeit" der verhafteten Person besteht kein Zweifel. Sie ist ein ganz besonderes Sinnbild des Widerstands in Iran, fordert das System aus seinem tiefsten Inneren heraus. Mit dem, was sie tut und wie sie es tut, hat sie es geschafft, eine sehr respektierte Persönlichkeit zu werden, über viele Grenzen hinweg. Und das ist wahrlich gefährlich. Was Frau Vasmaghi tut, ist ein Wendepunkt in der Geschichte des Schiitentums. Orientalisten und Islamwissenschaftler werden sich mit ihr und ihren Thesen befassen müssen, wenn sie etwas über die Frau im Islam schreiben wollen. Sadigheh Vasmaghi hat längst das Ende jener Rechtslehre eingeläutet, die jahrhundertelang von Turbanträgern gedacht, verordnet und oft gewaltsam durchgesetzt wurde. Vasmaghi sei ein Phänomen, mit ihr gehe die uns bekannte Geschichte des schiitischen Klerus zu Ende – man könne sie so gesehen auch als auch ein Jahrtausend-Phänomen bezeichnen. Diese Sätze, die nach maßloser Übertreibung klingen, stehen im Internetportal *Zeitoon*, einer Webseite der schiitischen Neudenker. Theologieprofessoren und Ayatollahs gehören ebenso zu den Autoren dieser Seite wie Journalisten, die aus dem Iran und vor allem aus schiitischen Seminaren berichten. Das letzte Interview von Vasmaghis mit *Zeitoon* ist überschrieben: „Wir haben mit den Männern Probleme".

Die aufwühlende Biografie von Sadigheh Vasmaghi birgt viele Geschichten in sich; nicht nur die der Islamischen Republik oder jene von Ali Khameneis Aufstieg und Niedergang. Diese zierliche Frau offenbart in ihrem Werdegang Bahnbrechendes, Wegweisendes. Sadigheh macht gerade ihr Abitur, als 1979 die Islamische Republik das Licht der Welt erblickt. Wie viele Gleichaltrige ist sie von der Revolution begeistert. Noch läuft sie ohne Kopftuch und im Minirock durch die Welt; Bilder aus dieser Zeit sind im Internet verewigt. Doch die Revolution schlägt sie so heftig in ihren Bann, dass sie trotz ausgezeichneter Noten nicht zur Uni, sondern zu schiitischen Frauenseminaren geht. Ayatollah Khomeini, der Gründer der „Republik", hatte sich wiederholt für das gesellschaftliche Engagement von Frauen ausgesprochen – in einer religiösen Öffentlichkeit, versteht sich. Selbst das ist für viele Geistliche ein großer Tabubruch, doch es diente der neuen Macht so sehr, dass niemand zu widersprechen wagte. Sadigheh weilt also drei Jahre unter den Mullahs und studiert islamische Jurisprudenz. Die Abiturientin mit Bestnoten hat in den schiitischen Seminaren von Anfang an eine Sonderstellung. Sie war in den schiitischen Seminaren in jeder Hinsicht ein Unikum: eine Frau, die einen modernen Schulweg hinter sich hatte und sich nicht für Mystik und Philosophie, sondern gerade für islamische Juristerei interessierte. Danach geht sie zur Teheraner Universität. Dort wird sie nicht nur eine akademische Theologin, sondern auch eine echte Forscherin. Ihre Vorlesungen sind Ereignisse, und große Aufregung gibt es fast immer auch dann, wenn ein Beitrag oder ein Gutachten von ihr erscheint. Und Sadigheh Vasmaghi veröffentlicht viel. Seit ihrer Gymnasialzeit schreibt sie Gedichte, Geschichten und Romane. Und als Expertin für schiitische Rechtslehre publiziert sie nun auch noch Fachbücher, hauptsächlich über Frauenrechte.

Wir befinden uns in den Anfangsjahren der Revolution, noch hegen viele die Hoffnung, die Islamische Republik lasse sich reformieren. Damals engagierte sich Sadigheh Vasmaghi in der landesweiten Reformbewegung, die einen politischen Islam mit menschlichem Antlitz anstrebte. Solange es noch möglich war, versuchte sie es mit praktischer

Politik, ließ sich sogar ins Teheraner Stadtparlament wählen und wurde dessen Sprecherin. Doch das ist die Zeit eines kurzen, turbulenten Frühlings der Freiheit, er findet sein Ende spätestens mit der Installierung des Populisten Ahmadinedschad im Jahr 2005.

Das Leben und Arbeiten unter Präsident Ahmadinedschad wird für Vasmaghi zunehmend unerträglich, ja, unmöglich. Ihr gelingt es schließlich, das Land zu verlassen. Zunächst erhält sie eine Gastprofessur an der Universität Göttingen, dann wechselt sie zur schwedischen Universität Uppsala, sechs Jahre lehrt sie dort. Diese Exiljahre sind fruchtbare Zeiten. Vasmaghis Distanz zum schiitischen Rechtswesen nimmt im schwedischen Milieu andere Dimensionen an. Hier veröffentlicht sie *Women, Jurisprudence, Islam*, das zu einem Standardwerk werden sollte, und die schwedische Übersetzung eines ihrer Gedichtbände. In diesen sechs Jahren ist Vasmaghi auch eine angesehene Referentin bei iranischen „Auslandsfeministinnen". Die islamische Rechtsgelehrte spricht in verschiedenen europäischen Städten vor Iranerinnen, die alle Flüchtlinge vor dem politischen Islam sind. Und siehe da: Alle hören interessiert zu. Ihre sechs Exiljahre sind wahre Lehrjahre, für sie selbst und für ihr Publikum. Machtpolitisch gesehen sei der Hidschab zwar die Achillesferse dieser Republik, „aber die Frauentragödie geht weit über die Religion hinaus. Vieles muss sich in dieser Männergesellschaft grundsätzlich ändern", betont sie vor den iranischen Aktivistinnen im Ausland.

Doch im Exilboden kann sie keine Wurzeln schlagen. Sie will zurück dorthin, wo sie gänzlich zuhause ist – geistig, politisch und sprachlich. „Ich beschäftige mich so viel mit diesem Stück Erde hier, auf dem ich stehe. Warum nur? Kann diese Erde denn nicht meine Heimat sein? Was ist der Unterschied? Das Gleichgewicht ist unterschiedlich. Es gibt keinen Vergleich mit meiner Heimat. Hier habe ich das Gefühl, ich schwebe in der Luft", schreibt sie in ihrem Buch *Gefängnis oder Exil*, bevor sie Ende 2017 in den Iran zurückkehrt.

Vasmaghi leidet an einer Netzhautdystrophie, einer Erbkrankheit, die zu einem fortschreitenden Absterben der Netzhaut führt. Die Bedingungen im Gefängnis würden sie bald völlig erblinden lassen, sagen die Augenärzte. Als sie nach ihrer Inhaftierung in eine Augenklinik außerhalb der Gefängnismauern eingeliefert werden sollte, weigerte sie sich, Kopftuch zu tragen. Ohne ging es aber auch nicht, das konnte man nicht zulassen. Seit dem Mord an Mahsa Amini und den „Frau, Leben, Freiheit"-Protesten trägt Sadigheh Vasmaghi keinen Hidschab mehr. Nicht einmal ihrem Rechtsanwalt will sie mit Kopftuch gegenübertreten. Sie blieb ein Jahr in Isolationshaft und kam nur unter strengen Auflagen frei. Zurück in Freiheit schrieb sie weiter regelmäßig offene Briefe über die Zustände inner- und außerhalb der Gefängnismauern – wie schon zuvor aus ihrer Zelle. Adressat dieser Briefe ist fast immer Ali Khamenei, den Vasmaghi für den Alleinverantwortlichen hält.

Khamenei sieht die rebellierenden Frauen der „Frau, Leben, Freiheit"-Bewegung als eine Herausforderung des gesamten Staats. Entweder betreibe man *social engineering* oder es werde ein fürchterliches Erdbeben geben, das alles zerstört, sagte er im September 2022 vor einer Gruppe von Soziologen, die mit den sozialen Netzwerken vertraut sind. Nur eine systematische Indoktrination, eine Umformung hin zu seiner Meinung nach „anderen, besseren Menschen" könne das „Erdbeben" abwenden – eine späte Warnung, kurz vor Ausbruch der Frauenrevolte. Die Cyberpolizei der Revolutionsgarden allein ist aber nicht in der Lage, dieses existenzgefährdende „Erdbeben" abzuwehren. Deshalb stehen inzwischen die chinesischen Freunde den Mullahs mit Rat und Tat zur Seite, samt ihrer Erfahrung mit den Uiguren im eigenen Land sowie ihren mächtigen Hightech-Konzernen wie Tiandy, Hikvision oder Dahua. Auf ihren professionell gestalteten Webseiten preisen diese Konzerne auf Persisch ihre Produkte, ihre Effektivität und ihre weltweite Marktführerschaft sowie ihr vielfältiges Angebot von Überwachungstechniken an, die jede Bewegung in jeder Situation und bei jedem Lichtverhältnis detailliert und intelligent registrieren – samt Kontaktadressen zu den Zuständigen und Serviceleistungen der Firma.

Unter diesen Unternehmen ist der Tiandy-Konzern nach Meinung vieler Experten am engsten mit den chinesischen Behörden verflochten. Er gilt weltweit als einer der größten Anbieter von Videoüberwachungstechniken. Allein in den USA setzt die Firma nach Medieninformationen jährlich rund 700 Millionen Dollar um. Der Konzern bietet Kameras und KI-gestützte Software, darunter Gesichtserkennungstechnologie oder auch eine Software, von der die Firma angibt, sie könne anhand äußerlicher Merkmale auf ethnische Zugehörigkeit schließen.

Tiandy hatte bereits im Dezember 2021 mit SA Iran, einem staatlichen Anbieter von Militärelektronik, einen Fünfjahresvertrag unterzeichnet. SA Iran ist eine der wichtigsten Säulen des Rüstungskomplexes der Revolutionsgarden. Die Firma untersteht dem Verteidigungsministerium, und Tiandy ist ihr wichtigster und größter Handelspartner. Unverhohlen rühmt sich Tiandy auf seiner Webseite der „fruchtbaren Zusammenarbeit" mit den Revolutionsgarden und den iranischen Sicherheitskräften. Chinesische Zolldaten zeigten damals, dass die Exporte von Video-Aufzeichnungsgeräten nach Iran seit Mahsa Aminis Tod sprunghaft angestiegen waren. Mit diesen Geräten werden etwa „Beweisaufnahmen" hergestellt, die Autofahrerinnen, die in ihrem eigenen Wagen kein Kopftuch getragen haben, per SMS präsentiert werden. Die Autos dieser „Delinquentinnen" werden dann für bestimmte Zeit stillgelegt.

Aber auch rohe Gewalt sorgt zumindest für scheinbare Ruhe auf den Straßen. Im November 2022, als die Proteste nach und nach abflauten, veröffentlichte die vom UN-Menschenrechtsrat eingerichtete Wahrheitskommission für Iran Zahlen über diese Brutalität: 400 getötete bzw. hingerichtete Demonstranten, darunter 50 Minderjährige. Von 18.000 Verhafteten und Verurteilten ist die Rede. Die Zahl der Verletzten konnte die Kommission nicht angeben. Hunderte erblindeten, weil man Waffen mit Schrotmunition zur Kontrolle von Menschenmengen einsetzte, auch gezielt in die Augen schoss.

„Das Narrativ der Islamischen Republik ist längst zu Ende. Die Mehrheit der Iraner hält die große Erzählung von einem besseren, sinnstiftenden Leben für eine große Lüge. Die laute Parole von der politischen Unabhängigkeit des Landes stellte sich am Ende als völlige Unterwerfung gegenüber China und Russland heraus", sagte Mehdi Nassiri am 16. September 2023, am ersten Jahrestag von Mahsas Tod, in einem Interview.[54] Hinter den Mauern des Teheraner Evin-Gefängnisses verbrannten an diesem Tag bekannte Frauenaktivistinnen beim Hofgang ihre Kopftücher, darunter die Friedensnobelpreisträgerin Narges Mohammadi. Erstaunlich ist nicht so sehr die Kritik, sondern wer sie äußert: Nassiri war einst ein hochrangiger Geistlicher, ein Lieblingsschüler von Ali Khamenei. Khamenei ernannte ihn zum Chefredakteur der Tageszeitung *Keyhan*, die als Sprachrohr der Radikalsten aller Radikalen gilt. Nassiri hatte viele andere wichtige Posten inne. Er saß jenem Komitee vor, das die Freitagsprediger für das ganze Land bestimmt und deren wöchentlichen Predigten inhaltlich festlegt, leitete Filmfestivals im Inland und diente als Khameneis Gesandter und Kulturattaché im Ausland. Heute ist er kein Mullah mehr. Der politische Islam sei, zumindest in seiner schiitischen Version, völlig gescheitert, sagt Nassiri, „wenn der Iran überhaupt eine Zukunft haben sollte, dann nur in einem säkularen System mit strikter Trennung von Religion und Staat".[55]

Er halte die Reformierbarkeit der Islamischen Republik für ein Ding der Unmöglichkeit, sagte am selben Jahrestag auch Abdollah Nasseri. Khamenei habe große Angst, er sei traurig, ja depressiv und enttäuscht, seine harsche Reaktion auf die Frauenproteste entspringe diesem Zustand. Auch Nasseri ist nicht irgendwer: Vier Jahre lang war er Chef der staatlichen Nachrichtenagentur IRNA. Nur Beobachter, die sich einigermaßen mit Despotien auskennen, können die Tragweite von Nasseris Aussage erfassen. In einem solchen System wird nur derjenige Leiter der offiziellen Nachrichtenagentur, der dem engsten Kern der Macht sehr, sehr nahe steht. Wenn solche Leute dem Regime den Rücken kehren, muss der Unmut wahrlich groß sein. Die tiefe Wandlung, ja, Revolution findet auch da statt, wo Khamenei sie nie erwartet hätte.

Eine Dynastie der Khameneis?

Er muss seine eigene Macht festigen, die Zukunft seiner Republik, seiner Vision und seiner Familie garantieren. Lange Zeit hielten es viele für ein Gerücht, dass er seinen Sohn Mojtaba zu seinem Nachfolger bestimmen wolle. Doch Anfang des Jahrtausends erklärte Khamenei allen, die es wissen wollten, eine wahre schiitische Herrschaft könne nur eine erbliche, eine dynastische sein. Das ist kein Gerede, sondern Glaube und Gesetz, und jeder, der es wollte, begriff an diesem Tag, dass Mojtaba ein sehr ernstzunehmender Anwärter ist.

Anfang September 2022 gab Khamenei eine Audienz für schiitische Missionare aus der ganzen Welt. Gekommen waren sie aus 118 Ländern von allen Kontinenten, von Neuseeland bis Südamerika: Funktionäre, Vorbeter und Finanziers jener Moscheen und Hinterhöfe, die in verschiedenen Ländern für den Schiismus von Khameneis Prägung werben. Gesponsert werden sie mit Petrodollars, gewappnet mit politisch-geistigem Rüstzeug. Sie sind auf diesem Globus Verkünder der Zwölfer-Schia und glauben wie Khamenei selbst, eine echte schiitische

Herrschaft könne nur eine monarchistische Erbführerschaft sein – vom Vater zum Sohn.

Dieses Glaubensgebäude beginnt mit Ali, dem Schwiegersohn des Propheten Mohammed im Jahr 632, und endet 940 mit dem Mahdi, dem zwölften Imam, der in die „große Verborgenheit" verschwand und auf dessen Wiedererscheinen die Zwölfer-Schiiten seither warten. Bis dahin sind die Ayatollahs als „Quelle der Nachahmung" seine Stellvertreter. Dieser Zweig der Schiiten nennt sich auch *Hal Elabit*, „Anhänger des Hauses". Gemeint ist das Haus des Propheten und dessen Nachkommen. Ein schwarzer Turban, wie ihn auch Ali Khamenei trägt, zeigt an, dass der Geistliche seine Abstammung bis auf Mohammed zurückverfolgen kann. Diese weltweiten „Anhänger des Hauses" versammeln sich seit der iranischen Revolution vor 46 Jahren regelmäßig in Teheran. Nur Corona zwang sie zwei Jahre zur Pause – und als sie 2022 wieder anreisten, hatte Khamenei etwas Entscheidendes mitzuteilen.

Bei der Gestaltung des Audienzsaals hatten Khameneis Leute alles getan, um seine Botschaft an diesem Tag richtig in Szene zu setzen. Die Wände waren mit Versen und Texten verziert, die auf die dynastische Führerschaft der schiitischen Gemeinde verwiesen. Khamenei trat den 400 Missionaren auf einem Podest gegenüber, über seinem Kopf war in kunstvoll gestalteter Kalligrafie ein vielsagender Satz aus einer heiligen Überlieferung zu lesen: „Wir sind das Wort der Frömmigkeit, das höchste Vorbild, der absolute Beweis und die sichere Bindung." Dass das „Wir" ein Pluralis Majestatis ist, versteht sich von selbst.

Khamenei beginnt seine Rede, wie seit vier Dekaden gewöhnt, mit einer langen Tirade gegen die westlichen Mächte und betont, seine Herrschaft sei viel mächtiger, als die Feinde es sich je vorstellen könnten. Dann aber kommt er schnell zu seinem eigentlichen Thema: Die Feinde würden niemals in der Lage sein, die Heiligkeit, die Festigkeit des Erbes zu verstehen, die „unsere Herrschaft" durchlaufe. Danach zitiert er das Gebet: „Gegrüßt seist Du, oh Erbe Abrahams, Freund Allahs, gegrüßt seist Du, oh Erbe Moses, Freund Allahs." Im Anschluss erläutert er lang und breit die Auslegung dieses Gebets, redet über die Selig-, Barmherzig- und Glückseligkeit der erblichen Linie, die die Herrschaftssubstanz der Zwölfer-Schiiten bilde. Seine eigentliche Botschaft lautet: Die wahre Herrschaft in der schiitischen Gemeinde ist erblich. Nach dieser unbe- streitbaren schiitischen Logik können, müssen alle Zuhörer begreifen, wie sich Khamenei den Morgen nach seinem Ableben vorstellt.

Wer ihm folgen und wie die „Republik" danach aussehen wird, ist seit Jahren das Thema vieler Spekulationen, aber auch ernsthafter Studien. Dabei taucht immer wieder der Name Mojtaba auf, zweit- ältester von Khameneis vier Söhnen. Beim Sieg der Revolution war Mojtaba zehn Jahre alt, mit 16 ging er für einige Wochen an die Kriegs- front gegen den Irak. Seine Mitkämpfer von damals sind heute seine engsten Mitarbeiter, organisiert in der sogenannten „Brigade Habib", eine kleine, hartgesottene Gruppe von Revolutionsgarden und Geheim- dienstlern. Mit ihrer Hilfe regelt Mojtaba inzwischen vieles für seinen Vater. Nach dem Krieg besuchte er zunächst in Teheran Religionssemi- nare, ging 1999 nach Qom und wurde Schüler von Ayatollah Muhammad Taqi Mesbah-Yazdi, was Schlimmes befürchten lässt: Der Ayatollah war ein reaktionärer Traditionalist, er schrieb und propagierte ausschließ- lich gegen alles Moderne sowie gegen jegliche Staatlichkeit. Vater Khamenei bezeichnete ihn mehrmals als einen der größten Philosophen aller Zeiten, und als Taqi Mesbah-Yazdi starb, ließ er dessen Leichnam in seine Residenz bringen, um persönlich das Totengebet zu halten.

Was Mojtaba bei ihm gelernt haben mag und welche Stufe der schiitischen Gelehrsamkeit er erreicht hat, ist ungewiss. Wir kennen von Mojtaba weder eine Rede noch eine Schrift; er meidet grundsätzlich die Öffentlichkeit. Ihm nahestehende Webseiten behaupten, er lehre die „Rechtsfindung" (*Dars Khach*) – ein Spezialfach für hochrangige Geistliche, für diejenigen, die „Quelle der Nachahmung" werden wollen. Ihn selbst titulieren seine Anhänger bereits als Ayatollah, eine Voraussetzung, um Revolutionsführer zu werden. Mojtaba hat nie ein offizielles Amt bekleidet, verbrachte die meiste Zeit im Schatten diverser Geheimdienste, jenseits des Lichts der Öffentlichkeit. Viel mehr Biografisches ist über ihn nicht bekannt. Er sei genauso fanatisch, antiwestlich und machtbesessen wie sein Vater, ausgestattet mit einer erbarmungslosen Brutalität, sagen jene Eingeweihten, die Mojtabas bisherigen Werdegang beobachtet haben. Khamenei wird seinem Nachfolger mit Sicherheit jenes Chaos, jene Ungewissheit und Demütigung ersparen, die er selbst bei seiner Wahl hatte erleben müssen.

Formal bestimmt heute wie damals der sogenannte „Expertenrat" den neuen Führer Irans. Für acht Jahre gewählt, tagt dieser Rat nur zweimal jährlich, er wird von den Medien kaum wahrgenommen. Die „Experten" werden direkt oder indirekt von Khamenei persönlich ausgesucht, sie alle tragen den Titel eines Ayatollahs und dienen an ihren Wohnorten entweder als Leiter des „Führerbüros" oder als Richter, Provinzgouverneure, Freitagsprediger und so fort. Diese 88 Staatsfunktionäre sind keine Gelehrten im herkömmlichen Sinne, sie haben weder mit der Lehre in den Seminaren noch mit der Exegese der heiligen Texte zu tun. Damit symbolisieren sie eine historische Transformation ihres eigenen Glaubens, die beispiellose Metamorphose einer anderthalb Jahrtausende alten Geistlichkeit und Gelehrsamkeit.

Ob man erforschen will, was die Islamische Republik aus den schiitischen Lehrseminaren gemacht hat, die Korruption innerhalb der Geistlichkeit untersuchen oder die „postrevolutionäre Wandlung des schiitischen Klerus" studieren will – für alle diese und ähnliche Themen ist dieser „Expertenrat" das beste Untersuchungsobjekt. Schiitische Ayatollahs waren stets originelle Einzelgänger. Jeder Mullah muss vom Beginn seiner Laufbahn an autonom und individualistisch sein, wenn er irgendwann Ayatollah und am Ende sogar der alleinige „Stellvertreter des Verborgenen" (*Nayeb Emam*) genannt werden will – des verborgenen zwölften Imams. Diese himmlische, gottähnliche Zielsetzung ist die Eigenwahrnehmung eines jeden Mullahs, der eigentliche Daseinsgrund der Lehre, der Gemeinde, ja des gesamten Glaubensgebäudes. Was Khamenei mit seiner eigenen Zunft gemacht hat, ist deshalb nicht mehr und nicht weniger als ihre Aufhebung, ihre Auflösung. Ein Turbanträger ist heute nicht mehr wie einst Lehrer und Leiter der Gemeinde, sondern Staatsfunktionär, Geheimdienstler oder Gardist. Oder er schweigt.

Wie Khamenei all das arrangierte, liest sich wie die Geschichte eines Putsches, wie ein Thriller voller Dramatik und Gewalt, gewürzt mit viel Psychologie und Propaganda. Nach den jüngsten Statistiken der staatlichen Nachrichtenagentur Irans gibt es im Land 130.000 Mullahs. Die wichtigsten Seminare befinden sich in den Städten Qom, Maschhad und Schiras. Was Khamenei vorhatte, schien ein Ding der Unmöglichkeit: Er war kein Großayatollah, war ohne Sachautorität, und wollte trotzdem in allen Seminaren aufräumen, die alteingesessenen, einflussreichen Gelehrten entmachten und ihre über ein Jahrtausend alte Tradition umkrempeln, ihre Lehrinhalte und Finanzquellen unter Kontrolle bringen.

Für den allerletzten Schritt nahm er sich in der Stadt Qom zehn Tage Zeit. Hier liegt das pulsierende Zentrum der Geistlichkeit, hier leben über 60 Prozent aller Mullahs und viel wichtiger: Hier startete Khomeini seine Revolution. Niemand wusste besser als der Republikgründer selbst, welcher geistige Sprengstoff in den Seminaren schlummert, er kannte die Eigensinnigkeit der Ayatollahs. Als potenzieller „Stellvertreter des Verborgenen" ist jeder von ihnen ein ernsthafter Rivale, viel gefährlicher als alle Säkularen und Atheisten zusammen. Khomeini starb zu früh, um die Säuberung seiner eigenen Zunft zu vollenden; als er starb, gab es immer noch einflussreiche Ayatollahs, die das Prinzip der „Herrschaft des Rechtsgelehrten" für Häresie hielten. Es wurde die Aufgabe seines Nachfolgers, sein Werk zu Ende führen, obwohl dieser weder sein Charisma noch seine Gelehrsamkeit besaß. Kein Wunder, dass Khamenei auch hier zur nackten Gewalt greifen musste. 2009, als nach der Wiederwahl Ahmadinedschads große Proteste stattfanden, erreichte die Säuberungsaktion unter den Mullahs ihren Höhepunkt. Viele bekannte ehrwürdige Ayatollahs hatten sich gegen Ahmadinedschad und damit indirekt gegen Khamenei positioniert. Kurz nach dem Ende der Proteste startete er seine zehntätige Reise nach Qom.

Dort installierte er eine Gardisten-Brigade, die nur aus Mullahs bestand. Offenbar von langer Hand geplant, übernahm diese Brigade sofort die vollkommene Überwachung aller Seminare und deren Lehrinhalte. Nach und nach verloren die alten Ayatollahs ihre Seminare, ihre gesellschaftliche und religiöse Stellung. Seitdem entgeht der Truppe nichts, was sich in den Seminaren regt, geschrieben oder gesagt wird. Für seine Kulturoffensive gegen alles „Westliche" schuf Khamenei außerdem viele lukrative Posten und Positionen und band die machtbesessenen Mullahs finanziell, geheimdienstlich und personell an sich; allein im Ölministerium wurden 1.000 von ihnen untergebracht. Der Rest schweigt, ist verängstigt und isoliert.

Eine Führungsrolle für Mojtaba ist für Kenner der schiitischen Seminare trotzdem kaum denkbar. Sollte nach dem Ableben Khameneis die Islamische Republik in ihrer jetzigen Form weiter existieren, muss formal ein „Rechtsgelehrter" an ihrer Spitze stehen. Es scheint aber kaum vorstellbar, dass Mojtaba als „Rechtsgelehrter", als Großayatollah akzeptiert wird. Zum Beispiel nicht für Khalaji, Sohn eines Großayatollahs, der selbst zehn Jahre lang Seminarist war und heute als anerkannter Experte für das Innenleben der schiitischen Geistlichkeit gilt. „Es ist jenseits meiner Vorstellung, dass Mojtaba je Ali Khamenei ersetzen könnte", sagt Khalaji,[56] der mehrere Bücher über den Kosmos der schiitischen Geistlichkeit schrieb. Er geht sogar noch weiter, die Opposition gegen Mojtaba komme auch aus dem harten Kern der Macht. Und so gibt es zahlreiche Spekulationen über alternative Szenarien, von einem dreiköpfigen „Führungsrat" ist beispielsweise die Rede, natürlich mit Mojtaba als *primus inter pares*. Wer auch kommen mag, Mojtaba, ein Triumvirat oder eine völlig andere Person, er wird einen Berg aufgetürmten Probleme erben: eine ruinierte Wirtschaft, eine zerstörte Außenpolitik und eine innenpolitische Sackgasse – zusammengenommen eine ausweglose Notlage.

„Zwischen dieser und der nächsten Säule liegt eine Öffnung", lautet ein persisches Sprichwort, wobei „Öffnung" im Persischen zugleich „Lösung" bedeutet – dieses Sprichwort ist anscheinend Khameneis Devise in seinem Dilemma. Ob die Mehrheit der Iraner das Brutale hinter diesem harmlos klingenden Bonmot kennt oder sich nur fragt, warum gerade zwischen zwei Säulen die Lösung liegen soll? Zum Tode verurteilte Delinquenten wurden in der Vergangenheit nicht nur an die Wand gestellt, sondern auch an Säulen gefesselt. Nach seinem letzten Wunsch gefragt, so erzählt man sich, wollte ein Todeskandidat von seiner Säule los- und an der nächsten angebunden werden. Dahinter steht die Hoffnung, dass beim Wechseln der Säule etwas passieren könnte. Das scheint auch Khameneis Maxime für heikle Fragen zu sein, wenn der Druck aus dem Ausland zunimmt: Zeit schinden und auf die nächste Gelegenheit warten, vielleicht ergibt sich ein Ausweg. In der modernen Außenpolitik nennt man diesen Trick „die kleinen Schritte der Diplomatie". Solche Trippelschritte wurden im Laufe der Zeit zur Konstante, zur Alltagsrealität der Islamischen Republik. Khamenei hat sich auf diese Weise vier Dekaden an der Macht halten können. Eine nachhaltige, grundsätzliche Lösung für seine Probleme hat er nie gesucht, nie suchen können. Diese Republik war für eine eindeutige, transparente Politik nicht geschaffen.

Fehlkalkulation seines Lebens

Trotz Sanktionen und der internationalen Isolation konnte die Taktik des Hin und Her, die 46 Jahre die Außenpolitik der Islamischen Republik bestimmte, einigermaßen funktionieren, manche sagen sogar perfekt. Es war zwar schwierig, unter so viel Druck und immer neuen Sanktionen zu leben, doch stets fand die „Republik" Auswege, sie konnte überleben. Und das war das Eigentliche, das Wichtigste. Schon Ayatollah Khomeini hatte einst verkündet hatte: „Der Schutz des Systems ist die höchste göttliche Pflicht" – eine Maxime, die noch immer bekräftigt wird.

In den zehn Jahren, die er nach seiner Revolution erlebte, hat Khomeini diese Maxime bei jeder Krise wiederholt, beständig und für jeden verständlich hat er erläutert, was gemeint ist: Wenn es um den Erhalt der Islamischen Republik gehe, dürfe, ja müsse man sogar andere Gottesgebote wie die fünf täglichen Gebete, das Fasten im Ramadan oder die Pilgerfahrt nach Mekka missachten. Alles andere in dieser Welt sei zweitrangig, wenn es um den Schutz der politischen Ordnung gehe. Das schiitische Prinzip der *Taghiyeh*, das Gebot der Verstellung, wenn es dem Islam dient, gelte auch und vor allem für die Außenpolitik. Mit anderen Worten: Ein offenes Wort, eine klare Position gilt es zu vermeiden.

Ali Khamenei ist mit seiner rhetorischen Begabung ein Meister dieser Zweideutigkeit. In der Außenpolitik funktionierte dieser Ansatz jedoch nur in Normalzeiten, in Zeiten, in denen die Welt noch so etwas wie eine klassische Diplomatie kannte. Khamenei hatte nicht begriffen, dass mit Donald Trumps zweiter Amtszeit eine Ära der Abnormalität begonnen hatte. Und das wurde zur Fehlkalkulation seines Lebens.

Kaum im Weißen Haus, erklärte Trump im Januar 2025, Iran dürfe auf seinem Territorium kein Uran mehr anreichern. Das iranisches Atomprogramm ist ja eines seiner Lieblingsthemen in der Auseinandersetzung mit dem politischen Vermächtnis der Präsidenten der Demokraten, Barak Obama und Joe Biden. Bekanntlich zerriss er schon in seiner ersten Amtszeit in aller Öffentlichkeit das Atomabkommen mit Iran, das Obama 2015 mithilfe der Europäer, Chinesen und Russen mühsam ausgehandelt hatte, und das im Kern eine stärkere internationale Überwachung gegen die schrittweise Aufhebung der Wirtschaftssanktionen gegen Iran vorgesehen hatte. Als beispiellosen Erfolg der Weltdiplomatie hatte man diese Vereinbarung einst gefeiert. Verärgert über diesen großen Durchbruch seines Vorgängers sprach Trump stets von einem schlechten Deal, auf den man sich da eingelassen habe.

Khamenei dagegen hatte mit dem Abkommen aus der Obama-Zeit prinzipiell gut leben können, auch wenn er nur widerwillig zugestimmt hatte. Noch nach der Aufkündigung des Abkommens durch die USA zeigte er nicht sonderlich besorgt, in falsche Sicherheit gewiegt von Trumps Lieblingswort „Deal". Immerhin betonte Trump ständig, er wolle keinen Krieg, nie und nirgends, speziell die vielen Kriege der USA im Nahen Osten bezeichnete er oft als große kostspielige Fehler. Das waren für Khamenei beruhigende Worte. Wenn Trump prinzipiell keinen Krieg wollte und immer von großen Geschäften in der Region sprach, dann könne man sich Zeit lassen, dann befinde man sich so wie auf dem Teheraner Basar in einer Sphäre des Feilschens und Schacherns. Dann könne es mit dem Atomprogramm vorerst weitergehen wie in den letzten 30 Jahren: ein Schritt zurück, bis man zwei Schritte nach vorn wagen kann.

Nach Trumps Forderung, die Urananreicherung zu stoppen, schwieg Khamenei zunächst. Schließlich sah er sich gezwungen, etwas zu sagen. Seit Amtsantritt hatte Trump immer wieder von einem besseren Deal gesprochen, den man mit Iran erreichen müsse, und auch davon, dass die Zeit bald knapp werde. Die Iraner, ja die ganze Welt warteten ungeduldig, wie Khamenei mit Trump umgehen würde. Es war für ihn nicht leicht, das Wort „Verhandlung" in den Mund zu nehmen. Schließlich war Trump derjenige gewesen, der in seiner ersten Amtszeit Khameneis Lieblingsgeneral Qassem Soleimani hatte töten lassen.

Fast fünf Wochen waren seit Trumps Einzug ins Weiße Haus verstrichen, als Khamenei sich am 3. März 2025 endlich zum Thema äußerte. Wie immer war es eine lange Rede, in der er über alles und jedes sprach, bis er nach 30 Minuten zum Eigentlichen kam. Es werde keinen Krieg geben, die USA fürchteten die Achse des Widerstands und einen regionalen Flächenbrand, so seine Analyse, an deren Ende er die Parole ausgab: „Weder Krieg noch Verhandlung".[57]

Zwei Tage später schrieb Trump auf seinem Kurznachrichten-dienst Truth Social, Iran müsse sich nun beeilen. Gut einen Monat später dann, am 12. April, stellte er ein Ultimatum: Binnen sechzig Tage müsse eine Einigung erzielt werden, andernfalls drohe etwas sehr Schlimmes. Mit Trump, dem Mörder Soleimanis, direkt verhandeln konnte man keinesfalls, also erfand man den Begriff „indirekte Verhandlung". In Maskat, der Hauptstadt Omans, durfte Irans Außenminister Araghtschi mit Trumps Sondergesandten für den Nahen Osten, Steve Witkoff, „indirekt" sprechen. Bis zum 12. Juni hatten beide sich fünf Mal getroffen und gesprochen, ob direkt oder indirekt sei dahingestellt. Das war ein Donnerstag. Die Gespräche sollten am folgenden Wochenende in einer sechsten Runde fortgesetzt werden. Viele sprachen von einer bevorstehenden Einigung, die unterschriftsreif sei.

Um Mitternacht jedoch verstrich die ominöse 60-Tage-Frist. Drei Stunden später begann Israel mit seinem umfassenden Krieg. Viele Beobachter schrieben später, Netanjahu habe sich vor einer Einigung zwischen den USA und Iran wie 2015 zu Obama-Zeiten gefürchtet. Schon damals war Netanjahu gegen das Atomabkommen gewesen. Fast dreißig Jahre lang hatte man über das iranische Atomprogramm verhandelt, am Freitag den 13. Juni war das ein für alle Mal vorbei. Israel habe die iranische Atombombe verhindert, die kurz vor Fertigstellung gestanden habe, rechtfertigte Netanjahu seine Luftangriffe auf Iran. Allerdings ist umstritten, was nach den US- bzw. israelischen Angriffen von den Atomanlagen übriggeblieben ist. Netanjahu und Trump sprechen von völliger Zerstörung, Irans Außenminister Araghtschi von erheblichen, aber reparablen Schäden. Eine erneute Verhandlung gebe es nur, wenn die USA garantierten, Iran nie mehr anzugreifen, verlautet das iranische Außenministerium.

Über die Geschichte der iranischen Atompolitik sind inzwischen dutzende Bücher geschrieben, zigtausende Artikel und Studien verfasst, zahlreiche Institute und fast alle Geheimdienst der Welt haben sich damit beschäftigt. Das Atomprogramm begann bereits zwanzig Jahre vor der Islamischen Revolution, damals schenkten die USA der Universität Teheran einen Forschungsreaktor. Ali Khamenei war zu jener Zeit ein 21-jähriger Seminarist, der zwischen Qom und Maschhad pendelte und sich als Kanzelredner ein Zubrot für seine arme Familie verdiente. Der Schah gab die Devise aus, man wolle das Öl für chemische und petrochemische Produkte reservieren und zur Energieerzeugung die Atomenergie entwickeln.

Mitte der Siebziger baute Siemens das Kernkraftwerk in Buschehr am Persischen Golf, das 1979, kurz vor der Islamischen Revolution, fast betriebsbereit war. Doch die Revolution war nicht mal ein Jahr alt, als der Krieg mit dem Irak ausbrach. Die Arbeiten am Werk mussten eingestellt werden. Ohnehin hatten die Siemens-Techniker das Land bereits verlassen, weil Ayatollah Khomeini nicht nur die Kernkraft, sondern sogar Sonnenenergie für Teufelszeug erklärt hatte. Während des achtjährigen Kriegs war das Kraftwerk eine Bauruine, eine Altlast des verhassten gestürzten Regimes in trostloser Landschaft. Saddams Armee griff die Anlage mehrfach an, niemand kümmerte das.

Doch unmittelbar nach Kriegsende änderte die Islamische Republik ihre Atompolitik. Diese Wende war eine Lehre des Krieges, wird später Rafsandschani verkünden. Er war 1989 der mächtigste Mann des Landes; Khomeini war verstorben, Khamenei, der neue Oberste Führer, musste in diesem Amt erst ankommen. Nur dreißig Tage nach Khomeinis Tod, das Kriegsende liegt nur wenige Monate zurück, reist Alleskönner Rafsandschani nach Moskau und wird von Michael Gorbatschow mit allen Ehren empfangen. Rafsandschani hat mit dieser Reise Großes vor. Dass die Sowjetunion während des Kriegs zu den größten Waffenlieferanten Saddams gehörte, ist für den Realpolitiker Rafsandschani zweitrangig. Als Stratege während des Kriegs hatte er realisiert, die Islamische Republik müsse aufrüsten, wenn sie überleben will. In Moskau unterzeichnet er mehrere Verträge, unter anderem über die Fertigstellung des Kernkraftwerks von Buschehr sowie über die Lieferung von allerlei Waffen und Militärtechnologie im Wert von bis zu vier Milliarden US-Dollar. Damit löst die Sowjetunion die USA als wichtigster Waffenlieferant Irans ab. Mit seiner Reise legt Rafsandschani den Grundstein für die endgültige Bindung der Islamischen Republik an Russland.

Am 14. Dezember 2001 hielt Rafsandschani eine Rede zum Al-Quds-Tag. Darin sagte er etwas, was nach einer Ankündigung eines sehr großen Zieles klingt:

> „Sollte eines Tages auch die islamische Welt über Waffen wie Israel verfügen, würde die Strategie der Imperialisten zum Stillstand kommen, denn der Einsatz einer einzigen Atombombe in Israel würde alles zerstören. Das würde der islamischen Welt nur schaden. Aber es ist nicht irrational, über eine solche Möglichkeit nachzudenken."[58]

Als rationaler Kopf der Macht hatte Rafsandschani sich stets präsentiert, und jetzt begriff die Welt, was hinter dieser „Rationalität" steckt. Die Alarmsignale wurden in den westlichen Hauptstädten hörbar. Und im August 2002 wurde bekannt, dass Iran Atomanlagen vor den Kontrolleuren der internationalen Atomenergiebehörde verheimlicht hatte.

Es begann ein Verhandlungsmarathon mit der Islamischen Republik, dem Netanjahu in der Nacht zum 13. Juni 2025 ein Ende setzte. Man lernt viel über Wesensart dieser „Republik", wenn man sich die Einzelheiten der Hinhaltetaktik vor Augen führt, die Ali Khamenei über all diese Jahre anwendete. Es ging schließlich um sein wichtigstes Projekt für den Machterhalt. Ein Vorhaben, von dem er glaubte, es würde ihm und seinem Nachfolger die endgültige Immunität zu verschaffen. „Das Spiel ist aus", hört man nun aus Israel, und fünf Tage nach dem Angriff sagte Donald Trump, es gebe nur eine einzige Möglichkeit für Iran: Kapitulation.

Aus seinem Versteck entgegnete ihm Khamenei per Videobotschaft: Iran habe eine Jahrtausende alte Kultur, in der das Wort Kapitulation nicht vorkomme. In nur zehn Minuten spricht er 18-mal von der iranischen Nation – und kein einziges Mal von der Islamischen Republik. [59] Das ist geradezu eine politische Bombe, eine 180-Grad-Wende. Die Rückkehr zur Nation nach seiner historischen Niederlage dürfte aus der Hoffnung geboren sein, die Unzufriedenen hinter seinem Banner zu vereinen. Plötzlich liest, hört und sieht man viel über Heroen und Figuren aus der persischen, vorislamischen Mythologie.

Aber diese Wende weg vom Islam zum Nationalen ist leere Propaganda, eine Maskerade, geboren aus dem Desaster, das Khamenei Sieg nennt. Der Gründer dieser „Republik", Ayatollah Ruhollah Khomeini, hatte einst per Fatwa alles Nationale für Frevel erklärt. Nur Monate nach dem Sieg der Revolution hatte er die „Nationale Front" als einen Haufen Gotteslästerer bezeichnet, die in der iranischen Politik nichts zu suchen hätten. Front-Anhänger hatten zuvor zu einer Demonstration gegen das *Qessas*-Gesetz – „Auge um Auge, Zahn um Zahn" – aufgerufen. Obwohl er bekannten Persönlichkeiten dieser Front seinen Sieg verdankte, ließ Khomeini die Organisation des legendären und von allen geachteten Premiers Mohammad Mossadegh verbieten.

Khomeinis Revolution war eine islamische. Damit war sie keineswegs auf Iran beschränkt, sie sollte und musste in alle islamischen Länder exportiert werden. Alle nationalen Interessen, die diesem Export hätten im Weg stehen können, waren zweitrangig, unwichtig. Alle Denkmäler, Zeugnisse und sogar Schriften, die die vorislamische Kultur priesen, sollten für immer in Vergessenheit verschwinden. Schon in den ersten Wochen nach dem Sieg der Revolution zog der berühmt-berüchtigte Scharfrichter Ayatollah Khalkhali mit einer Gruppe nach Persepolis, um das dortige „Götzenmonument" zu zerstören. Buchstäblich in letzter Minute wurde verhindert, was wir später im syrischen Palmyra erlebt haben.

Zeitlebens widmete sich Khomeini dem Ziel des Revolutionsexports. Es war aber erst sein Nachfolger Khamenei, der dieses Fundament mit aller Kraft ausbaute: Seine „Achse des Widerstands" wurde zum Mittelpunkt seiner 36-jährigen Herrschaft. Nach diversen militärischen bzw. politischen Niederlagen verlegt er diese „Achse" nun nach innen, ganz in seine Nähe. Als Khamenei nach dem begrenzten Gegenangriff auf einen US-Stützpunkt in Katar vom „Sieg über Amerika" sprach, machte sich Donald Trump über ihn lustig. Ein religiöser Führer solle nicht lügen, belehrte ihn Trump. Doch Trump hat wahrscheinlich nicht verstanden, was Khamenei mit „Sieg" meinte. Viele iranische Oppositionelle hatten ebenso wie Netanjahu spekuliert, Khamenei verliere mit dem Krieg auch seine Herrschaft. Doch seine Despotie erwies sich resilienter, als viele dachten, hofften. Zumindest einstweilen.

„Wir wissen, wo der iranische Führer sich versteckt, aber wir werden ihn jetzt nicht töten", sagte Trump am 17. Juni. Liegt die Betonung auf „jetzt"? Wird Ali Khamenei diese Krise überleben, gibt es ein Nachfolger für ihn? Und können, werden seine Nachfolger seinen Weg fortsetzen oder wird aus dem Iran ein endgültig gescheiterter Staat?

Am Ende dürften es wohl kaum die von Khamenei persönlich ausgesuchten geistlichen „Experten" im Expertenrat sein, die über seine Nachfolge entscheiden. Im März 2015, bei der Eröffnung der vorigen Periode des Expertenrats, stellte der Oberkommandeur der Revolutionsgarden unmissverständlich klar, wer die Geschicke dieses Systems leitet: „Für die Verteidigung der Werte der Islamischen Republik im Inneren sowie den Export der Revolution nach Außen sind wir zuständig, den künftigen Weg werden die Revolutionsgarden bestimmen".[60]

Doch auch dieser Anspruch, der unmissverständlich aus Gewehrläufen kam, könnte sich überholt haben: Am 13. Juni schaltete Israel beinahe die gesamte Kommandoführung der Garden aus. Die Zukunft Irans als Staat ist fraglicher denn je. Waffen allein werden nicht ausreichen, um diese Gesellschaft zu zähmen. Das iranische Nationalbewusstsein ist noch lebendig. Die Frage ist, in welcher Form es sich künftig erhebt.

Dank

Ohne die kreative Auseinandersetzung mit Manijeh, meiner über alles geliebten Frau, wäre dieses Buch nicht entstanden. Alke Wierth habe ich viel zu danken. Sie hat mehrmals und mit viel Geduld diesen Text gelesen. In Julius Alves fand ich einen gebildeten, engagierten Lektor, ihm danke ich vor allem für seine klugen Fragen. Meine Tochter Sara war, wie immer, auch bei diesem Buch eine wichtige Stütze.

Passagen dieses Buches haben ihren Ursprung in Beiträgen, die ich in den vergangenen fünfzehn Jahren für das *Iran Journal* schrieb. Dem Chefredakteur dieses Portals, meinem Freund Farhad Payar, bleibe ich für immer verbunden.

Anmerkungen

1   Seine Rede ist hier zu sehen: https://www.aparat.com/v/uugm8f7 [Zugriff: 25.05.2025].

2   https://www.aparat.com/v/whb0916 [Zugriff: 25.06.2025].

3   Die Meldung zum Verzicht auf elektronische Geräte: https://beta.iranintl. com/202507015100; zu Trumps Nein zu Anschlagsplänen: https://www. timesofisrael.com/trump-said-to-veto-khamenei-assassination-netanyahu-conflict-may-result-in-regime-change [beide Zugriff: 01.07.2025].

4   Die genannte Predigt Saidis ist hier zu sehen: https://www.youtube.com/ watch?v=3w_VocORRPg [Zugriff: 16.04.2025].

5   https://www.youtube.com/watch?v=u_UvvEwAqZo [Zugriff: 16.04.2025].

6   Rafsandschani hat seine Tagebücher seit 1997 unter dem Titel („Zeugnis und Erinnerungen") in Jahresbänden veröffentlicht. Die Übersetzungen sind meine eigenen.

7   Auch dieses Video steht auf dem YouTube-Kanal der persischen BBC: https:// www.youtube.com/watch?v=rjZZ3W1QxcE; vgl. auch folgende Tonaufnahme: https://www.youtube.com/watch?v=ca665lZnWrM [beide Zugriff: 16.04.2025].

8   Zu sehen ist die Rede hier: https://www.youtube.com/watch?v=rhPQm5QCDGU [Zugriff: 16.04.2025].

9   Quelle der Zitate aus dieser Biografie hier und in der Folge: Hidayat Allah Bihbudi: Sharh-i ism. Zindagi'namah-i Ayat Allah Sayyid 'Ali Husayni Khaminah'i (1318 Sh.–1357), Teheran 2012.

10 Zu sehen ist das Video hier: https://www.aparat.com/v/cif0297; eine Transkription findet sich auf https://farsi.khamenei.ir/speech-content?id=1231 [beide Zugriff: 29.04.2025].

11 https://farsi.khamenei.ir/message-content?id=56909 [Zugriff: 30.04.2025].

12 Die folgenden Zitate von hier: https://farsi.khamenei.ir/news-content?id=27745 [Zugriff: 30.04.2025].

13 Eine Audioaufzeichnung von Bachtiars Einschätzung ist hier zu hören: https:// www.youtube.com/watch?v=BAC2JqyC6wY [Zugriff: 30.04.2025].

14 Zitiert nach https://fa.wikipedia.org/wiki/%D8%B4%D8%A7%D9%BE% D9%88%D8%B1_%D8%A8%D8%AE%D8%AA%DB%8C%D8%A7% D8%B1 [Zugriff: 24.06.2025].

15 https://farsi.khamenei.ir/others-note?id=10407 [Zugriff: 30.04.2025].

16 Einige Anekdoten daraus sind im persisch-sprachigen Wikipedia festgehalten: https://fa.wikipedia.org/wiki/%D9%85%D8%AD%D9%85%D8%AF%D8%AA%D9%82%DB%8C_%D8%A7%D8%AF%DB%8C%D8%A8_%D9%86%DB%8C%D8%B4%D8%A7%D8%A8%D9%88%D8%B1%DB%8C [Zugriff: 07.05.2025].

17 Eigene Übersetzung; das Original, das mir Schamlu rezitiert hat, ist beispielsweise hier zu finden: https://parand.se/?p=4606 [Zugriff: 25.06.2025].

18 Zitiert nach https://www.bbc.com/persian/iran-features-38751717 [Zugriff: 24.06.2025].

19 Das Video von Jalalis Fernsehauftritt ist hier abzurufen: https://www.jahannews.com/video/789119 [Zugriff: 08.05.2025].

20 https://www.youtube.com/watch?v=mv68YBMwP7o; https://www.youtube.com/watch?v=dcjB95pbtwA [beide Zugriff: 08.05.2025].

21 https://farsi.khamenei.ir/others-note?id=50524 [Zugriff: 20.05.2025].

22 Zitiert nach https://www.asriran.com/fa/news/849588 [Zugriff: 09.05.2025].

23 https://www.radiofarda.com/a/f14_russia_aleksandr_dugin_in_iran/27642476.html; vgl. auch https://www.rajanews.com/news/236678 [beide Zugriff: 09.05.2025]. Von hier auch die folgenden Zitate.

24 https://basirat.ir/fa/news/288393 [Zugriff: 09.05.2025].

25 Ben Bartenstein, Jack Wittels und Archie Hunter: Secretive Trader ‚Hector‘ Seen as Global Kingpin for Iranian Oil, in: Bloomberg.com, 30.08.2024, https://www.bloomberg.com/news/features/2024-08-30/iran-oil-secretive-trader-called-hector-seen-as-global-kingpin; vgl. auch https://rooziato.com/1403493059 und https://www.iranintl.com/en/202408303235 [alle Zugriff: 09.05.2025].

26 https://defamoghaddas.ir [Zugriff: 30.04.2025].

27 Zitiert nach https://parsi.euronews.com/2024/10/17/yahya-sinwar-the-hamas-leader-committed-to-eradicating-israel [Zugriff: 13.05.2025].

28 Der Fernsehauftritt ist hier zu sehen: https://www.youtube.com/watch?v=-REzRv7mRY [Zugriff: 13.05.2025].

29 Vgl. bspw. die Medienberichte https://www.bbc.com/persian/articles/cprxydnn3v7o und https://www.asriran.com/fa/news/987558 [beide Zugriff: 13.05.2025].

30 Eigene Übersetzung, zitiert nach Thomas Erdbrink: Iran's Supreme Leader Says Israel Won't Exist in 25 Years, in: The New York Times, 09.09.2015, https://www.nytimes.com/2015/09/10/world/middleeast/iran-ayatollah-khamenei-israel-will-not-exist.html [Zugriff: 13.05.2025].

31 https://www.tabnak.ir/fa/news/102616 [Zugriff: 13.05.2025].

32 Vgl. Naomi Levin: Who are the Iranian men reportedly released in exchange for Kylie Moore-Gilbert?, in: Australia/Israel & Jewish Affairs Council, 26.11.2020, https://aijac.org.au/featured/who-are-the-iranian-men-reportedly-released-in-exchange-for-kylie-moore-gilbert, siehe auch http://www.irajmesdaghi.com/maghaleh-436.html, https://www.independentpersian.com/node/101486 und https://news.gooya.com/2020/11/post-45856.php [alle Zugriff: 13.05.2025].

33 Vgl. https://www.youtube.com/watch?v=VjOfg8ftiNs, https://www.youtube.com/watch?v=UbjD6Rfyz4Q und https://www.khabaronline.ir/news/1847491 [alle Zugriff: 14.05.2025].

34 Vgl. https://www.youtube.com/watch?v=rZ4rl6V5UxE, https://enghelabe-eslami.de/62276 und https://kadivar.com/21297 [alle Zugriff: 14.05.2025].

35 Zitiert nach Brian Wheeler: The ,Iranian Schindler' who saved Jews form the Nazis, in: BBC.com, 08.03.2012, https://www.bbc.com/news/magazine-16190541 [Zugriff: 25.06.2025]; die englische Ausgabe der Biografie: Fariborz Mokhtari: In the Lion's Shadow. The Iranian Schindler and His Homeland in the Second World War, Cheltenham 2012.

36 Zitiert nach https://vista.ir/n/rouydad24-swlmb [Zugriff: 05.06.2025].

37 https://www.radiofarda.com/a/f12-rouhani-on-corruption-surge-iran/26731132.html [Zugriff: 25.06.2025].

38 Zitiert nach: Qassem Soleimani headed Iran's external military arm whose reach extended throughout Middle East, in: Daily Mail Online, 03.01.2020, https://www.dailymail.co.uk/news/fb-7847441/James-Bond-Erwin-Rommel-Lady-Gaga-rolled-one.html [Zugriff: 25.06.2025].

39 Vgl. https://www.bbc.com/persian/iran-features-47372600 [Zugriff: 25.06.2025].

40 So berichtet es Petraeus in einem NPR-Interview, zu hören hier: https://www.npr.org/2020/01/05/793722592/david-petraeus-on-soleimani [Zugriff: 25.06.2025].

41 Iranische Airline kauft ausgemusterten Kanzler-Jet, in: Der Spiegel, 20.11.2011, https://www.spiegel.de/politik/deutschland/theodor-heuss-iranische-airline-kauft-ausgemusterten-kanzler-jet-a-798907.html [Zugriff: 20.05.2025].

42 Ich konnte persönlich ein Interview führen, später sprach Alizadeh auch mit der persischen BBC: https://www.bbc.com/persian/articles/clyv11pg1e4o [Zugriff: 25.06.2025].

43 https://www.zeitoons.com/16912 [Zugriff: 25.06.2025].

44 Bspw. https://www.bbc.com/persian/blogs/2016/05/160525_l44_nazeran_sorush_bazargan [Zugriff: 25.06.2025].

45 Zitiert nach https://www.dinonline.com/989 [Zugriff: 01.06.2025]; von hier auch die folgenden Zitatstücke.

46 http://mohammadmojtahedshabestari.com/%D8%A7%DA%AF%D8%B1-%D8%AF%D8%A7%D8%B9%D9%90%D8%B4-%D8%A7%D8%B2-%D9%81%D9%82%DB%8C%D9%87%D8%A7%D9%86-%D8%A8%D9%BE%D8%B1%D8%B3%D8%AF [Zugriff: 01.06.2025].

47 Das Bild von einer verstummten Gesellschaft paßt nicht: Eindrücke von einer Reise nach Iran, Interview mit Jürgen Habermas, in: Frankfurter Allgemeine Zeitung, 13.06.2002.

48 Das Video ist inzwischen, Ende Juni 2025, leider nicht mehr auf YouTube verfügbar.

49   Zitiert nach https://farsnews.ir/kamran_shirazi/1739183401551483722 [Zugriff: 01.06.2025].

50   Zitiert nach https://abdimedia.net/masoudroghanizanjani/roghani-zanjani-mr-hashemi-told-me-supreme-leader-does-not-accept-need-provide [Zugriff: 25.06.2025].

51   https://www.javanonline.ir/fa/news/1297159 [Zugriff: 12.06.2025].

52   Alinejad sprach im Rahmen einer Talkrunde, der Ausschnitt ist hier zu sehen: https://www.dw.com/video-64762947 [Zugriff: 25.06.2025].

53   Lisa Schneider: „Wir Frauen sollten vereint sein". Die iranische Regimekritikerin Masih Alinejad gibt auch westlichen Politikerinnen eine Mitschuld, Interview, in: taz, 23.09.2022, https://taz.de/Nach-dem-Tod-von-Mahsa-Zhina-Amini/!5881370 [Zugriff: 25.06.2025].

54   Zu sehen hier: https://www.youtube.com/watch?v=I0GJLQ7BO_M [Zugriff: 25.06.2025].

55   Zitiert nach https://parsi.euronews.com/2024/12/29/self-subversion-and-the-survival-of-the-islamic-republic-of-iran-itw-with-nasiri [Zugriff: 25.06.2025].

56   Zitiert nach https://www.iran-emrooz.net/index.php/politic/more/116541 [Zugriff: 25.06.2025].

57   Der Ausschnitt der Rede ist hier zu sehen: https://www.youtube.com/watch?v=xyOuSrwes0w [Zugriff: 14.06.2025].

58   Eine englische Übersetzung von Rafsandschanis Rede vom 14.12.2001 findet sich hier: https://www.globalsecurity.org/wmd/library/news/iran/2001/011214-text.html [Zugriff: 25.06.2025].

59   Das Video ist beispielsweise hier zu finden: https://www.aparat.com/v/bbxr2gk [Zugriff: 01.07.2025].

60   Zitiert nach https://www.shahrekhabar.com/political/15209389205528 [Zugriff: 25.06.2025].

Abbildungsverzeichnis